증보

# 유아교육기관에서의 안전교육

정정옥 · 임미혜 지음

창지사

국립중앙도서관 출판시도서목록(CIP)

(유아교육기관에서의) 안전교육 / 지은이: 정정옥, 임미혜.
-- 증보판. -- 서울 : 창지사, 2013

p. ; cm

ISBN 978-89-426-0740-2 93370 : ₩16000

안전 교육[安全教育]
영유아 교육[영幼兒教育]

375.1-KDC5
372.21-DDC21 CIP2013017190

# 머리말

유아교육기관을 운영하는 운영자와 교사들이 경험하는 가장 어려운 문제는 바로 영유아들에게 발생하는 안전사고라고 할 수 있다. 교육의 대상이 되는 영유아는 사람, 사물 및 주변 환경에 대한 호기심이 많고 탐구하려는 충동이 강하여 활동량은 많은 반면, 주의력이나 판단력과 같은 인지적 능력이 미성숙한 것이 특징이다. 이러한 발달적 특징으로 인하여 영유아들은 위험을 인지하거나 위험한 상황에 대처하는 능력이 부족하여 우발적 사고가 발생할 가능성이 높다. 따라서 영유아를 교육하고 지도하는 교사들은 안전교육과 지도에 각별히 신경을 써서 영유아들에게 발생할 수 있는 안전사고를 예방하고, 안전사고로 인한 후유증을 최소화하기 위해 지속적으로 노력해야 한다. 이를 위해서는 기본생활습관이 형성되는 영유아기에 지속적이고 체계적인 안전교육을 통하여 영유아 스스로 자신의 안전을 책임질 수 있도록 하는 것이 무엇보다 중요하다고 할 수 있다. 즉, 영유아기부터 안전생활을 습관화하기 위해서는 체계적인 안전교육을 통하여 안전에 대한 지식과 기술 및 태도를 형성하도록 교육하고 지도해야 한다.

이러한 필요성에 입각하여 저자들은 졸업 후 영유아를 지도하게 될 예비교사들이 안전교육의 중요성을 인식하고, 현장에서 체계적이고 전문적인 안전교육과 지도를 할 수 있는 능력 함양에 도움을 줄 목적으로 본서를 집필하였다. 기존의 안전 관련 저서들은 안전교육만 다루기보다는 안전과 건강 또는 안전과 영양을 함께 다룬 경우가 많은데, 본서에서는 안전교육과 관련된 이론적 · 실제적 내용들만 중점적으로 다루고자 하였다. 이 책은 크게 두 부분으로 구성되었다.

제1부 안전교육에 대한 이해는 안전교육 지도를 위해 교사들이 알아야 할 기본적인 내용들로 안전교육의 이론적 기초(1장), 영유아의 발달 특성과 안전사고의 유형

(2장), 유아교육기관에서의 안전관리(3장) 및 안전교육의 내용 및 지도방법(4장)을 다루었다. 특히 제4장 안전교육의 내용 및 지도방법에서는 2013년부터 시행된 만 3~5세 누리과정과 0~2세 어린이집 표준보육과정에서 제시하고 있는 안전교육의 내용들을 소개하였다. 제2부에서는 교육현장에서 실제적인 안전교육과 지도를 하도록 돕기 위한 안전 주제별 안전교육의 필요성, 목표 및 내용, 안전교육활동의 실제를 다루었다. 교통안전(5장), 운동안전(6장), 놀이안전(7장), 재난안전(8장), 화재 및 화상안전(9장), 전기안전(10장), 동식물 안전(11장), 약물오남용 안전(12장), 환경안전(13장) 및 신변안전(14장)이다.

예비교사들이 안전교육에 대한 이론적 · 실제적 능력을 함양하도록 돕기 위한 내용을 담기 위해 노력했으나 미진한 부분들이 있는 만큼 이 부분은 독자들의 조언을 받아 앞으로 계속 보완해 가고자 한다. 끝으로 이 책의 출판을 맡아 주신 창지사 김기섭 사장님과 편집을 위해 애써 주신 편집부 직원들께 감사의 마음을 전한다.

2013년 8월

저자 일동

# Contents

## 부 록

PART 1

# 안전교육에 대한 이해

# 제1장 안전교육의 이론적 기초

일반적으로 안전(safety)하다는 것은 '편안하여 위험이 없는 상태', 즉 '사고 또는 사고의 위험이 없는 상태'를 의미한다. Maslow(1987)는 동기이론을 통해 인간의 욕구 5단계 중 생리적인 욕구와 안전의 욕구는 가장 기본적인 욕구로서, 이것이 충족되지 않으면 상위의 욕구인 소속감과 애정, 자아실현의 욕구가 충족될 수 없음을 강조하였다(임미혜 외, 2005 재인용). 따라서 유아교육기관의 최종 목표인 영유아의 전인적 성장 · 발달을 위해서는 교사가 우선 영유아들이 안전하고 건강하게 성장 · 발달할 수 있는 안전한 환경을 제공하고 감독해야 한다. 왜냐하면 영유아기는 발달 특성상 충동적이고 끊임없이 움직이며 환경을 탐색하려는 특성이 있는 반면, 눈앞의 위험 상황을 예측하거나 방어하는 인지적 능력이 결여되어 안전사고의 위험을 안고 있기 때문이다. 더 나아가 사고를 미연에 방지할 수 있도록 영유아에게 안전에 대한 올바른 습관과 태도를 강조하는 안전교육을 실시해야 한다.

이 장에서는 유아교육기관의 영유아를 대상으로 안전교육을 실시하는 데 기본적으로 알아두어야 할 안전교육의 개념 및 필요성, 안전교육의 목표 및 원리 등에 대하여 살펴보고자 한다.

## 1. 안전교육의 개념

현대 의학의 발달로 인간의 수명이 연장되고 질병에 의한 사망률이 현저하게 감소되고 있으나 불의의 사고로 인한 사망과 장애는 꾸준히 증가하고 있다. 특히 영유아에게 발생하는 사고는 상해의 정도가 일생 동안 남기 때문에 개인, 국가, 사회 및 의료 전반에 걸쳐 그 손실 정도가 매우 커서 사전 예방이 필수적이라고 할 수 있다. 따라서 영유아의 사고 방지는 영유아를 보호하고 안전한 환경을 준비하는 것(안전관리)과 안전한 행동을 몸에 익히는 교육(안전지도)을 통해 이루어질 수 있다.

일반적으로 안전교육이란 교육을 통하여 일상생활에서 개인 및 집단의 안전에 필요한 지식, 기능, 태도 등을 익히게 하고, 자신과 타인의 생명을 존중하며, 안전하고 건강한 생활을 영위할 수 있는 습관을 육성하는 것이라고 할 수 있다(임변희, 2002). 궁극적으로는 자신에 대한 보호뿐만 아니라 타인의 생명을 존중하는 인간 개개인의 존엄성을 배우는 전인교육이다(중앙보육정보센터, 2008).

안전교육이 영유아에게 효과적으로 이루어지기 위해서는 단순히 지식을 전달하는 데 그치는 것이 아니라, 안전철학을 바탕으로 영유아가 평생 동안 안전생활이 습관화될 수 있도록 지속적인 교육을 시킬 때만이 그 효과를 나타낼 수 있는 실천교육이라는 것을 염두에 두고 안전교육을 계획하고 실행해야 한다.

## 2. 안전교육의 필요성

### 1) 안전사고 현황

최근 들어 사회 전반적으로 특히 영유아의 안전에 대한 관심이 그 어느 때보다 더 높아졌다. 이는 산업문명의 발달이 우리에게 많은 편리함을 안겨주기도 하였지만 이로 인하여 영유아의 안전한 환경을 위협해 왔기 때문이다. 그 예로 최근 통계청 보도자료(2009. 5. 9)에 따르면, '07년 사고에 의해 사망한 영유아 수는 총 561명으로 어린이 총 사망자 수의 38.9%에 달하는 것으로 나타났다(표 1-1).

〈표 1-1〉 사고에 의한 어린이 사망 추이('87~'07년)

(단위: 명, 인구 10만 명당)

| 어린이(1~14세) | 1987년 | 1997년 | 2005년 | 2006년 | 2007년 |
|---|---|---|---|---|---|
| 총 사망자 수 | 9,530 | 3,583 | 1,691 | 1,555 | 1,410 |
| 사고 사망자 수 | 3,365 | 1,883 | 780 | 656 | 561 |
| 사고 사망 구성비 | 35.3 | 52.5 | 46.1 | 42.2 | 39.8 |
| 총 사망률 | 85.8 | 37.5 | 18.9 | 17.9 | 16.7 |
| 사고 사망률 | 30.3 | 19.7 | 8.7 | 7.5 | 6.7 |

위 표에서 볼 수 있듯이, 어린이 사고사망률은 '97년에 비해 1/3 수준으로 감소하였다. 〈표 1-2〉의 OECD 국가 중 사고에 의한 어린이 사망률 순위를 보면, 우리나라 어린이 사고 사망률은 '90년대 이후 OECD 국가 중 가장 크게 감소했다. 그러

나 아직 높은 수준으로, OECD 국가는 '05년 기준 인구 10만 명당 평균 5.6명인 데 비해 한국은 8.7명으로 3위인 것으로 나타났다.

〈표 1-2〉 OECD 국가 중 사고에 의한 어린이 사망률 순위

| 연 도 | OECD 평균 | 1위 | 2위 | 3위 |
|---|---|---|---|---|
| '05년 | 5.6명 | 멕시코(13.6명) | 미국(9.2명) | 한국(8.7명) |
| '91~'95년 | 10.5명 | 한국(25.6명) | 멕시코(19.8명) | 포르투갈(17.8명) |

사고 사망 원인을 살펴보면, '05년 우리나라 어린이 사고 사망의 3대 사인은 운수사고(42.7%), 익사(20%), 타살(8.7%) 순이었다. OECD 국가 3대 사인 역시 운수사고(39.6%), 익사(14.9%), 타살(9.7%) 순으로 나타났다(그림 1-1).

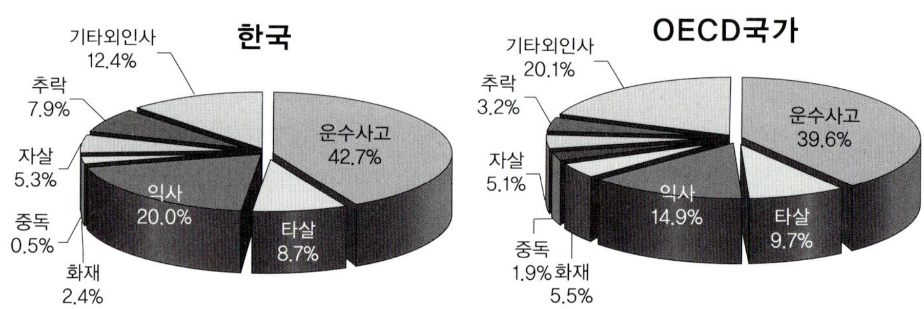


[그림 1-1] OECD 국가와 한국의 어린이 사고 사망 원인 비교('05년)

이처럼 우리나라가 사고에 의한 어린이 사망자가 많은 이유는 안전 관련 제도 미비도 한몫을 차지하고 있다. 〈표 1-3〉에서 알 수 있듯이, UNICEF의 어린이 안전 관련 7개 기준 중 한국의 운수사고 관련기준은 '90년대 후반 이후부터 신설되었으며, 그중에서도 추락 및 중독 관련 규정은 최근에 신설되었다(통계청 보도자료 2009. 5. 7).

〈표 1-3〉 UNICEF 어린이 안전 7개 기준

| UNICEF 어린이 안전 7개 기준 | 운수사고 관련 | | | | 중 독 | 화 재 | 추 락 |
|---|---|---|---|---|---|---|---|
| | 어린이 자전거 헬멧 | 어린이 카시트 | 어린이 안전띠 | 속도제한 (도시지역) | 어린이 보호포장 | 가정용 화 재 경보기2) | 어린이 놀이시설 규정 |
| OECD 최초 시행 연도(국가) | '86년 (미국) | '75년 (벨기에) | '70년 (호주) | '34년 (영국) | '76년 (독일·영국) | '90년 (노르웨이) | '94년 (프랑스) |
| 한국 시행 연도 (법령) | '06년 (도로교통법) | '90년1) (도로교통법) | '90년 (도로교통법) | '99년 (도로교통법) | '05년 (품질경영 및 공산품 안전관리법) | — | '08년 (어린이놀이시설 안전관리법) |

1) 처벌규정 신설: '06년

2) 한국의 경우 화재경보기 설치는 공동주택은 해당되나 일반주택은 제외(소방시설설치유지 및 안전관리에 관한 법률)

## 2) 안전교육의 필요성

앞에서 살펴본 바와 같이 영유아기의 안전사고 원인은 운수사고, 추락, 익사 등 대부분 안전에 대한 지식, 태도, 기술의 결핍 등 불안정한 행동과 관련이 있다고 볼 수 있다. 즉, 가정이나 유아교육기관의 안전하지 못한 환경 구성, 부모와 교사의 안전에 대한 안일한 태도와 지도 소홀, 그리고 안전에 대한 영유아들의 불충분한 지식과 부적절한 태도로 인한 것이 중요한 요인이 될 수 있다. Hendrick(1984) 역시 불가항력적으로 일어나는 사고는 2%에 불과하며, 대부분 인적 요인(88%)에 의한 것이 가장 크다고 언급하였다(임미혜 외, 2005 재인용).

Mickalide(1994)는 영유아의 안전은 예방적 · 보호적 조치를 취하는 교사와 부모에 의해 증진될 수 있다고 하였다. 성인 양육자에 의해 정해진 안전에 관한 규칙이나 제한은 영유아의 안전에 영향을 미치는 중요한 요인이므로 영유아가 이해할 수 있는 쉬운 용어로 규칙을 표현하고, 영유아에게 가르쳐야 하며 일관성 있게 실천되어야 한다. 또한 영유아의 주도성이 학습된 행동을 앞지르기 때문에 교사들은 영유아들이 학습된 규칙을 가지고 있으리라고 과신해서는 안 된다(김혜금, 2002 재인용). 또한 안전에 대한 교육은 개인이 사고의 위험성이 높은 행동에 노출되기 이전에 제공되는 것이 효과적이라는 점을 고려할 때, 유아기는 안전교육을 실시할 수 있는 가장 효과적인 시기라고 볼 수 있다(이기숙 외, 2002 재인용). Speltz(1990)에 의하면, 출생 후 5세까지 기본적 안전태도들이 형성되고 그 이후의 태도 변화를 위한 신중한 계획이 선행되지 않으면 영유아의 태도 변화를 기대하기 힘들다고 지적하였으며, 또한 한 번 형성된 안전에 대한 태도는 일정 기간 지속되기 때문에 영유아기에 바람직한 안전에 대한 태도의 기초를 형성하는 것이 무엇보다 우선되어야 한다고 하였다. 특히 영유아기는 모든 생활습관의 기초를 형성하는 시기이므로, 이 시기에 주변 환경이나 대상에 의해 안전하고 건강한 생활태도와 습관을 갖도록 해야 한다.

최근 수행된 안전에 관한 여러 연구들(김경애, 2009; 김명화, 2007; 김수미, 2002; 박순자, 2005; 박희준, 2002; 사유미, 2009; 손진희, 2006; 송희정, 2005; 유선미, 2004; 유선희, 2003; 이인숙, 2004; 정선아, 2009)은 영유아기에 교육을 통해 안전 능력이 향상되었음을 밝히고 있다.

또한 Rosenbaum과 Drabman(1981)의 연구에서도 비상상황을 인식하고 비상사태에 대비한 안전교육 프로그램의 훈련을 통해 영유아들의 비상 시 대처방안이 향상되었고, Clark(1986)는 영유아들로 하여금 이물질 흡입, 물, 화재안전에 대한 안전사고의 원인과 결과를 연결 지을 수 있는 구체적인 실제 안전 연습 프로그램을 제공함으로써 영유아의 안전기술이 향상됨을 밝혔다. 그 밖에도 Pickle(1989)의 연구에서는 안전교육을 통해 영유아들의 안전의식이 향상되었고, Hughes(1992)는 또한 음식에 대한 안전 프로그램을 통해 먹을 수 있는 음식과 먹을 수 없는 음식 구별, 음식위생과 관련된 음식에 대한 지식이 증가되었음을 보고하였다. 아동학대 예방 훈련에 대한 Freda(1994)의 연구에서는 성 학대, 낯선 사람에 의한 유괴, 정서적 학대 예방과 관련된 효과적인 기술습득과 아울러 자아존중감도 높이게 되었다는 점을 통해, 효과적인 교육의 힘을 통해 안전사고를 예방함으로써 영유아 개개인이 어릴 때부터 안전 습관을 생활화하는 것이 중요함을 보여주고 있다(곽은복, 2000, 재인용).

이에 우리나라의 유치원과 어린이집 공통과정인 3~5세 누리과정과 어린이집 0~2세 표준보육과정에서도 신체운동·건강 영역과 기본생활 영역에서 안전교육에 대한 내용을 제시하고 있어 영유아들에게 안전교육을 실시하도록 하고 있다.

결론적으로, 안전에 대한 의식은 단기보다는 장기적으로 형성되기 때문에 영유아기부터 체계적인 안전교육을 실시하는 것이 필요하다. 감수성이 예민하고 모방 학습이 활발한 영유아기는 안전교육을 실시할 수 있는 최적의 시기로서 이 시기에 형성된 안전에 대한 지식, 태도, 기능은 전 생애에 걸쳐 지속적으로 영향을 미칠 수 있다(유혜경, 2000).

## 3. 안전교육의 목표 및 원리

### 1) 안전교육의 목표

안전교육은 영유아가 여러 가지 잠재적인 위험으로부터 자기 자신을 보호할 수 있도록 안전지식과 태도, 기능을 익히게 하여 건강한 생활을 할 수 있도록 도와주는 것이다. 따라서 안전교육의 궁극적인 목표는 자신과 다른 사람의 생명을 존중하는 정신을 육성시키도록 교육하는 것이 무엇보다 중요하다. 구체적인 안전교육의 목표는 다음과 같다(서울특별시 교육연구원, 1982; 곽은복, 2008).

#### (1) 인명의 존엄성을 인식시킨다

생명은 하나뿐이므로 평생을 통하여 항상 한 번의 기회의 연속선 상황 하에서 살고 있다는 엄숙성을 잊어서는 안 될 것이다. 따라서 안전에 대한 지식이나 행동능력을 습득하기 전에 생명 존중의 정신을 확립하는 것이 무엇보다도 중요하다.

#### (2) 안전에 관한 지식과 기능을 증진시킨다

생활안전이나 교통안전의 기본이 되는 규칙이나 질서를 무시한 행동은 안전을 바랄 수 없으며, 응급사태에 대처할 수 있는 기능을 습득하지 않고서는 사고나 재해를 피할 수 없다. 안전 지식은 영유아가 안전하게 행동하기 위한 구체적인 사실을 알게 하고, 안전하게 다루는 방법과 수단을 제공함으로써 영유아로 하여금 위험 상황을 정확하게 판단하고, 위험에 대한 인식을 하여 스스로 안전하게 문제 해결을 하도록 돕는 토대가 된다. 또한 단편적인 지식으로 끝나는 것이 아니라 지식과 행동이 일치되도록 실생활에서 생활화시키는 것이 중요한 일이다.

#### (3) 위험으로부터 자신과 타인의 신체를 보호하기 위한 안전 행동 수준을 향상시킨다

'세 살 버릇 여든까지 간다'는 속담처럼 어릴 때의 습관은 평생을 따라다닌다. 이것은 행동뿐만 아니라 성격, 품성까지도 어릴 때 형성되는 것이어서 성숙한 다음의 훈련이나 경험보다는 어릴 때의 습관화가 효과적이라는 것이다.

영유아가 안전에 대한 올바른 지식을 가지고 주변 환경에서 사고가 일어날 수 있는 잠재적 가능성을 인식하고 자신을 보호하기 위한 행동 양식과 태도를 형성한다면, 즉 유아교육기관에서 구체적이고 체계적인 여러 위험이 예측되는 상황에 대한 간접 경험을 많이 하게 되면 영유아들은 실제 생활에서도 안전한 행동을 할 확률이 높아진다.

#### (4) 안전 행동에 대한 통찰력을 길러준다

여러 가지 상황에 의해 생겨날 수 있는 위험요인을 예지하고 예측할 수 있는 태도와 아울러 문제해결 능력을 갖추어야 한다. 즉, 여러 가지 위험요인으로부터 야기되는 행동장면에서 안전한 행동을 꿰뚫어보는 힘, 통찰력을 길러야 한다.

### 2) 안전교육의 원리

영유아들이 일상생활 속에서 스스로의 안전을 도모할 수 있는 바른 습관 및 생명존중의 가치관을 형성하기 위해 안전교육을 실시할 때는 영유아 개인의 특성, 즉 나이, 인지적 발달, 운동기술, 가정환경 등을 고려하여야 한다. 또한 반복적이고 가정과 연계 지도가 이루어질 때 가장 효과적이다. 안전교육의 원리는 다음과 같다(김탁희, 2000).

#### (1) 일회성의 원리

단 1회의 사고라 할지라도 사람에게 회복할 수 없는 중대한 상해를 입히거나 재산상 막대한 손해를 입게 해서는 안 된다는 것이 안전교육의 대전제가 되는 원칙이다. 유아교육기관, 가정, 사회에서 단 한 번의 지도상의 결함으로 인해 일어난 사고로 하나밖에 없는 영유아의 목숨이나 신체를 상하게 하는 사례를 볼 수 있다. 따라서 일회성의 원리를 염두에 두고 안전교육이 이루어지지 않는다면 자신과 타인의 생명을 존중하고 아끼는 안전의식 역시 있을 수 없다.

### (2) 자기통제의 원리

안전교육의 궁극적인 목적은 스스로의 통제 능력을 개발하는 데 있다. 지적 능력, 실천적 능력 배양 및 의지적 지도를 통하여 자신과 타인, 그리고 가정, 사회, 국가를 위하여 통제능력을 길러주는 원리가 성립되는 것이다.

### (3) 지역성의 원리

사고와 안전은 지역에 따라 그 유형이 다르기 때문에 지도방법에서 그 특성을 반영해야 한다. 즉, 환경의 차이가 많은 도시와 농어촌, 교통량이 많은 지역과 그렇지 않은 지역, 산간지역과 해안지역 그리고 인간의 생활양식 등 지역의 특수성에 적합하고 현실에 알맞은 융통성 있는 안전교육을 실시해야만 효과가 있을 것이다.

# 제2장 영유아의 발달 특성과 안전사고의 유형

영유아는 사람, 사물 및 주변 환경에 대한 호기심이 많고 탐구하려는 충동이 강하면서 활동량은 많은 반면, 주의력이나 판단력 등의 인지능력은 미성숙하기 때문에 위험을 인지하거나 위험에 대한 대처능력은 부족하여 우발적 사고 발생 가능성이 높다. 이처럼 영유아기의 안전사고는 영유아의 발달 특성과 밀접한 관련이 있으며, 연령이 낮을수록 안전사고 발생률이 높다. 영유아의 연령에 따른 잠재적 위험요소나 상황을 인식하여 영유아들에게 안전한 환경을 제공하고, 발달 특성에 맞는 안전교육을 실시하기 위해서는 영유아의 발달적 특성에 따른 안전문제에 대한 이해가 필요하다. 영유아의 발달 특성과 안전사고와의 관계를 이해하는 것은 안전지도방법 모색에도 매우 중요하며, 이것이 바로 안전사고 예방의 지름길이라고 할 수 있다.

따라서 유아교육기관 종사자들은 영유아의 발달 특성과 그로 인해 발생하는 안전사고의 유형을 인지하여 안전사고 예방을 위해 안전교육에 지속적인 노력을 기울여야 한다. 이 장에서는 안전교육의 대상이 되는 영유아의 발달 특성과 영유아기에 자주 발생하는 안전사고의 유형에 관하여 살펴보고자 한다.

## 1. 발달 단계에 따른 발달 특성

### 1) 영아기(0~1세)의 발달 특성

출생에서 만 1세까지의 영아기에는 출생 시 가지고 태어나는 다양한 반사운동 능력들이 사라지면서 신체운동 능력으로 발달하는 시기이다. 그리하여 신체협응력이 발달하고 고개 들기, 기기, 앉기, 붙잡고 서기, 혼자 서기 등의 걷기를 위한 기본 이행운동 능력도 급속도로 발달하게 된다. 그러나 출생 시 신생아는 머리 부분이 신장의 1/4을 차지할 정도로 머리가 크고 무겁다. 성장하면서 머리 부분이 전체 신체에서 차지하는 비율이 줄기는 하지만 여전히 영아기에는 머리 부분이 크고 무거워 신체 불균형이 심해서 이행운동과정에서 빈번히 넘어지고 부딪치는 사고가 많기 때문에 머리를 보호하는 것이 중요하다.

### 2) 걸음마기(1~3세)의 발달 특성

걸음마기의 영아들은 보행이 가능해지고 신체 조정 능력이 발달하면서 주변 환경에 대한 탐색 범위가 넓어지면서 안전사고의 위험도 높아진다. 즉, 걸음마기에는 활동의 범위가 넓어지면서 호기심이 증가하고 새로운 것에 대한 도전과 시도는 증가하는 반면, 여전히 주변 환경의 잠재적 위험을 인지하는 능력은 부족하여 사고의 위험이 높아진다. 이와 같이 걸음마기 영아들은 새로운 환경에 대한 호기심과 탐색이 왕성하여 높은 곳에 올라가다가 추락사가 발생하기도 하고, 약품이나 세제 등의 위험물질을 마시거나 흡입하는 사고가 발생하기도 한다.

한편 이행운동의 발달과 더불어 소근육 기능과 인지가 발달하면서 영아기에 비해 놀이가 현저하게 발달한다. 영아기에는 두드리거나 빠는 등 단순한 동작이나 행동을 반복하는 것 위주로 놀이를 했으나 이 시기에는 퍼즐이나 블록 조각을 끼워 넣거나 담거나 맞추는 등 놀이에 사물 간의 관계성과 기능성을 반영하면서 서서히 목표지향적인 놀이를 발달시켜간다. 이처럼 놀이가 목표지향적이 되면서 놀이 중에 새로운 행동을 시도하려 하고, 사물의 다른 측면을 탐색하려고 시도하면서 놀이 중에 사고가 많이 발생하게 된다.

걸음마기에는 놀이에 의한 안전사고가 가장 많이 발생하는 만큼 이에 대한 적절한 보호와 교육이 절실히 필요하다. 즉, 걸음마기는 완전한 의존적 존재에서 서서히 독립적인 존재로 이행해가는 과도기적인 시기로서 무엇이 위험한지를 행동이나 체험(예: 뜨거운 물이나 난로)을 통하여 가르치는 등 적절한 안전교육이 필요한 시기이다(이기숙 외, 2002).

### 3) 유아기(3~5세)의 발달 특성

유아에게 적절한 안전교육의 내용과 방법을 계획하기 위해서는 유아의 발달 특성을 이해하는 것이 중요하다. 이 부분에서는 유아의 발달 특성을 신체, 인지, 사회－정서적 특성으로 구분하여 간략하게 소개하고자 한다.

### (1) 신체적 발달 특성

대근육이 주로 발달하는 영아기와 걸음마기를 지나면서 유아기에 접어들면 소근육이 보다 정교하게 발달하며, 신체의 균형 유지, 신체 각 부분의 협응력 및 공간 지각력 등 기본적인 신체조정 능력이 발달하게 된다. 유아는 신체 움직임을 통해 자신의 신체상을 형성하게 되므로 유아기에 향상되는 신체조정 능력의 발달은 유아의 자기 인식을 발달시키는 데 있어서 매우 중요한 역할을 한다.

유아기 신체발달의 특성은 다음과 같은 세 가지 측면에서 살펴볼 수 있다.

첫째, 신체적 안정성이 발달하는 시기이다. 신체적 안정성이란 신체 각 부분을 효율적으로 움직이고 바른 자세를 형성하며, 균형을 유지하는 능력을 의미한다. 유아의 신체적 안정성을 발달시키기 위해서는 기본 운동 능력을 증진시킬 수 있는 적절한 활동을 제공해야 한다.

둘째, 이동능력이 발달하는 시기이다. 걷기, 뛰기, 달리기, 뛰어오르기, 멀리뛰기 등의 이동운동 능력이 보다 정교하게 발달하는 시기이다.

셋째, 조작적 능력이 발달하는 시기이다. 유아는 주변의 다양한 사물과 물체들의 각각의 특성에 따라 굴리기, 던지기, 끼우기, 두드리기 등의 다양한 조절 방법을 배우게 된다.

이상에서 살펴본 바와 같이 유아기는 안정성, 이동성, 조작적 능력이 급속하게 향상되는 시기이기는 하나 여전히 미숙함이 있고 발달하고자 하는 방향으로 적극적인 반복행동이 나타나는 시기이므로 안전교육에 어려움이 따른다. 따라서 유아들이 자신의 신체를 적극적으로 사용할 수 있도록 도우면서도 한편으로는 신체적 미숙함으로 인하여 발생할 수 있는 교통사고, 놀이 관련사고, 운동 관련사고 등을 예방할 수 있도록 도와야만 한다.

### (2) 인지적 발달 특성

유아기는 피아제(Piaget)의 인지발달 단계 중 전조작기에 해당되는 시기로, 상징과 심상(image)을 사용하는 능력이 발달하는 시기이다. 언어나 그림 등을 통한 상징적 사고가 가능해지고, 행동 대신 언어로 표현하고 이해하게 되면서 환경과 보다 효율적으로 상호작용할 수 있게 된다. 그럼에도 불구하고 유아의 전조작적 사고는 여전히 논리성이 결여되어 있고 제한적인데, 이러한 전조작적 사고의 특징을 요약하면 다음과 같다(강문희 외, 2006; 이기숙 외 2002).

첫째, 자기중심성이 강하다. 즉, 사물을 자신의 관점과 입장에서만 보고 타인의 관점이나 입장에서는 이해하지 못하기 때문에 위험상황에서 전체적인 판단이 불가능하여 위험에 노출되기 쉽다. 예를 들어, 횡단보도에서 팔만 들면 모든 차가 멈출 것이라고 생각하여 차가 멈추었는지를 좌우로 살피지 않고 팔만 들고 건너가다가 사고를 당하게 되는 것이다.

둘째, 전조작적 사고의 특징으로 중심화를 들 수 있다. 중심화란 유아가 자신이 지각하는 한 가지 특정 요소에만 집중을 하고 그 밖의 다른 요소들은 무시하는 경향을 뜻한다. 이로 인해 유아의 주의가 자신이 관심을 가진 것에만 집중되어 있을 경우 위험한 상황을 지각하지 못하는 경우가 발생한다. 예를 들면, 길거리에서 놀이에 열중하여 자동차의 경적 소리를 듣지 못하여 사고가 발생하기도 한다.

셋째, 유아들의 사고는 비가역적이다. 비가역성이란 사물이나 사건의 현상을 원래의 상태로 되돌려 생각하는 능력이 부족한 것을 의미한다. 사고의 비가역성은 보존개념의 미발달, 중심화, 자기중심성과 관련이 있다. 사고의 비가역성으로 인해 유아들은 유사한 상황에 대한 사고에 대해 유연한 행동으로 대처하기 어렵다.

### (3) 사회 · 정서적 발달 특성

유아의 다양한 사회 · 정서적 발달 특성 중 안전교육과 밀접한 관련이 있는 것은 공격성과 공포심이라고 할 수 있다. 공격성이란 불만, 원한, 적의, 분노 등으로 인해 자신과 타인에게 손상, 공포, 고통을 주는 행위라고 할 수 있다. 영아기에는 주로 친구의 장난감을 뺏으려고 공격적인 행동을 하는 것과 같은 도구적 공격성이 나타나지만, 유아기에는 도구적 공격성과 함께 친구나 타인을 목표로 하여 위협행동이나 공격행동을 하는 적대적 공격성도 나타난다. 공격성은 폭력을 야기하고 그로 인해 피해자는 상해를 당할 수 있기 때문에 유아들의 안전을 위해 교육과 지도가 필요하다. 공격성의 원인을 잘 파악하여 적절한 지도방안을 모색하고, 유아들이 분노감정을 억제하기보다는 적절한 방법으로 표현하도록 하여 공격성을 다룰 수 있도록 도와야 한다.

유아기에는 공포의 대상이 확대되어 어두움, 동물, 낯선 것 등에 대한 공포심이 형성되고 경험을 통해 더욱 강화되기도 한다. 유아가 위험한 대상이나 물체에 대해 합리적인 공포심을 갖는 것은 자신을 방어하고 보호하는 데 도움이 된다. 그러나 특정 물체나 대상에 대한 불합리한 공포심을 갖게 된 경우에는 실제 생활에서 이를 다루어가면서 극복할 수 있도록 돕고 유아에게 실제로 위험한 것이 무엇인지를 이해시키는 것이 안전교육에 포함되어야 한다.

## 2. 발달 단계에 따른 안전사고의 유형

영유아기에 주로 발생하는 안전사고의 유형과 예방조치를 제시하면 〈표 2-1〉, 〈표 2-2〉, 〈표 2-3〉과 같다(한국아동안전관리교육협회, 2003; 이기숙 외, 2002).

### 1) 영아기 안전사고의 유형 및 예방조치

〈표 2-1〉 영아기 안전사고의 유형 및 예방조치

| 사고 유형 | 위험요소 | 예방조치 |
|---|---|---|
| 화상 | • 목욕물<br>• 난로, 라디에이터 | • 팔꿈치로 목욕물의 온도 측정하기<br>• 난로나 라디에이터 주변에 보호막 설치, 뜨거운 물, 음식, 기구 등을 영아가 까이에 놓지 않기, 뜨거운 증기도 주의 |
| 추락사고 | • 안전보호대가 없는 침대, 소파나 의자<br>• 계단 | • 침대에 안전대 설치, 영아용 의자 사용<br>• 보호대가 없는 소파나 의자에 영아를 혼자 두지 않기<br>• 계단에 안전울타리 설치하기 |
| 질식사고 | • 지나치게 푹신한 요나 베개<br>• 우유에 의한 질식<br>• 이물질에 의한 질식<br>• 작은 물체 | • 6개월 미만의 영아는 엎어 재우지 말고 요나 매트리스는 푹신한 것보다 단단한 것으로 준비하고 이불 덮어씌우지 않기<br>• 수유 후 반드시 트림을 시킨 후 옆으로 재우기, 수유하면서 재우지 않기<br>• 얇은 비닐, 비닐봉지, 끈 등에 질식되지 않도록 유의<br>• 단추, 구슬, 동전 등 작은 물체는 항상 주의하여 보관하기 |
| 영아돌연사 | • 사망 원인 불명확<br>• 미숙아, 저체중아, 호흡기 약한 영아, 심장기능 약한 영아에게서 많이 발생 | • 생후 1년 이내의 영아들은 잠자는 시간에도 잘 지켜보고, 특히 호흡기가 약한 영아가 호흡기 질환을 앓고 있을 때 유의하여 살핌 |

[그림 2-1] 놀잇감을 세척하고 소독하는 교사

## 2) 걸음마기 안전사고의 유형 및 예방조치

〈표 2-2〉 걸음마기 안전사고의 유형 및 예방조치

| 사고 유형 | 위험요소 | 예방조치 |
|---|---|---|
| 놀이사고 | • 칼, 가위, 단단한 공, 방망이, 실외 놀이기구 등<br>• 끝이 날카로운 장난감이나 놀잇감 | • 가정이나 유아교육기관에서 위험한 놀잇감으로 인한 사고 예방을 위해 수시로 놀잇감의 안전점검을 실시하고 파손된 놀잇감은 즉시 수리하거나 교체해줌<br>• 위험한 놀잇감은 가능하면 비치하지 말고 꼭 필요한 놀잇감에 대해서는 안전하게 사용하는 방법을 반복 교육시킴 |
| 위험물질 흡입사고 | • 의약품, 화학약품, 화장품, 향수류, 세제, 살충제, 소독제 등 | • 영아의 손에 닿지 않는 곳에 보관하고 잠금 |
| 화상 | • 뜨거운 물이나 음식, 뜨거운 증기, 전기 콘센트, 다리미, 난로, 라디에이터, 가스레인지 등 | • 난방용 기구는 보호대를 설치하고 조리 기구는 사용 후 바로 정리함<br>• 뜨거운 물이나 음식을 영아 주변에 두지 않고 다리미는 사용 즉시 손이 안 닿는 곳에 치움 |
| 추락 및 충돌 | • 안전보호대가 없는 침대, 탁자, 소파, 가구, 의자 등<br>• 방충망, 창살 없는 창문, 베란다 등<br>• 물체와 충돌 | • 침대에 안전대 설치, 영아용 의자 사용<br>• 보호대가 없는 소파나 의자에 영아를 혼자 두지 않기<br>• 창문 밑에 영아가 올라갈 수 있는 가구 두지 않기<br>• 베란다에 영아 혼자 두지 않기<br>• 방충망에 기대지 않도록 유의해서 지켜보기<br>• 영아 주변에 위험한 물건 치우기 |

| 익사사고 | • 목욕탕에서 익사로 인한 질식사<br>• 물 | • 욕조 주변이나 물가에 영아 혼자두지 않고 지켜보기 |
|---|---|---|
| 교통사고 | • 길에서 혼자 노는 상태<br>• 자동차, 오토바이 사고, 차도에서의 보행 중 사고 | • 위험한 길에서 혼자 놀지 않도록 지도<br>• 위험에 대해 이야기해 주고 혼자 가면 안되는 곳을 구분지어 줌<br>• 교통규칙과 교통사고의 위험에 대한 체험적 안전교육 실시 |

그 밖에 걸음마기의 영아들은 열고 닫는 것에 대한 호기심이 매우 왕성하므로 장롱, 서랍, 방문 등에 손이 끼지 않도록 안전장치를 하고, 냉장고나 세탁기에 들어가지 않도록 주의 깊게 지도해야 한다.

### 3) 유아기 안전사고의 유형 및 예방조치

〈표 2-3〉 유아기 안전사고의 유형과 예방조치

| 사고 유형 | 위험요소 | 예방조치 |
|---|---|---|
| 교통사고 | • 자동차, 버스에 의한 안전사고, 횡단보도 사고, 뛰어드는 사고<br>• 통원버스, 학원 차량, 급정거에 의한 사고 | • 교통규칙을 가르치고 준수하도록 함. 교통사고의 위험을 알려줌<br>• 통원버스에서 지켜야 할 규칙을 알려주고 반복교육을 실시하여 체득하게 함 반드시 교사가 탑승함<br>• 통원버스 기사가 과속이나 급정거, 운전 중 휴대폰을 사용하지 않도록 교육함 |
| 놀이 중 사고 | • 놀이기구에 매달리는 사고, 끼는 사고<br>• 칼, 총 등의 공격적인 놀잇감<br>• 가위, 칼, 스테이플러 등의 도구<br>• 수영 및 물놀이에 의한 익사사고 | • 놀이기구를 안전하게 이용하는 방법에 대한 교육과 더불어 실외놀이 시 주의 깊게 지도함<br>• 위험한 놀잇감은 가능한 한 비치하지 말고 꼭 필요한 놀잇감에 대해서는 안전하게 사용하는 방법을 반복 교육시킴<br>• 도구를 안전하게 사용할 수 있는 방법을 가르침<br>• 물의 위험을 교육하고 수영 지도를 시작함 |
| 추락 및 충돌 | • 엘리베이터, 계단, 창문에서의 추락<br>• 실외 놀이기구에서의 추락<br>• 책상이나 가구 모서리에 충돌 | • 계단에서의 안전한 보행, 엘리베이터 이용법, 창문 밑에 의자나 물건을 놓고 올라가 상체를 빼고 바깥을 내려다보지 않도록 교육시킴<br>• 놀이기구 이용 시 위험한 행동에 대해 교육시키고 실외놀이 시 주의 깊게 지도함<br>• 책상이나 가구 모서리에 보호대 설치하기 |

| | | |
|---|---|---|
| 화상 | • 성냥, 라이터, 각종 전열기구, 뜨거운 물, 정수기 | • 점화도구의 위험을 알리고, 정수기의 온수 작동꼭지에는 안전장치를 하고, 꼭 필요하지 않으면 온수 작동꼭지는 잠가둠<br>• 난방기구에는 보호대를 설치하고, 다리미는 사용 후 유아의 손이 닿지 않는 곳에 치움 |
| 운동 관련 사고 | • 자전거, 인라인 스케이트, 스케이트, 킥보드 등 | • 운동기구의 올바른 사용법과 사고 예방법을 교육함 |
| 기타 안전사고 | • 유괴, 성폭력, 학대 등 | • 유괴와 성폭력 예방법을 주기적으로 교육하고, 교사들은 학대받는 유아가 있는지를 세심하게 살피고 발견하면 신고하도록 함 |

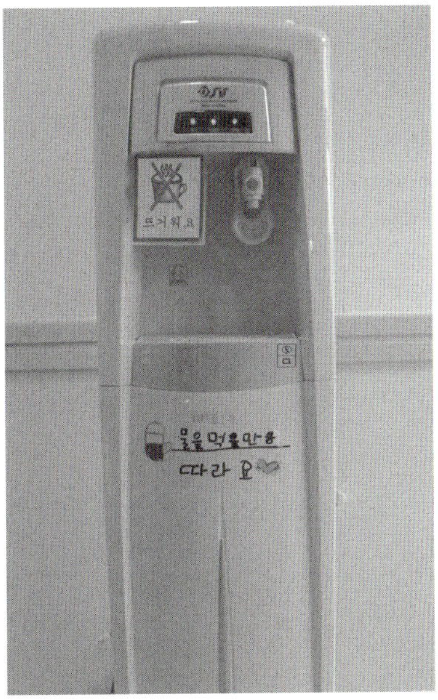


[그림 2-2] 정수기 온수 안전장치

# 제3장 유아교육기관에서의 안전관리

영유아는 호기심이 강하고 인지적 미성숙으로 인해 충동적이기 때문에 자신의 행동이 초래할 결과를 예측하지 못하여 위험한 상황에 많이 노출된다. 그러므로 영유아들을 교육하고 보호하는 유아교육기관에서는 무엇보다도 영유아들이 안전한 환경에서 생활할 수 있는 시설 · 설비를 갖추고 안전관리 지침을 준수하여야만 한다.

이 장에서는 유아교육기관의 실내 시설 · 설비와 실외 놀이시설의 안전관리 및 유치원과 어린이집 운영 시 준수해야 할 안전관리 지침에 관하여 살펴보고자 한다.

## 1. 실내 시설 · 설비 안전

### 1) 유치원

유치원 실내 시설 · 설비의 안전에 관하여 유치원 설치 및 운영 관련 법규에서는 상세하게 제시하고 있는 내용은 거의 없고 일반적인 내용만 언급하고 있는 실정이다. 상황이 이렇다 해도 유치원의 실내 시설 · 설비는 편리하면서도 유아의 안전을 중점적으로 고려하여 계획되어야만 한다.

유아들의 안전과 보호를 위해 유치원 시설 · 설비를 계획할 때는 다음 사항을 고려하여야 한다(강문희 외, 2006).

① 건물에 사용되는 기자재는 내화성이 있을 것(바닥재, 커튼, 버티컬 등)
② 신속하고 안전하게 대피할 수 있도록 몇 개의 비상구를 만들 것
③ 벽이나 건물의 적당한 위치에 소화기를 설치할 것
④ 출구는 화재가 번지는 것을 막을 수 있는 내화성 문이어야 하고 앞뒤로 열릴 수 있도록 만들 것

### (1) 출입구와 현관

활동실과 가까우면서 현관에서 실내활동과 실외활동이 보여야 한다. 출입구와 현관에서 안전을 위해 고려할 사항은 다음과 같다(이기숙 외, 2002; 충청남도교육청, 2002).

① 현관문은 성인과 유아 모두 손쉽게 사용할 수 있도록 너무 무겁지 않아야 하며, 손가락 끼임 방지장치가 설치되어 있어야 한다.
② 현관문은 충돌 방지를 위해 2/3 이상이 투명하거나 투시가 가능하도록 제작되어야 하며, 유아의 평균 어깨높이 이하에는 두꺼운 안전유리를 설치해야 한다.
③ 출입구와 현관은 신체장애아도 출입이 용이하도록 계단을 없애고 경사로를 두어야 한다.
④ 실내와 실외가 연결되는 바닥면은 미끄럼 방지 매트를 까는 것이 좋다.

### (2) 활동실(보통 교실)

유치원에서 가장 중요하고 세심하게 준비할 곳은 활동실이다. '교육시설기준령'에는 활동실의 면적을 1.65㎡(0.5평)로 제시하고 있으나 면적이 좁으면 다툼이나 공격적 행동이 빈발할 수 있으므로 2.13㎡(0.65평)가 적당하다(이기숙 외, 2002).

활동실의 높이는 3~3.4m가 적당하며, 화재 시 자동으로 조작되는 화재경보기나 스프링클러 등을 설치해야 한다. 활동실의 창문 전체 면적은 바닥 면적의 15~20% 정도가 적당하며, 환기와 안전을 위해 창문의 윗부분이 열리도록 하는 것이 좋다. 창문의 높이는 바닥에서부터 50~70㎝ 정도가 적절하며, 추락사고 발생을 예방하기 위해 창문에는 반드시 보호대나 난간을 설치해야 한다.

### (3) 화장실

화장실은 유아들이 청결한 생활습관을 형성하여 자신의 건강을 지키는 위생습관을 배우는 곳이다. 문의 손잡이에는 손 끼임 방지장치를 설치하고, 문은 유아들이 스스로 열고 닫을 수 있도록 설계한다. 화장실에서의 미끄럼 사고를 방지하기 위해서는 바닥에 미끄럼 방지 타일을 깔고 그 위에 미끄럼 방지 매트를 깔고 바닥에는 물기가 없도록 신경 써야 한다. 세면대의 높이는 바닥에서 50㎝ 정도가 적당하며, 온수에 의한 화상을 방지하기 위해서는 세면대의 온수 온도는 섭씨 49도 이하로 조정하여야 한다.

#### (4) 주방

점심과 간식을 준비하여 제공하는 주방은 우선 위생적이고 청결해야 한다. 이를 위해 위생적인 시설과 설비(예: 조리대, 싱크대, 냉장고, 온장고, 식기소독기, 각종 조리기구, 손 소독기 등)를 갖추어야 하며, 조리사는 위생복과 위생모를 착용하고 손을 수시로 씻는 등 개인위생에도 각별히 신경을 써서 식중독 사고를 예방해야 한다. 주방에서 안전을 위해 고려해야 할 사항은 다음과 같다.

① 화기가 있는 곳에는 유아들이 출입하지 못하도록 보조문을 설치한다.
② 비상용 소화기를 설치한다.
③ 가스레인지 위에는 확산소화기를 설치한다.
④ 가스레인지 설치 시 중간 밸브와 가스 누설 자동 차단장치를 설치한다.
⑤ 칼 등 위험한 조리도구들은 유아들의 손이 닿지 않는 곳에 보관하고 잠금장치를 한다.
⑥ 락스, 주방용 세제 등은 유아들의 손이 닿지 않는 곳에 보관한다.
⑦ 부엌 바닥에는 미끄럼 방지용 자재와 청소하기 용이하고 위생적인 자재를 사용하여야 한다.

### 2) 어린이집

'영유아보육법 시행규칙 별표 1'의 어린이집 설치 기준에서는 안전을 강조하여 어린이집의 구조 및 설비 기준을 명시하고 있는데 이를 소개하면 다음과 같다(보건복지부, 2011).

#### (1) 어린이집의 구조 및 설비기준

어린이집의 구조 및 설비는 그 시설을 이용하는 영유아의 특성에 맞도록 하여야 한다. 어린이집에는 다음의 설비를 하여야 한다. 이 경우 보육실을 포함한 시설면적(놀이터 면적은 제외)은 영유아 1인당 4.29㎡ 이상으로 한다.

### ① 보육실

- 보육실은 건축법령상의 층수와 관계없이 해당 층 4면의 100분의 80 이상이 지상에 노출되어 있고, 해당 층 주 출입구의 하단이 지표면으로부터 1m 이내인 층(이하 1층이라 한다)에 설치하여야 한다. 다만, 다음 각 호의 어느 하나에 해당하는 경우는 예외로 한다.
  - 해당 층 4면의 100분의 50 이상 100분의 80 미만이 지상에 노출되고, 해당 층 주 출입구의 하단이 지면으로부터 1미터 이내이며, 지방보육정책위원회의 심의를 거쳐 환기, 채광, 습도, 침수 등 영유아의 건강과 안전에 문제가 없는 것으로 확인된 해당 층에 어린이집을 설치하는 경우
  - 건물 전체를 하나의 어린이집으로 사용하면서 1층 이상 5층 이하에 보육실을 설치하는 경우. 다만 영아를 위한 보육실은 1층에 우선적으로 배치하여야 한다.
  - 사업장이 있는 건물의 1층 이상 5층 이하에 직장어린이집을 설치하는 경우
  - 300세대 이상의 아파트 단지 전체가 「건축법 시행령」 제119조 제1항 제3호 다목에 따른 필로티나 그 밖에 이와 비슷한 구조인 경우에 그 위층에 어린이집을 설치하는 경우(필로티나 그 밖에 이와 비슷한 구조인 층에 거주공간이 없을 경우만 해당한다)
- 보육실은 거실, 포복실 및 유희실을 포함하여 영유아 1명당 2.64㎡ 이상으로 한다.
- 보육실에는 침구, 놀이기구 및 쌓기놀이활동, 소꿉놀이활동, 미술활동, 언어활동, 수학 · 과학활동, 음률활동 등에 필요한 교재 · 교구를 갖추어야 한다.
- 어린이집은 환기, 채광, 조명, 온도 및 습도가 적절히 유지 · 관리되도록 하여야 한다.
- 보육실은 바닥 난방시설을 갖추어야 한다.

### ② 조리실

- 조리실은 채광이 잘 되도록 하고, 기계 환기시설을 하여 청정한 실내 환경을 유지하도록 하며, 창문에는 방충망을 설치하여야 한다.
- 식기를 소독하고 위생적으로 취사 및 조리할 수 있는 설비를 갖추어야 한다.
- 공공기관이나 사회복지관 안에 설치된 어린이집의 경우에는 같은 건물에 있는 조리실을 함께 사용할 수 있다.

[그림 3-1] 식기소독기

### ③ 목욕실

- 목욕실은 난방을 하여야 한다.
- 바닥은 미끄럼 방지 장치를 하여야 한다.
- 샤워 설비, 세면 설비 및 냉온수 공급을 위한 설비를 갖추어야 하며, 수도꼭지는 온수사용 시 화상을 입지 아니하도록 온도를 조정 및 고정할 수 있어야 한다.
- 목욕실은 보육실과 인접한 공간에 위치하여야 한다.

### ④ 화장실

- 바닥은 미끄럼 방지 장치를 하여야 한다.
- 세정장치와 수도꼭지 등은 냉온수의 온도를 조정 및 고정할 수 있어야 한다.
- 화장실에는 수세식 유아용 변기를 설치하고, 보육실과 같은 층의 인접한 공간에 설치하여야 한다.

[그림 3-2] 나무 깔판을 이용한 화장실 미끄럼 방지 처리

### ⑤ 급 · 배수시설

- 상수도 또는 간이 상수도에 의하여 먹는 물을 공급하는 경우에는 저수조를 경유하지 아니하고 직접 수도꼭지에 연결하여 공급하여야 한다. 다만, 직접 수도꼭지에 연결하기 곤란한 경우는 제외한다.
- 어린이집에서 지하수를 음용수로 사용할 경우에는 저수조 등의 시설을 경유하여야 한다.

• 더러운 물, 빗물 등이 잘 처리되도록 배수설비를 하여야 한다.

### ⑥ 화재안전

• 화재에 대비하여 소화용 기구(분말소화기, 투척소화기 등)를 비치하고 비상구를 설치하는 등 비상재해에 대비한 시설을 갖추어야 한다. 이 경우 비상구는 상단에 비상구 유도등을 달고 잠금 장치를 문 안쪽에 설치하여야 한다.

[그림 3-3] 분말소화기

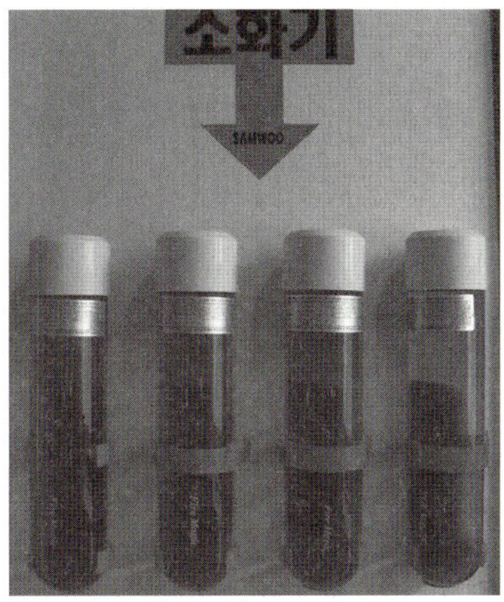


[그림 3-4] 투척소화기

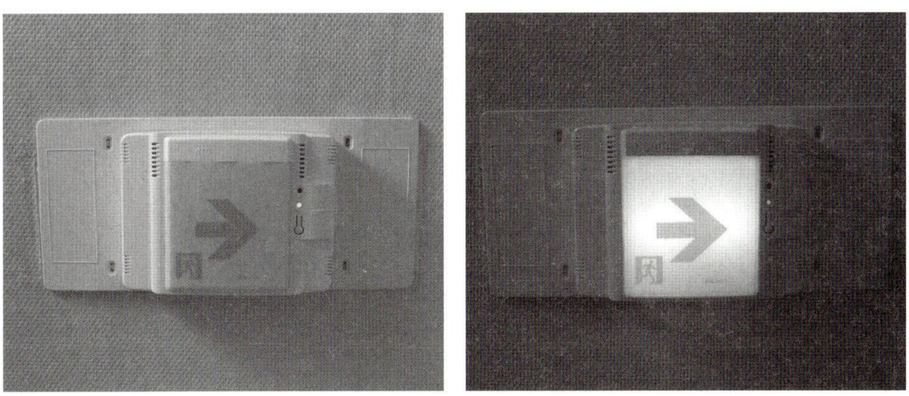

[그림 3-5] 비상구 유도등

### ⑦ 가스안전

• 가스를 사용하는 어린이집은 「도시가스사업법」, 「액화석유가스의 안전관리 및 사업법」에서 정한 규정에 따라 설치하고 관리하여야 한다.

[그림 3-6] 가스안전장치

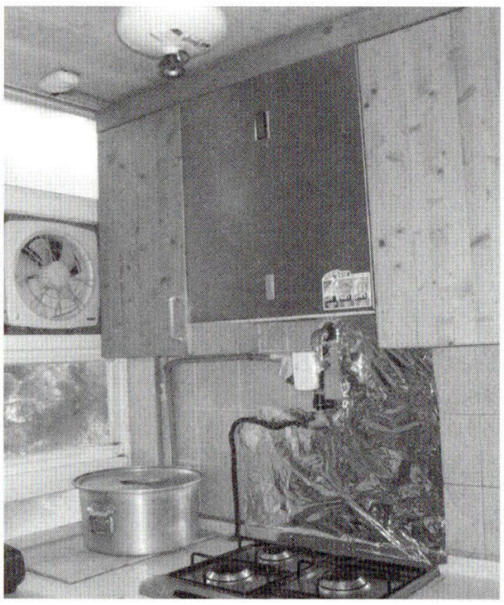

[그림 3-7] 가스레인지 위에 설치하는 확산소화기

⑧ 기타 실내설비의 안전기준

• 영유아가 접근할 수 없는 안전한 장소에 응급조치를 위한 비상약품 및 간이 의료기구 등을 갖춰 두어야 한다.

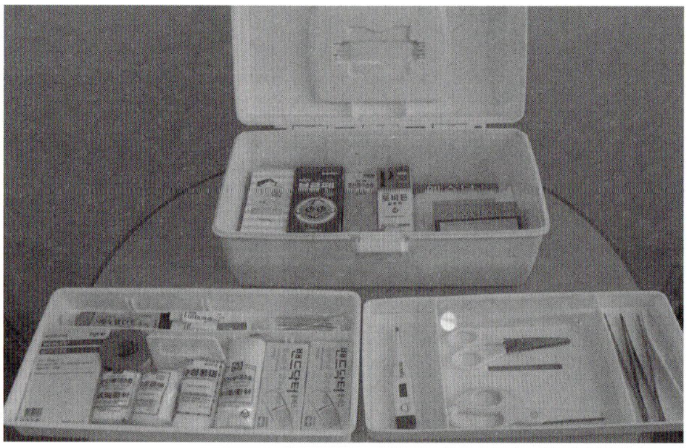

[그림 3-8] 비상약품

• 비상구를 제외한 모든 출입문 및 창문은 안쪽에서 잠길 우려가 없어야 하고, 밖에서 쉽게 열 수 있어야 하며, 출입문 및 창문의 가장자리에는 영유아의 손이 끼지 아니하도록 손 끼임 방지 고무패킹이나 완충장치를 설치하여야 한다.

[그림 3-9] 손 끼임 방지장치

- 돌출형 방열기(라디에이터)는 영유아의 신체가 직접 닿지 아니하도록 울타리를 설치하여야 하며, 이와 유사한 온열기를 사용하는 경우에는 영유아가 직접 온열기에 닿지 아니하도록 적절한 보호장치를 설치하여야 한다.
- 책상, 의자 등 가구의 모서리는 둥글고 표면이 매끄럽게 처리된 것이나, 고무 등으로 모서리에 보호장치를 설치하여야 한다.
- 보육실에 설치된 교구장, 수납장 등은 안전을 위하여 아래 부분에 무거운 비품을 보관하여야 하고, 선반을 설치하는 경우에는 물건이 떨어지지 아니하도록 지지대를 설치하여야 하며, 무거운 물건은 너무 많이 쌓아 놓아서는 아니 된다.
- 보일러 설비, 퓨즈박스(두꺼비집), 화기, 소독수, 살충제, 조리실의 칼 · 가위 · 포크 · 랩 등은 영유아의 손이 닿지 아니하는 위치에 배치되어야 한다.
- 어린이집 내부(벽, 천장 등)의 마감재료는 「건축법시행령」 제2조에 따른 불연재료, 준불연재료 또는 난연재를 사용하여야 하며, 보육실은 「환경보건법시행령」 제16조에 따른 환경안전관리기준을 준수하여 설치하여야 한다.
- 실내 장식물과 창문에 설치하는 커튼류 및 카펫 등 「소방시설설치유지 및 안전관리에 관한 법률」 제12조에 따른 방염대상물품은 소방시설설치유지 및 안전관리에 관한 법령에 따른 방염성능이 있는 것으로 설치하여야 한다.

[그림 3-10] 방염 블라인드

[그림 3-11] 방염코팅처리한 문

### (2) 비상재해대비시설

최근에 어린이집의 인가과정과 운영 중에 안전에 대한 조항을 보다 강화하고 있으며, 이에 따라 비상재해대비시설에 관한 사항을 제시하고 있는데 이를 소개하면 다음과 같다(보건복지부, 2013).

① 어린이집이 1층인 경우, 비상시 2방향 대피가 가능하여야 함. 2방향 대피란 지상과 바로 연결되는 2개 이상의 출구가 있는 것을 원칙으로 한다.

② 어린이집이 2층과 3층인 경우, 비상재해대비시설을 다음 기준에 따라 설치한다.

- 어린이집이 2층과 3층인 경우, 비상시 2방향 대피가 가능하도록 비상계단 또

는 대피용 미끄럼대(이하 비상재해대비시설)를 영유아용으로 설치하여야 한다. 단, '소방시설설치유지 및 안전거리에 관한 법률 시행령'에서 규정하는 스프링클러(간이형 스프링클러 포함)가 건물 전체에 걸쳐 유효하게 설치된 경우는 비상계단과 대피용 미끄럼대를 설치하지 않을 수 있다. 피난기구는 피난기구의 화재안전기준(NFSC 301)에서 정한 피난기구를 설치하여야 한다.

### (3) 어린이집에서의 생활안전을 위한 시설관리

어린이집에서 발생하는 안전사고의 80% 이상이 놀이 중의 부딪힘과 넘어짐, 끼임, 떨어짐, 이물질 흡입, 화상, 베임 등에 의해 발생하는 사고이다. 이러한 사고를 줄이기 위해서는 먼저 어린이집의 모든 시설 부분에서 안전한 보육환경 조성을 위해 힘써야 하는데 이를 위한 방안을 소개하면 다음과 같다(중앙보육정보센터, 2008)

#### ① 현관

- 현관문에 서서히 닫히게 하는 장치와 스토퍼 설치하기
- 현관문 사이에 손가락이 끼지 않도록 틈새에 고무 등 안전장치 부착하기
- 비나 눈이 올 때 현관 바닥에 미끄럼 방지용 발판이나 매트를 깔고 물기 제거하기
- 현관 바닥에 단차가 없도록 하고 단차가 있는 경우에는 충격 완충재 설치하기
- 신발장, 가구 모서리 등에 보호대 설치하기
- 우산꽂이 등 쓰러지기 쉬운 물건은 고정시키거나 벽면 가까이에 놓기
- 신발장 위에 영유아의 호기심을 자극하는 사진이나 물건을 올려놓지 않기
- 거울, 게시물 등은 영유아의 눈높이에 맞추어 게시하고 핀이나 압정을 사용하지 않기

**교사 안전수칙**

- 현관 입구에 물기가 생기면 수시로 제거하기
- 차례를 기다려 신발을 신고 벗도록 항상 주의시키기
- 실외놀이 등 밖으로 나갈 때는 소그룹으로 나누어 이동시키기

- 실외 놀이터로 이동 시 교사가 영유아와 함께 안전하게 이동하기
- 가구나 벽에 못이나 볼트, 너트 등이 빠져 있거나 돌출 여부 점검하기

### ② 복도, 계단 및 베란다

- 계단의 단 높이는 16cm 이하로 높이를 일정하게 설치하기
- 계단의 단 너비는 26cm 이상으로 단 너비를 일정하게 설치하기
- 계단에 미끄럼 턱을 설치하고 왁스/광택제/카펫 등은 사용하지 않기
- 영아반이 2층에 있는 경우 2층 계단 입구에 안전문 설치하기
- 복도나 계단의 꺾임 공간에 위험한 물건(유리 장식장, 복사기 등)을 놓지 않기
- 진열판, 소화전 등에 잠금장치하기
- 액자 등은 떨어지지 않도록 고정시키기

〈표 3-1〉 계단과 난간의 안전기준

| 내 용 | 기 준 | 내 용 | 기 준 |
|---|---|---|---|
| 계단의 단 높이 | 16cm 이하 | 난간 높이 | 110cm 이상 |
| 계단의 단 너비 | 26cm 이상 | 난간 살의 간격 | 10cm 이하 |

**교사 안전수칙**

- 계단을 안전하게 오르내릴 수 있도록 바닥에 발 모양 표시하기
- 복도나 계단에서 이동할 때는 위험한 행동을 하지 않도록 지도하기
- 보도나 계단에서 좌측통행하도록 주의시키기
- 한 번에 많은 인원이 이동하지 않도록 조절하기
- 이동할 때는 줄을 서서 차례를 지켜 이동하도록 지도하기
- 영유아 혼자 이동하지 않도록 하고 교사와 함께 이동하기
- 베란다에 영유아 혼자 놀이하도록 방치하지 않기

### ③ 보육실

**<문 / 창문>**

- 문을 여닫을 때 끼임 사고가 발생하지 않도록 안전장치 설치하기
- 보육실 출입문은 영유아가 보일 수 있도록 부분적으로 투명한 창으로 설치하기
- 창문에 추락방지용 안전 창 설치하기
- 영유아가 딛고 올라갈 수 있는 의자, 책상 등을 창문 가까이에 두지 않기
- 블라인드 등의 끈은 영유아의 손이 닿지 않도록 짧게 묶어두기

**<벽>**

- 사용하지 않는 콘센트는 안전덮개로 덮어두고 꽂혀진 코드도 영유아에게 노출되지 않도록 영역구성 시 주의하기
- 영유아의 사진이나 작품을 영유아의 눈높이에 맞추어 게시하기
- 게시판에 핀이나 압정을 사용하지 않기
- 떨어질 위험이 있는 무거운 물건을 걸어놓지 않기

**<바닥>**

- 보육실 바닥에 미끄럼을 방지할 수 있도록 카펫이나 안전매트 깔기
- 카펫이나 매트는 움직이지 않도록 처리하고 끝이 밀려서 걸려 넘어지지 않도록 하기
- 전깃줄 등이 영유아의 발에 걸리거나 손에 닿지 않도록 안전하게 처리하기

**<영역 구성>**

- 영유아가 활동할 수 있도록 충분한 공간 확보하기
- 모든 영유아를 관찰할 수 있도록 높은 교구장은 벽 쪽으로 배치하고 낮은 교구장으로 영역 구분하기(잘 보이지 않는 공간 두지 않기)
- 놀잇감은 영유아가 쉽게 꺼내고 수납할 수 있도록 알맞은 높이에 두고, 무거운 교구는 교구장(수납장) 아래 부분에 보관하기
- 영유아가 활동하는 공간에 쉽게 넘어지는 가벼운 의자, 바퀴 달린 사무용 의자(회전의자) 두지 않기

- 히터나 선풍기를 사용하는 경우 영유아의 손이 닿지 않는 곳에 설치하기
- 영유아의 호기심을 자극하는 물건은 높은 곳에 올려두지 않고 위험한 물건 등은 영유아의 손이 닿지 않는 안전한 장소에 두기(잠금장치로 보관하기)
- 책상, 교구장 등의 뾰족한 부분은 모서리 보호대 등의 안전장치 부착하기
- 교구장에 있는 볼트, 너트, 못 등 분리되거나 파손된 놀잇감은 즉시 보수하기

〈놀잇감〉

- 영유아가 삼킬 수 있는 작은(지름 3.5㎝ 이하) 놀잇감 제공하지 않기
- 베거나 긁힐 수 있는 위험한 놀잇감 제공하지 않기
- 움직이는 놀잇감 사용 시 바닥에 충격을 흡수하는 고무판 등 깔아 놓기
- 놀잇감을 영유아의 수에 적절하게 준비하기(특히 영아의 경우 동일한 놀잇감을 여러 개 준비하기)

**교사 안전수칙**

- 놀잇감이나 우유병을 입에 넣고 다니지 않도록 주의시키기
- 전쟁놀이 등 위험한 놀이나 행동은 보는 즉시 중재하기
- 낮은 책상이나 의자에 올라가서 뛰어내리지 않도록 지도하기
- 영유아가 의자나 책상 같은 무거운 가구를 이동해야 할 때는 사전에 안전수칙 설명하기
- 보행기를 탈 때는 주변에 위험한 물건이 있는지 점검하기
- 놀이활동 정리나 이동 시 영유아가 예측할 수 있도록 미리 예고하기
- 걸려 넘어질 만한 물건이나 놀잇감은 수시로 정리하기
- 놀잇감 파손 등을 매일매일 점검하고 보수하기
- 위험한 장소 표시하기
- 안전한 놀이를 위해 영유아의 옷차림 살피기(긴 옷, 끈이 있는 옷, 머리끈 등)
- 영유아만 두고 교실 비우지 않기
- 영유아를 돌보며 행정업무 등의 일 처리하지 않기
- 영유아가 있는 곳에서 커피포트 등 위험한 전열기구 사용하지 않기

### ④ 화장실

- 화장실 문에 손 끼임 방지 장치 설치하기
- 바닥과의 단차가 없도록 설치하기
- 바닥은 미끄럼 방지 처리하기
- 미끄럼 방지용 슬리퍼 사용하기
- 세탁기 등 위험한 물건은 화장실에 설치하지 않기
- 온수조절 수도꼭지, 안전한 샤워기 설치하기
- 세면기와 변기, 거울, 수건걸이 등을 영유아의 눈높이에 맞추어 설치하기
- 세면기, 변기, 욕조 등 모서리를 안전하게 처리하기
- 휴지걸이는 영유아가 앉아서 안전하게 사용할 수 있는 위치에 고정시키기
- 화장실 라디에이터에 안전덮개 씌워놓기

**교사 안전수칙**

- 욕조, 세면기, 세숫대야 등에 물을 담아두지 않기
- 화장품이나 세제, 빨래비누, 샴푸, 청소도구 등은 영유아의 손이 닿지 않는 곳에 두기
- 온수용 수도꼭지, 안전샤워기의 오작동 매일 점검하기
- 화장실 사용 안전수칙에 대해 수시로 이야기 나누기
- 개별 또는 2~3명씩 나누어 화장실에 다녀오도록 배려
- 영아들은 교사와 함께 소집단으로 화장실에 다녀오도록 하기
- 영유아가 화장실에 간 경우 주의하여 관찰하기
- 지퍼가 달린 옷인 경우 안전한 지퍼 사용에 대해 지도하기

### ⑤ 조리실

- 정수기의 뜨거운 물에 안전장치(온수 작동부분 고정) 설치하기
- 콘센트는 영유아의 손이 닿지 않는 곳에 설치하기
- 냉장고, 싱크대 서랍 등에 잠금장치 설치하기
- 가전제품 주변에는 영유아가 딛고 올라설 수 있는 의자 두지 않기
- 칼, 포크, 가위, 채칼, 알루미늄 호일 등 날카로운 물건은 영유아의 손이 닿지

않도록 서랍 등에 보관하고 잠금장치 설치하기

- 연령에 적절한 크기의 식사도구 준비하기
- 급 · 간식 후 영유아들이 놀이할 수 있도록 정해진 안전한 공간 마련하기
- 가정어린이집의 경우 주방과 거실 사이에 안전문을 설치하여 영유아의 출입 통제하기

**교사 안전수칙**

- 조리실에서 사용하는 라이터나 발화기구 관리에 주의하기
- 가전제품의 전기코드는 늘어지지 않도록 안전하게 정리하여 사용하기
- 영유아의 손이 닿는 휴지통에 위험한 물건(캔 뚜껑, 뾰족한 물건) 버리지 않기
- 정수기 온수 안전장치의 오작동 여부 매일 점검하기
- 뜨거운 음식은 조리실에서 미리 식혀서 배식할 수 있도록 준비하기(모든 음식물은 먹기 쉬운 온도로 준비하기)
- 영유아가 먹기 용이하도록 적당한 크기로 준비하기
- 뜨거운 물이나 국, 음식은 안전한 장소에 놓고 배식하기
- 배식할 때 영유아는 자리에 앉아서 기다릴 수 있도록 이야기 나누기
- 우유나 음식은 돌아다니면서 먹지 않도록 지도하기
- 점심을 먹은 후에는 정해진 안전한 놀이공간에 앉아 조용한 놀이를 하도록 지도하기
- 안전하게 음식을 다룰 수 있는 방법에 대해 활동하고 영유아 스스로 안전에 대처할 수 있도록 지도하기

### ⑥ 유희실

- 볼풀장이 있는 경우 미끄럼틀이 아닌 출입을 위한 별도의 계단 설치하기
- 유희실 벽과 바닥은 푹신푹신하고 미끄럽지 않은 재질로 설치하기
- 유희실에 있는 기둥이나 모서리는 충격을 완화할 수 있도록 장치하기
- 여러 가지 탈것 등의 놀잇감은 안전한 장소에 정리하기
- 신체활동 시 충분히 움직일 수 있는 공간 확보하기
- 텀블링은 영유아들이 안전하게 잡고 뛸 수 있도록 손잡이 마련하기

- 사용하지 않는 놀이기구는 안전하게 보관하기(영유아가 수시로 꺼내지 않도록 하기)
- 벽의 액자 등은 떨어지지 않도록 고정하기
- 유희실에 문이 있는 경우 손 끼임 방지 처리하기
- 출입구에는 단차가 없도록 하기
- 유희실이 지하에 위치한 경우 환기와 제습에 유의하기

**교사 안전수칙**

- 탈것, 놀잇감 등은 바닥에 정리 표시를 하고 제자리에 정리하도록 하기
- 넓은 공간을 확보하기 어려운 경우에는 소그룹으로 나누어 활동하기
- 놀이 종료 시간을 사전에 알려주어 안전하게 정리할 수 있도록 하기
- 유희실에서 신체활동 후 마실 수 있는 물 준비하기
- 안전매트나 보호대가 떨어진 곳이 있는지 수시로 점검하기
- 바닥에 있는 놀잇감에 걸려 넘어지지 않도록 수시로 정리하기
- 놀이기구 등의 볼트, 너트, 못 등이 빠져 있는지 수시로 점검하기
- 고장 난 놀이기구는 즉시 보수하기
- 나무 놀이기구의 경우 페인트 등을 수시로 점검하여 가시 등에 찔리지 않도록 보수하기

## 2. 실외 놀이시설 · 설비 안전

### 1) 실외 놀이시설 안전사고 실태 및 관리의 중요성

실외 놀이공간은 신체 및 인지발달, 학습의 기회를 제공하며, 사회적 기술을 익히고 영유아의 긴장과 억압을 해소하는 데 도움을 주는 다양한 놀이경험을 제공하여 영유아에게 전인적 발달의 기회를 제공한다(신동주, 1996). 그러나 다른 한편으로 영유아들의 안전에 대한 부족한 지식과 태도, 실외 놀이시설이 안전하게 설치되

어 있지 않거나 부적합한 관리방법, 성인의 부주의한 태도와 소홀한 지도 등으로 인하여 실외 놀이공간에서 안전사고가 많이 발생하고 있다.

일례로 한국생활안전연합에서 2005년도에 조사한 서울시 아파트 놀이터 안전사고 실태조사 결과, 57.8%의 어린이가 실외놀이 중에 다친 경험이 있는 것으로 나타났다. 사고가 가장 많이 일어난 놀이시설은 그네(28.6%), 미끄럼틀(20.0%), 복합놀이시설물(17.1%) 순으로 나타났다. 사고의 종류를 살펴보면 떨어짐(45.0%), 긁힘(18.0%), 부딪침(17%), 미끄러짐(15.0%), 끼거나 빠짐(5.0%)이었다. 이처럼 실외놀이터에서 발생하는 안전사고에 영향을 미치는 요인은 다음과 같이 크게 시설적 측면, 관리적 측면, 사용자 측면으로 구분할 수 있다(http://playsafety.or.kr).

**① 시설적 측면**

- 잘못된 디자인과 설계
- 부적합한 놀이시설
- 안전기준을 따르지 않고 설계된 놀이기구
- 비전문가에 의한 잘못된 설치

**② 관리적 측면**

- 형식적인 관리와 계획
- 적절치 못한 점검과 보수 유지 과정
- 놀이터 안전지식과 안전관리 경험 부족

**③ 사용자 측면**

- 성인들의 관리 소홀
- 놀이시설에 대한 적절치 못한 이용
- 영유아의 적절치 못한 옷차림과 이용습관

이상과 같이 다양한 원인에 의해 발생하는 실외놀이 안전사고는 자칫 대형사고로 이어져 영유아에게 치명적 손상을 입힐 수 있다. 따라서 유아교육기관에서는 영유아의 발달에서 중요한 영향을 미치는 놀이가 활발하게 이루어지는 실외놀이 환경 제공을 위해서는 안전성과 기능성을 충족시켜줄 수 있는 실외공간, 시설 · 설비의 확보, 안전관리가 매우 중요하다고 할 수 있다.

우리나라에서 영유아를 위한 놀이시설 설치에 관하여 규정하고 있는 기준법으로는 「아동복지법」, 「주택건설촉진법」, 「도시공원법」, 「관광진흥법」을 들 수 있다. 「아동복지법」에서는 아동의 건강 및 안전, 아동복지시설의 설치와 종류, 아동전용시설의 설치 등에 관하여 규정하고 있으며, 「주택건설촉진법」에서는 도시공원의 설치와 관리, 공원시설의 안전 조치와 설치 기준을, 「관광진흥법」에서는 유기시설, 또는 유기기구의 안정성 검사와 유원시설 등의 관리를 명시하고 있다(최인수, 2007).

## 2) 유아교육기관의 실외 놀이시설 관련 규정

### (1) 유치원

#### ① 유원장(실외 놀이터)의 면적

유치원의 경우는 '고등학교 이하 각급 학교 설립 · 운영 규정' 제5조에서 유치원 유원장은 배수가 잘되거나 배수시설을 갖춘 곳에 설치하여야 한다고 규정하고 있다. 정원이 40인 이하 유치원의 유원장 면적은 160㎡, 41인 이상 시설은 120+N㎡ (N: 각 유치원의 원아 정원)로 규정하고 있다.

#### ② 유원장 설비 기준

유치원 유원장에 갖추어야 할 설비기준은 〈표 3-2〉와 같다.

〈표 3-2〉 유치원 유원장의 설비기준

| 영 역 | 설비 종목 | 규 격 | 소요 기준 | 비 고 |
|---|---|---|---|---|
| 놀이기구 | 미끄럼틀 | 유아용 | 원당 1 | 원당 5종 이상 |
| | 정글짐 | | 원당 1 | |
| | 터널 | | 원당 1 | |
| | 구름다리 | | 원당 1 | |
| | 망오름대, 흔들사다리 | | 원당 1 | |
| | 그네 | | 원당 1 | |
| | 시소 | | 원당 1 | |
| | 전통놀이기구 | | 원당 1 | |
| | 복합 종합놀이기구 | | 원당 1 | 선택할 경우 |

| | | | | |
|---|---|---|---|---|
| 모래놀이 | 모래장 | 모래 깊이 10~20cm | 원당 1 | |
| | 그늘막<br>(등나무, 파고라 등) | | 원당 1 | 권장 |
| | 모래놀이대(이동식) | 정사각형 또는 직사각형<br>가로 80~180cm<br>세로 60~70cm<br>두께 15~20cm<br>높이 50~60cm | 원당 1 | 모래장이 없는 경우 |
| | 도구정리장 | | 원당 1 | 정리함으로 대체 가능 |
| | 진흙놀이장 | | 원당 1 | 권장 |
| 물놀이 | 수도시설 | | 원당 1 | 권장 |
| | 물놀이장(대) | 높이 50~60cm | 원당 1 | 권장(이동식 가능) |
| | 도구정리장 | | 원당 1 | 정리함으로 대체 가능 |
| 목공놀이 | 목공놀이대 | 높이 50~60cm<br>정사각형, 직사각형 | 원당 1 | 권장(이동식 가능) |
| | 도구 정리장 | | 원당 1 | 정리함으로 대체 가능 |
| 동 · 식물<br>사육/재배 | 동물사육장<br>(토끼장, 새장, 닭장 등) | | 원당 1 | 권장 |
| | 식물재배장 | | 원당 1 | 화분 대체 가능 |
| 기타 | 창고 | | 원당 1 | 권장 |
| | 벤치, 정자(그늘집) | | 원당 1 | 권장 |
| | 세면대 | | 원당 1 | 권장 |

### (2) 어린이집

#### ① 실외 놀이터의 종류 및 면적 기준

2011년 4월 7일에 개정된 영유아보육법 시행규칙 별표 1의 어린이집 설치기준에서 제시하고 있는 어린이집의 실외 놀이터 종류 및 면적기준부터 살펴보면 다음과 같다.

- 어린이집의 놀이터, 놀이기구 및 어린이용품은 「영유아보육법」, 「어린이놀이시설 안전관리법」, 「품질경영 및 공산품 안전관리법」 및 「환경보건법」에서 정한 기준을 준수하여야 한다. 그 밖에 놀이터 설치에 필요한 구체적인 기준은 보건복지부 장관이 정한다.

• 정원 50인 이상인 어린이집(12개월 미만 영아만을 보육하는 어린이집은 제외한다)은 영유아 1명당 3.5제곱미터 이상의 규모로 옥외놀이터를 설치하는 것을 원칙으로 한다. 다만 보건복지부장관이 어린이집 규모(정원)에 따라 같은 시간대에 놀이활동에 참여하는 최대 영유아 수 및 면적의 기준을 정하는 경우에는 그 기준에 따라 놀이터를 설치할 수 있다.

• 옥외놀이터에는 모래밭(천연 및 인공잔디, 고무매트, 폐타이어 블록, 「어린이놀이시설 안전관리법」에서 정하는 기준에 적합한 것을 포함한다)에 6세 미만의 영유아가 이용할 수 있는 대근육활동을 위한 놀이기구 1종 이상을 포함하여 놀이기구 3종 이상이 설치된 옥외놀이터를 설치하여야 한다. 다만, 업무용 시설 밀집지역 등 지역적 특수성에 따라 옥외놀이터를 설치하는 것이 불가능한 경우에는 옥내놀이터(지하층에는 설치 불가)를 설치하거나 「어린이놀이시설 안전관리법」에 따라 설치 · 관리되는 인근놀이터를 활용할 수 있되, 활용하는 것으로 인정되는 경우는 6세 미만의 영유아가 이용할 수 있는 놀이기구가 3종 이상이 설치되고 놀이터의 관리 주체가 사용을 승낙한 경우로 한정한다.

• 옥내놀이터는 다음과 같이 설치한다.
  가. 옥내놀이터는 놀이터로 사용하는 공간 및 그 주변에 소음 · 분진 · 폭발 · 화재의 위험이 없어야 하며, 실내공간을 활용하는 경우 조명 · 채광 · 환기 · 온도 · 습도가 적정하여야 한다.
  나. 어린이집에 엘리베이터가 설치되지 아니한 경우 옥내놀이터는 보육실로부터 5층 이내에 설치하며, 층 간 이동을 위하여 아동용 손잡이 레일을 설치하는 등 안전에 필요한 장비를 구비하여야 한다. 이 경우 아동용 손잡이 레일은 영유아가 잡거나 짚고 올라갈 수 없는 구조여야 하며, 영유아의 신체가 빠지거나 끼는 사고가 없도록 설치한다.
  다. 옥내놀이터를 어린이집으로 사용하는 건물 내의 실외공간에 설치하는 경우에는 울타리나 보호난간을 최소 1.5미터 이상으로 설치하되 놀이기구의 높이 등에 맞춰 안전을 확보할 수 있는 높이로 설치하여야 하고, 그 밖에 안전에 필요한 장비를 구비하여야 한다. 이 경우 울타리나 보호난간의 재질은 부식 · 파손의 위험이 없어야 하며, 영유아가 잡거나 짚고 올라갈 수 없는 구조로 설치하되 난간 사이에 간격이 있는 경우 그 안치수는 80밀리미터 이하로 하여야 한다.

라. 옥내놀이터를 어린이집의 최상층 바닥면에 설치하는 경우 울타리나 보호난간은 바닥면 최하단으로부터 1.2미터까지는 콘크리트 · 조적(벽돌 등) 또는 강화유리 등으로 설치하여야 하고, 고정식 놀이기구는 해당 층 바닥이 설치하고자 하는 놀이시설의 하중을 견딜 수 있도록 건축되어 있고, 「어린이놀이시설 안전관리법」에서 정한 기준에 적합한 경우에 설치할 수 있다.

마. 건물 2층 이상에 옥내놀이터를 설치하는 경우 영유아보육법령에서 정하는 비상재해 대비시설을 갖추어야 한다.

### ② 놀이시설 및 놀이기구 설치 기준

어린이집에 설치하는 실외 놀이터에는 대근육활동 놀이기구 1종 이상 포함, 최소 3종 이상의 놀이기구를 설치해야 하며, 영아용과 유아용 또는 대상 연령별로 설치해야 한다. 놀이기구의 종류는 다음과 같다(보건복지부, 2013).

- 고정식 대근육활동 놀이기구: 영유아의 대근육 발달을 위한 놀이기구로 그네, 미끄럼틀, 정글짐, 회전놀이기구, 공중놀이기구, 흔들놀이기구, 오르는 기구, 건너는 기구 또는 이를 두 가지 이상 결합한 조합놀이대는 2종 이상을 설치한 것으로 간주하며, 안전을 위하여 영아용과 유아용으로 각각 구분하여 설치하는 것을 원칙으로 한다.
- 이동식 대근육활동 놀이기구: 영유아의 대근육 발달을 위한 기구로 이동 가능하거나 실내용으로 제작한 놀이기구이며, 놀이집, 널빤지, 안전 사다리, 삼각대, 뜀틀, 평균대, 점핑 바운서, 구르기용 매트, 폐타이어, 대형 블록류, 이동식 농구대 등을 포함한다.
- 모래놀이기구: 영유아의 감각 및 정서발달 등을 위한 모래놀이 기구로 모래밭과 모래놀이대 등이 포함되며, 그 밖에 물놀이도구, 탈것, 사회극 놀이도구(놀이집, 자동차 등 탈것, 소꿉놀이), 게임놀이, 공놀이 등 놀이터에 추가로 구비

할 수 있는 놀이도구를 갖출 것을 권장하고 있다.

| 구 분 | | (고정식) 대근육활동 놀이시설 · 놀이기구 | (이동식) 대근육활동 놀이기구 | 모래놀이 기구 |
|---|---|---|---|---|
| 옥외 놀이터 | | ○ | △ | ○ |
| 대체 놀이터 | 실내 놀이터 | △ | ○ | ○ |
| | 옥내 중간놀이터 | △ | ○ | ○ |
| | 옥상 놀이터 | × | ○ | ○ |
| | 인근 놀이터 | ○ | × | ○ |

※ 설치 가능(○), 설치 불가(×), 현장 여건에 따라 인정(△)
※ 옥외 놀이터는 고정식 놀이시설 · 기구 설치가 원칙이므로, 어린이놀이시설 안전관리법 설치검사 후 고정식 놀이기구를 이동식 놀이기구로 대체하지 않도록 유의

### 3) 「어린이 놀이시설 안전관리법」에 대한 이해

「어린이 놀이시설 안전관리법」이 시행('08 1. 27)됨에 따라 이 법의 적용을 받는 유치원과 어린이집들도 기존에 설치된 놀이시설에 대해 2012년 1월 26일까지 설치검사를 받도록 유예기간을 두었으며, 향후 설치되는 놀이시설들은 설치 시 설치검사를 받고 설치 후 정기검사를 받아야 한다.

#### (1) 어린이 놀이시설 안전관리법의 목적

「어린이 놀이시설 안전관리법」 제1조에서 규정하고 있는 목적은 다음과 같다.

어린이들이 안전하고 편안하게 놀이기구를 사용할 수 있도록 어린이 놀이시설의 설치 · 유지 및 보수 등에 관한 기본적인 사항을 정하고, 어린이 놀이시설을 담당하는 중앙행정기관의 역할과 책무를 정하여 어린이 놀이시설의 효율적인 안전관리 체계를 구축함으로써 어린이 놀이시설 이용에 따른 안전사고를 미연에 방지함을 목적으로 한다.

[그림 3-12] 안전검사를 받은 실외 놀이기구

### (2) 어린이 놀이기구

「어린이 놀이시설 안전관리법 시행령」 제2조 제1항에서 규정하고 있는 어린이 놀이기구는 〈표 3-3〉과 같다. 어린이 놀이기구는 동력을 이용하지 아니하도록 설계된 것이어야 한다.

〈표 3-3〉 어린이 놀이기구

| 유 형 | 분류 기준 |
|---|---|
| 가. 그네 | 하중 지지대에 매달려 있는 좌석, 받침판이 앞뒤 또는 좌우 등으로 움직이도록 설계될 것 |
| 나. 미끄럼틀 | 경사면을 가진 구조물로서 이용자가 규정된 트랙 내에서 미끄러져 내려갈 수 있도록 설계될 것 |
| 다. 정글짐 | 통나무, 파이프, 타이어 등으로 구성된 육면체, 둥근 지붕 또는 탑 모양의 구조물로서 자유롭게 매달릴 수 있도록 설계될 것 |
| 라. 공중놀이기구 | 손잡이를 잡고 매달리거나 공중에 매달려 있는 좌석에 앉아서 케이블을 따라 이동할 수 있도록 설계될 것 |
| 마. 회전놀이기구 | 한 개 이상의 좌석, 받침판, 손잡이가 설치되어 축을 중심으로 회전하거나 트랙을 따라 회전하도록 설계될 것 |
| 바. 흔들놀이기구 | 아랫부분의 구성체가 좌석이나 자리를 차지하는 형태로서 이용자가 그 좌석이나 자리에서 그 놀이기구를 직접 움직일 수 있도록 설계될 것 |
| 사. 오르는 기구 | 봉, 로프, 그물 등으로 이루어진 구조물로서 손으로 붙잡고 오르내리도록 설계될 것 |

| 유 형 | 분류 기준 |
|---|---|
| 아. 건너는 기구 | 일어서거나 기거나 매달려서 앞뒤, 좌우로 이동할 수 있도록 설계될 것 |
| 자. 조합놀이대 | 가목부터 아목까지의 놀이기구 중 두 가지 이상의 놀이기구가 결합된 형태일 것 |
| 차. 충격흡수용 표면제 | 어린이가 안전하게 놀 수 있도록 하기 위하여 충격을 흡수할 수 있는 재료가 사용될 것 |

### (3) 어린이 놀이시설의 유지 · 관리

① 정기시설검사: 설치검사를 받은 시설은 2년에 1회 이상 안전검사기관으로부터 정기검사를 받아야 한다. 정기검사를 받으려면 유효기간이 끝나기 1개월 전에 안전검사기관에 신청을 해야 한다.

② 안전점검: 설치검사를 받은 시설은 안전점검 항목 및 방법에 따라 매월 자체 점검을 실시하여야 한다.

③ 안전진단 신청: 관리 주체는 해당 놀이시설이 어린이에게 위해를 가할 우려가 있다고 판단되는 경우 이용금지 조치 및 1개월 이내에 안전검사기관에 안전진단을 신청해야 한다.

④ 안전교육: 설치검사를 받은 후 6개월 이내에 안전관리 관련 업무 담당자는 안전교육을 받아야 한다. 이후 안전관리업무 담당자는 2년에 1회 4시간 이상 안전교육을 받아야 한다. 안전교육의 내용에는 어린이 놀이시설 안전관리에 관한 지식 및 법령, 어린이 놀이시설 안전관리 실무 및 그 밖에 어린이 놀이시설의 안전관리를 위하여 필요한 사항 등이 포함된다.

⑤ 보험 가입: 설치검사를 받은 후 30일 이내에 보험에 가입해야 한다. 보험의 종류는 어린이 놀이시설 사고배상 책임보험과 같은 내용이 포함되어 있어야 하며, 사망 사고의 경우 최고 8천만 원까지 지급하는 보험에 가입해야 한다.

⑥ 중대사고 발생 보고: 설치검사를 받은 후 다음과 같은 중대사고가 발생한 경우 원장은 즉시 사용 중지 등 필요한 조치를 취하고, 해당 감독기관에 보고해야 한다.

- 사망한 경우
- 3명 이상이 동시에 부상을 입은 경우

- 사고 발생일 7일 이내에 48시간 이상의 입원 치료가 필요한 부상을 입은 경우
- 골절상을 입은 경우
- 출혈이 심한 경우
- 신경 · 근육 또는 힘줄이 손상된 경우
- 2도 이상의 화상을 입은 경우
- 부상 면적이 신체 표면의 5% 이상인 경우
- 내장이 손상된 경우

⑦ 놀이기구별 안전수칙 제시: 놀이터 안전사고의 원인은 시설 · 설비의 결함 외에 성인의 안일한 태도와 지도 소홀, 안전에 대한 영유아의 충분치 못한 지식과 부적절한 태도로 인한 것이므로, 영유아들이 놀이터를 이용할 때 다음과 같은 안전수칙을 놀이기구별로 부착하고 알려주어 안전사고를 미연에 방지하여야 한다(충청남도 천안교육청, 2008).

**그 네**

- 그네가 완전히 정지한 후 타고 내리세요.
- 그네 줄을 꼬지 말고 타세요.
- 다른 친구가 그네를 타고 있을 때 그 앞으로 지나가거나 그 앞에서 기다리지 마세요.
- 그네 중앙에 앉아서 타세요.
- 배를 깔고 엎드려서 타거나 서서 타지 마세요.
- 한 그네에 한 사람만 타세요.
- 줄을 꼭 잡고 타며, 타는 도중에 뛰어내리지 마세요.

### 미끄럼틀

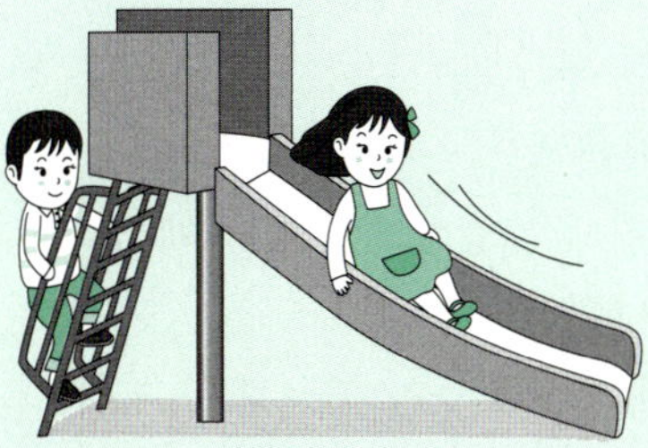

- 올라갈 때는 손잡이를 꼭 잡고 계단은 하나씩 올라가세요.
- 앞사람이 올라간 다음에 올라가고, 다른 사람을 밀거나 당기지 마세요.
- 미끄럼판으로 올라가지 말고 반드시 계단을 이용해서 올라가세요.
- 활주판에서는 한 사람씩 앉아서 내려오세요.
- 엎드려 타거나 서서 타지 마세요.
- 내려온 뒤에는 다른 사람이 곧바로 내려와도 부딪치지 않게 빨리 비켜주세요.
- 가방, 장난감 등을 들고 타지 마세요.

### 흔들놀이기구

- 시소 위에 서거나 뛰지 마세요.
- 두 손으로 손잡이를 꼭 잡고 타세요.
- 내릴 때는 상대방에게 미리 알리고 조심히 내리세요.
- 내릴 때 시소 밑에 발을 두지 마세요.

### 회전놀이기구

- 회전하는 도중에 뛰어내리거나 뛰어오르지 마세요.
- 회전 중에 친구와 장난(예: 밀기)하지 마세요.
- 회전대를 갑자기 고속으로 하지 마세요.
- 회전 중에 회전대를 멈추게 하기 위해 붙잡지 마세요.

- 회전대를 발로 돌리지 마세요(발이 낄 위험이 있어요).
- 회전대 밑으로 들어가지 마세요.

**정글짐 · 오르는 기구**

- 오를 때는 두 손을 사용하고 손잡이를 꽉 쥐고 이용하세요.
- 시설이 비에 젖었거나 뜨거울 때는 사용하지 마세요.
- 꼭대기에서 눕거나 앉지 마세요.
- 꼭대기에서 거꾸로 매달리거나 걸어다니지 마세요.
- 꼭대기에서 뛰어내리지 마세요.
- 내려올 때 뛰어내리지 말고 안전한 방법으로 천천히 내려오세요.

**건너는 기구**

- 받침대를 두 칸씩 한꺼번에 지나가지 마세요.
- 흔들다리 위에서는 손잡이를 반드시 잡아야 하며, 절대 뛰어가지 마세요.
- 손잡이와 받침대 사이의 공간으로 빠져나가는 행동은 절대 하지 마세요.

### 4) 실외 놀이시설에서의 안전관리

실외놀이 시 안전사고를 예방하고 최소화하기 위한 안전관리 방안과 교사가 신경 써야 할 안전수칙을 소개하면 다음과 같다(중앙보육정보센터, 2008).

- 바닥에 파인 곳이나 튀어나온 곳 등 단차가 없도록 처리하기
- 모래놀이영역에 개와 고양이 등의 배설물이 들어가지 않도록 가능하면 덮어 두기
- 실외 놀이시설 주변 바닥은 충격 완충재로 설치하기
- 미끄럼틀 오름대(계단)가 미끄럽지 않도록 조치하기
- 미끄럼틀은 턱이 너무 낮지 않고 경사가 너무 급하지 않도록 설치하기
- 그네 주변에 안전을 위한 보호담 설치하기
- 자전거길 설치하기
- 실외 놀이터의 미끄럼틀과 바닥과의 단차 주의하기
- 외부 이동 시 자동차 등이 지나갈 경우 신속히 벽 쪽으로 이동하기
- 외부 놀이시설 이용 시 교사가 사전점검하기(햇빛 받은 뜨거운 시설물 등)

**교사 안전수칙**

- 실외놀이 나가기 전에 안전수칙에 대해 이야기 나누기
- 위험한 행동을 할 때는 바로 중지시키기
- 실외놀이 기구의 볼트와 너트 등이 튀어나온 부분, 갈라진 틈 등이 있는지 매일 점검하기
- 파손된 곳이 있으면 즉시 보완하기
- 유리 파편, 돌 등 위험한 이물질이 없는지 수시로 확인하기
- 실외놀이 시 차례를 지켜 사용할 수 있도록 지속적으로 지도하기
- 높이가 있는 놀이기구에서 노는 영유아는 계속 관찰하기
- 위험한 곳에 올라간 경우 안전하게 내려올 수 있도록 영유아 가까이에서 도와주기
- 실외놀이 종료 시간을 사전에 알려주어 서두르지 않도록 하기
- 주변 환경에 대해 매일 안전점검하기
- 동네 놀이터를 이용할 경우 혼자 다니지 않도록 주의시키기
- 영유아의 옷차림(모자끈, 머리끈 등) 살피기
- 약품을 가지고 나가기

- 수시로 인원 점검하기
- 실외놀이 후 정리 및 청결하게 하기

## 3. 유아교육기관의 안전관리 지침

우리나라에서 공식적으로 인정하고 있는 유아교육기관은 유치원과 어린이집이다. 여기에서는 유치원과 어린이집 운영 시 준수해야 할 안전관리 지침을 중심으로 살펴보고자 한다.

### 1) 유치원의 안전관리 지침

유치원에서도 종일반 운영을 확대하고 있는 실정이어서 유아들이 유치원에서 생활하는 시간이 길어짐에 따라 안전관리를 강화하고 있다. 유치원 안전관리에 관한 사항을 살펴보면 다음과 같다(충청남도 천안교육청, 2009).

#### (1) 어린이 교통안전교육 강화

① 어린이 교통사고 및 예방교육 철저
- 안전지도록 작성: 일일 활동계획안에 누계 작성

② 유치원 통학 차량의 어린이 통학버스 경찰청에 신고 의무화

③ 공 · 사립 유치원 스쿨존(School Zone) 설치 강화: 경찰청에 요청
- 보호구역 내 과속방지턱, 인도, 차도 구분 등 시설 개선

④ 관련 담당자들의 충실한 안전교육
- 교통안전 담당 교사 연수 실시
- 통학버스 안전운행을 위한 운전자 교육 및 소양교육 실시
- 통학버스 안전운행을 위한 교통안전지침 숙지 및 통학버스 내 비치 등 자체 교육 실시
- 어머니 명예교사 활용 및 유치원 자체교육 실시

⑤ 통학버스 운행 시 유아를 보호할 수 있는 자 동승

- 통학버스 안전요원 배치
- 유아의 안전띠 착용 철저 지도

⑥ 어린이 통학버스 미신고, 보험 미가입 및 지입차량 등 불법 운행 금지

- 통학 차량 중 유상운송 차량은 허가와 유상운송 특별약관 가입 시에만 보험 혜택 가능
- 사고 시 피해보상을 받을 수 있는 보험 가입
- 통학버스에 구급상자 및 소화기 비치
- 통학버스 안전운행 일지 작성 및 활용 철저

### (2) 어린이 보호를 위한 안전관리 기능 강화

① 월 1회 안전교육 실시 및 자체 안전점검의 날 운영: 매월 4일

② 건축, 소방, 전기, 가스 등 유기시설 안전관리 강화

③ 놀이기구별 수시 점검으로 미연에 사고 예방

- 지역 교육청 단위로 놀이기구 안전관리팀을 운영하여 점검(연 1회 이상)

④ 노후시설 개 · 보수 등 안전관리 철저

⑤ 공산품에 의한 안전사고 예방 및 안전문화 조성

- 어린이 용품, 인라인 스케이트, 비비탄 총, 전기용품 등 사용상 주의

⑥ 실종, 유괴 예방교육 실시(연간 10시간 이상)

- 유아를 위한 성교육 프로그램 활용(교육인적자원부, 2006)

### (3) 화재 · 재난 발생 시 대처요령 교육 강화

① 비상사태 대비 교육으로 원아 및 교직원의 대처능력 강화

- 화재, 대피훈련은 최소한 분기별로 1회 이상 실시: 유아를 위한 안전교육 지도자료 적극 활용

② 투척용 소화기 사용 의무화

- 투척용 소화기 사용에 대한 교육 실시

### (4) 피해보상 대비 보험가입 의무화

① 교통사고 등 재난 발생 시 유아의 피해보상 방안 마련

- 학교안전관리공제회, 학교재해복구공제회, 일반보험 의무 가입
- 자가용 자동차는 유상운송허가(25인승 이상 차량)와 유상운송 특별약관 가입 시만 유아들이 보험혜택이 가능하므로 소형 차량의 경우 보상받을 수 있는 보험에 의무적으로 가입

② 유치원의 일과 중 사고로 인한 유아의 피해보상 방안 마련

- 부모 비상연락망을 확보하여 유사 시 신속한 연락체계 유지

#### (5) 유치원 안전점검 강화

① 유치원 안전점검 실시

② 액화석유가스(LPG) 사용하는 유치원 정기검사

- 완성검사 필증 교부일 기준으로 매 1년 되는 날의 전 · 후 15일 이내 검사

### 2) 어린이집의 안전관리 지침

「영유아보육법 시행규칙」 제23조 별표 8에서 규정하고 있는 어린이집의 안전관리 지침을 간략하게 소개하면 다음과 같다(보건복지부, 2013).

#### (1) 안전관리 원칙

① 원장은 교직원 및 부모와 함께 영유아의 안전사고 예방을 위해 성실하게 노력하고 안전교육을 실시하여야 한다.

② 어린이집은 인근 소방서, 경찰서 및 가스, 유류 등의 안전 상태를 점검하는 유관기관에 의해 정기점검을 실시하고 비상연락체계를 구축하여야 하며, 자체적으로 정기적인 시설안전점검을 실시하고 기록 · 관리하여야 한다.

③ 보육교직원은 영유아의 실내 · 외 활동 시 안전을 위해 영유아를 보호 · 감독해야 하며, 원장은 영유아에 대한 물리적 환경과 인적 환경에 대한 안전 확보를 위해 시설 및 환경을 조성하고 관리해야 한다.

### (2) 분야별 안전관리

① 물리적 환경에 대한 안전관리

- 보육교직원은 안전관리의 중요성을 인식하고 이를 실천하기 위하여 노력해야 한다.
- 원장은 시설안전점검 양식에 따라 매일, 매월 시설 안전점검을 실시하여 화재, 상해 등 발생위험요인을 사전에 제거해야 한다(〈표 3-4〉, 〈표 3-5〉 참조).
- 「아동복지법」 제32조에 따라 유괴 등 범죄의 위험으로부터 영유아를 보호하기 위하여 필요하다고 인정되는 때에는 어린이집의 주변구역을 아동보호구역으로 지정하여 폐쇄회로 텔레비전을 설치하거나 그 밖의 필요한 조치를 할 수 있다.
- 100인 이상을 보육하는 어린이집은 「도로교통법 시행규칙」 제14조에 의거 시 · 군 · 구청 및 경찰서와 협조하여 어린이 보호구역으로 지정 · 관리하여야 한다.

② 인적 환경에 대한 안전관리

- 교직원 행동지침: 보육교직원은 영유아의 안전사고 예방을 위해 영유아에 대한 보호와 감독을 철저히 하여야 한다.
- 안전관리 및 교육
  - 보육교직원은 안전점검 방법 및 안전점검표의 활용법, 영유아의 발달 단계 특성을 고려한 보호 및 안전교육 방법에 대해 숙지하고 있어야 한다.
  - 보육교직원은 영유아의 안전을 위해 영유아의 보호자와 상호 협력하여야 한다.
  - 어린이집에서는 영유아와 부모에 대한 안전교육을 시행해야 하며, 원장은 모든 교직원에 대해 안전교육을 실시하고, 관련기관 등에서 전문적인 안전교육을 받을 수 있도록 조치해야 한다.

〈표 3-4〉 안전점검 일별 체크리스트

(점검상태: 양호 ○, 보통 △, 불량 ×)

| 구 분 | 점검 항목 | 점검 결과 / 월 | / 화 | / 수 | / 목 | / 금 | / 토 | 조치사항 |
|---|---|---|---|---|---|---|---|---|
| 실외 환경 | - 어린이집 보호벽 및 어린이집 주변의 관리 상태는 양호한가? | | | | | | | |
| | - 실외놀이 공간 주변의 돌, 유리조각, 요철, 녹이 슨 부분, 벗겨진 페인트, 돌출된 모서리가 방치되어 있지는 않은가? | | | | | | | |
| | - 확인되지 않는 식물이나 잡초는 모두 제거하였는가? | | | | | | | |
| | - 놀이터 바닥에 오물, 방치된 물웅덩이는 없는가? | | | | | | | |
| 실내 환경 | - 문과 창문 등의 추락 위험은 없는가? | | | | | | | |
| | - 바닥에는 다칠 수 있거나 미끄러운 곳이 없는가? | | | | | | | |
| | - 복도, 계단, 비상계단, 미끄럼대 등에 방치된 물건이 없어 피난계단, 미끄럼대 등을 사용하기에 양호한가? | | | | | | | |
| | - 모든 보육용품과 비품이 제자리에 있는가? | | | | | | | |
| | - 보육용품이나 비품, 유리창 등에 날카로운 모서리 등이 없는가? | | | | | | | |
| 놀잇감 및 놀이기구 | - 망가져 날카롭고 위험한 것은 없는가? | | | | | | | |
| | - 유해 색소가 칠해진 놀잇감은 없는가? | | | | | | | |
| | - 영유아가 삼킬 만한 작은 놀잇감이나 부품은 없는가? | | | | | | | |
| | - 부품이 빠지거나 작은 볼트 등이 빠진 것은 없는가? | | | | | | | |
| | - 놀잇감 및 놀이기구의 수납 상태가 양호한가? | | | | | | | |
| 화장실/세면대 | 화장실 내 세제나 락스 등 위험한 물건이 영유아들의 손이 닿는 곳에 방치되어 있지 않은가? | | | | | | | |
| 전기/화기/위험물 | - 콘센트는 안전덮개로 보호되어 있는가? | | | | | | | |
| | - 전선이 늘어져 있지 않는가? | | | | | | | |
| | - 화기에 의한 안전사고 위험은 없는가? | | | | | | | |
| | - 위험물에 의한 안전사고 위험은 없는가? | | | | | | | |
| | - 가스밸브와 가스중간밸브 잠금은 양호한가? | | | | | | | |
| 차량 안전 | - 차량 내 소화기 · 비상약품 비치 여부 및 비치상태가 양호한가? | | | | | | | |
| | - 차량 내 안전벨트 등 안정장비의 상태는 양호하며 영유아와 보호자는 차량 내 안전벨트를 착용하는가? | | | | | | | |
| | - 차량에 영유아를 보호할 수 있는 사람(보육교사 등)이 탑승하는가? | | | | | | | |
| 기타 | - 응급전화번호 및 비상연락망 등이 잘 관리되고 있는가? | | | | | | | |

〈표 3-5〉 월별 체크리스트

(점검상태: 양호 ○, 보통 △, 불량 ×)

| 구 분 | 점검 항목 | 점검 결과 | 조치 사항 |
|---|---|---|---|
| | | 월 | |
| 안전관리 | - 안전관리의 책임 및 위기관리 체계가 적합한가? | | |
| | - 일별 안전점검 체크리스트에 의해 관리되고 있는가? | | |
| 실외 환경 | - 어린이집 주변에 감전 위험은 없는가? | | |
| | - 위험한 적치물, 축대 붕괴, 맨홀 등에 대한 위험은 없는가? | | |
| 실내 환경 | - 모든 설비는 움직이거나 떨어지지 않도록 바닥과 벽면에 단단히 고정되어 있는가? | | |
| | - 창문, 방충망의 상태는 안전한가? | | |
| | - 어린이집 내 비품 및 보육용품에 풀린 나사나 못은 없는가? | | |
| 현관/통로/계단/비상구 | - 출입문, 현관문 등의 안전장치는 정상 작동하는가? | | |
| | - 계단, 통로 부분에 미끄럼 방지처리가 되어 있는가? | | |
| | - 계단의 안전 상태는 양호한가? | | |
| 화장실/세면대 | - 화장실 내 전기 콘센트 등 전기용품은 안전한가? | | |
| | - 세면대의 고정 상태는 안전한가? | | |
| 조리실/식당 | - 환기가 잘되고 있는가? | | |
| | - 조리용 칼이나 기타 위험한 주방기구는 지정된 안전한 장소에 보관하고 있는가? | | |
| | - 영유아의 출입이 잘 통제되고 있는가? | | |
| | - 급식 종사자의 위생 상태는 양호한가? | | |
| | - 배수가 잘되고 배수구에는 덮개가 설치되어 있는가? | | |
| 실외놀이기구 및 공간 | - 모든 놀이기구가 바닥에 안전하게 고정되어 있는가? | | |
| | - 놀이 시설물의 상태(틈새나 간격)가 영유아의 몸에 끼지 않는 넓이인가? | | |
| | - 모든 놀이기구 아래와 주위(안전지대)의 충격흡수재 성능은 양호한가? | | |
| | - 보수가 필요한 놀잇감 및 놀이기구가 방치되어 있는가? | | |
| | - 놀이기구의 높이가 영유아에게 적합한가? | | |
| | - 품질경영 및 공산품 안전관리법에 의한 안전검사를 필한 제품인가? | | |
| 전기/가스/위험물 안전관리 | - 전선, 콘센트, 플러그 등 손상된 부분은 없는가? | | |
| | - 한 개의 콘센트에 용량을 초과해 사용하고 있지 않은가? | | |
| | - 전기기구는 규격 전선을 사용하고 있는가? | | |
| | - 각종 전기기구의 접속 상태가 노후, 파손된 곳은 없는가? | | |
| | - 분배전반 및 각종 전기기구의 노후 및 파손된 것은 없는가? | | |
| | - 가스경보기의 설치상태가 양호한가? | | |

| | | | |
|---|---|---|---|
| 소방시설 관리 | - 대피를 위한 대피도가 잘 관리되어 있는가? | | |
| | - 소화기, 스프링클러 등 소화장비의 작동 및 관리 상태는 양호한가? | | |
| | - 자동화재 탐지설비의 설치상태가 양호한가? | | |
| | - 옥내 소화전의 관리 및 작동이 양호한가? | | |
| 비상대피 시설관리 | - 비상계단 및 미끄럼대 등이 화재 등 유사시 사용이 가능한가? | | |
| | - 피난유도등, 유도표지 등이 잘 갖추어져 있고 정상 작동하는가? | | |
| | - 건물 내 대피경로에 장애가 되는 요소는 없는가? | | |
| 차량 안전 관리 | - 차량은 점검기준에 의해 정기적으로 안전점검을 실시하고 있는가? | | |

### (3) 차량 안전관리(차량을 운행하는 경우)

① 차량 운행은 의무사항이 아니며, 차량을 운행하고자 할 경우에는 '도로교통법'에서 규정하고 있는 어린이 통학버스 신고요건을 구비하여 관할 경찰서장에게 신고하고 신고필증을 교부받아야 한다.

② 운전기사는 채용 시 건강진단서를 제출해야 한다.

③ 차량 내부에 안전수칙을 부착하고 차량용 소화기 및 구급상자를 비치해야 하며, 차량안전점검표에 의한 안전점검을 실시해야 한다.

④ 교사와 영유아는 차량 운행 시작 전 안전벨트를 착용해야 한다.

⑤ 운전자는 영유아가 어린이 통학버스를 타고 내리는 때에 영유아가 좌석에 앉은 것과 보도 또는 길가 가장자리 구역 등 자동차로부터 안전한 장소에 도착한 것을 확인한 후에 어린이 통학버스를 출발시켜야 한다.

⑥ 운전자는 음주, 휴대폰 또는 이어폰 사용 등 운전판단 능력에 영향을 미치는 행위를 해서는 안 된다.

⑦ 귀가 차량 운행 시 영유아를 안전하게 보호자에게 인도하여야 한다.

### (4) 안전교육

#### ① 영유아에 대한 안전교육

- 영유아 스스로가 자신의 안전을 보호할 수 있는 능력과 기술을 가지도록 교육해야 한다. 어린이집 안전사고 유형별 분석 및 관리대책 제시, 영유아별 연간

교육계획 및 활동 사례를 담은 '보육시설 안전매뉴얼 연구'(중앙보육정보센터, 2008)와 부록 '보육시설 안전매뉴얼'을 참고하여 영유아의 안전교육 및 안전사고 예방에 적극 활용하도록 한다.

- 원장은 소방계획을 작성하고 매월 소방(비상대피) 훈련을 실시한다.
- 원장은 보육대상 영유아의 연령을 고려하여 아동복지법령의 안전교육 기준에 따라 매년 안전교육계획을 수립하여 교육을 실시하고 계획 및 교육 실시 결과를 관할 시 · 군 · 구청장에게 매년 1회 보고하여야 한다.

〈표 3-6〉 안전교육 기준

(아동복지법 제9조 제3항 및 동법시행령 제4조 제1항)

| 구 분 | 교통안전교육 | 약물오남용교육 | 재난대비교육 | 성폭력예방교육 | 실종 · 유괴의 예방방지교육 |
|---|---|---|---|---|---|
| 실시 주기 (총 시간) | 2개월 1회 이상 (연간 12시간 이상) | 3개월 1회 이상 (연간 10시간 이상) | 6개월 1회 이상 (연간 6시간 이상) | 6개월 1회 이상 (연간 6시간 이상) | 3개월 1회 이상 (연간 10시간 이상) |
| 교육 내용 | 1. 올바른 교통안전지식<br>2. 교통관련법규 준수정신<br>3. 안전장구 착용의 생활화<br>4. 기타 교통안전 관련 내용 | 1. 약물의 종류 · 중독성 및 오남용의 폐해<br>2. 법적 처벌기준<br>3. 기타 약물 오 · 남용 예방을 위하여 필요한 내용 | 1. 화재 · 붕괴 · 폭발 · 화생방사고 등 각종 재난 예방 및 안전관리 요령<br>2. 위험물 취급요령<br>3. 재난 시 안전행동 및 대피요령 | 1. 아동 및 청소년 성범죄 발생현황<br>2. 성폭력예방 지침<br>3. 성폭력예방 실습<br>4. 성폭력범죄 발생시 대처방법<br>5. 법적 처벌 및 취업제한규정<br>6. 성폭력범죄의신고 요령 및 절차 | 1. 아동 실종 발생 현황<br>2. 장소 · 상황별 실종 · 유괴 예방지침<br>3. 유괴 · 유인 시 대처 방법<br>4. 유괴 · 유인 목격시 신고요령 및 절차 |
| 교육 방법 | 1. 전문가(또는 담당자) 강의<br>2. 시청각교육<br>3. 실습교육 또는 현장학습<br>4. 수업(프로그램) 내용에 반영<br>5. 일상생활을 통한 반복 지도 | 1. 전문가(또는 담당자) 강의<br>2. 시청각교육<br>3. 현장방문 · 학습 | 1. 전문가(또는 담당자) 강의<br>2. 시청각 또는 실습 교육<br>3. 사고사례 분석 | 1. 전문가(또는 담당자) 강의<br>2. 시청각교육<br>3. 사고사례 분석 | 1. 전문가(또는 담당자) 강의<br>2. 장소 · 상황별 역할극 실시<br>3. 시청각교육<br>4. 실종사례 분석 |

#### ② 보육교직원에 대한 안전교육

- 보육교직원은 안전교육 지침 등을 숙지하여야 하며, 시 · 도 및 시 · 군 · 구 등에서 안전교육을 시행할 때 적극 참여해야 한다.
- 화재 등 긴급 사태에 대비한 계획 수립 및 정기적인 점검 · 훈련을 실시하여야 한다.

#### ③ 부모에 대한 안전교육

원장은 영유아의 건강, 위생과 관련된 내용을 포함하여 부모와 충분히 협의 · 고지해야 하며, 안전교육 등에 부모가 참여할 수 있도록 해야 한다.

### (5) 안전사고 예방 대책

#### ① 비상연락체계 구축

원장은 안전사고에 대응하기 위하여 인근 소방서, 경찰서 및 가스, 유류 등의 안전 상태를 점검하는 유관 기관 등과 비상연락체계를 구축하여야 한다.

#### ② 사고 보고체계의 확립

- 원장은 사고에 대비하여 부모와의 비상연락망을 확보하여야 하며 응급처치 동의서를 비치해야 한다(〈표 3-6〉 참조).
- 원장은 사고 발생 24시간 이내에 사고보고서를 작성하여 시 · 군 · 구청장에게 보고하여야 하며, 중대사고(중상 이상의 안전사고, 전염병 및 식중독 등 집단 질병, 화재, 침수 붕괴 등의 재난 사고 등)는 사고발생 즉시 보고해야 한다(즉시 유선 통보 후 서식에 의한 보고). 사고 보고는 통합보육정보 시스템에 입력 보고함을 원칙으로 한다.

### (6) 보험 가입

#### ① 상해보험

어린이집에 입소하는 영유아 전원이 의무적으로 가입해야 한다. 단, 보호자가 이미 가입한 경우에는 중복가입할 필요가 없으므로 그러한 영유아의 경우에는 보험가입을 입증할 수 있는 서류(보험증서 사본)를 첨부하여 비치해둔다.

#### ② 배상보험 가입

어린이집의 대표자는 영유아 상해 등에 따른 배상책임에 대비하기 위하여 배상

보험에 가입하여야 한다.

**③ 화재보험 가입**

모든 어린이집은 화재보험에 의무적으로 가입해야 한다.

**④ 자동차보험 가입**

어린이집에서 차량을 운행하는 경우에는 자동차보험에 가입해야 한다.

〈표 3-7〉 응급처치 동의서

| 반/이름 | | 생년월일 | |
|---|---|---|---|
| 성 별 | 남 여 | 성 명 | |

어린이집에서 다음의 절차에 따라 응급처치를 하는 경우, 그 권한을 귀 어린이집에 위임할 것을 동의합니다.

20 . .

부 모 : ○ ○ ○(서명 또는 인)

〈응급처치 절차〉

1. 사고 발생 시 가장 먼저 부모님께 연락합니다.

(시간/기간) (전화번호)

어머니와는 ________ 동안에 ____________ 로 연락됩니다.

________ 동안에 ____________ 로 연락됩니다.

아버지와는 ________ 동안에 ____________ 로 연락됩니다.

________ 동안에 ____________ 로 연락됩니다.

2. 부모님과 신속하게 연락되지 않을 경우, 부모님이 정해주신 다음의 연락처로 연락 드립니다.

(이름) (전화번호)

① ________ 는 ____________ 로 연락할 수 있습니다.

아동과의 관계 ____________

② ________ 는 ____________ 로 연락할 수 있습니다.

아동과의 관계 ____________

3. 필요한 경우 119 구조대에 연락할 것이며(어린이집에서 지정하는 의료기관이나 부모님이 정하신 ____________ 의료기관), 응급수송할 것입니다.

4. 의료기관 수송 후에는 다음의 의료보험 관련 정보를 주어 신속하게 치료받을 수 있도록 합니다.

의료보험 종류 ____________

번호 ____________

기관 ____________

# 제4장 안전교육의 내용 및 지도방법

영유아에게 일어나는 우발적 사고를 예방하는 방법은 환경적 요인을 개선하는 것과 함께 안전교육을 통해 영유아 스스로 사고로부터 자신을 지킬 수 있도록 하는 것이다. 이를 위한 안전교육 내용으로는 안전을 위해 필요한 사항을 이해시키는 지식의 교육, 위험 요인을 예측하고 예방하거나 신중히 행동하는 태도의 교육, 안전하게 행동할 수 있는 기능의 교육이 포함되어야 한다.

이 장에서는 2013년도부터 실시되고 있는 어린이집 표준보육과정의 기본생활 영역의 내용범주인 '안전하게 생활하기' 와 2013년부터 만 3~4세까지 확대되어 유치원과 어린이집에서 활용되고 있는 누리과정의 신체운동 · 건강 영역의 안전 관련 내용범주인 '안전하게 생활하기' 를 중심으로 안전교육 내용을 소개하고자 한다. 아울러 안전교육 지도방법 및 교사의 역할에 관하여 살펴보고자 한다.

## 1. 안전교육의 내용

### 1) 0~2세 어린이집 표준보육과정

안전에 대한 교육내용은 대부분 기본생활 영역의 '안전하게 생활하기' 의 하위영역에서 다루어지고 있으며, 그 구체적인 내용은 〈표 4-1〉과 같다(보건복지부 · 중앙보육정보센터, 2013).

〈표 4-1〉 기본생활 영역에 명시된 안전 관련 내용

<table>
<tr><th rowspan="2">내용 범주</th><th colspan="5">0~1세 보육과정</th><th colspan="3">2세 보육과정</th></tr>
<tr><th>내용</th><th>1수준</th><th>2수준</th><th>3수준</th><th>4수준</th><th>내용</th><th>1수준</th><th>2수준</th></tr>
<tr><td rowspan="5">안전하게 생활하기</td><td rowspan="3">안전하게 지내기</td><td colspan="3">안전한 상황에서 놀이한다.</td><td>놀잇감을 안전하게 사용한다.</td><td rowspan="2">안전하게 놀이하기</td><td colspan="2">놀이기구나 놀잇감을 안전하게 사용한다.</td></tr>
<tr><td colspan="4">안전한 장소에서 놀이한다.</td><td colspan="2">안전한 장소에서 놀이한다.</td></tr>
<tr><td colspan="4">차량 승하차 시 안전 장구를 착용한다.</td><td>교통안전 알기</td><td>교통수단의 위험을 안다.</td><td>교통수단의 위험을 알고 조심한다.</td></tr>
<tr><td rowspan="2">위험한 상황에 반응하기</td><td rowspan="2"></td><td rowspan="2">위험하다는 말에 반응을 보인다.</td><td colspan="2" rowspan="2">위험하다고 알려주면 주의한다.</td><td rowspan="2">위험한 상황알기</td><td>위험한 상황과 위험한 것을 안다.</td><td>위험한 상황과 위험한 것을 알고 조심한다.</td></tr>
<tr><td colspan="2">위험한 상황 시 어른의 지시에 따른다.</td></tr>
</table>

0~2세 표준보육과정의 기본생활 영역의 안전하게 생활하기는 영아들이 어린이집에서 안전하게 지내기와 어린이집과 주변 환경에서 위험한 상황에 반응하기로 구성되어 있으며, 0~1세는 4수준, 2세는 2수준으로 구분되어 있다. 안전하게 생활하기에서는 놀잇감을 안전하게 사용하며 안전한 장소에서 놀이하고, 차량안전과 위험한 상황을 인지하고 조심하는 습관 형성에 중점을 두고 있다.

## 2) 3~5세 누리과정

3~5세 누리과정에서 안전에 대한 교육내용은 신체운동 · 건강 영역의 안전 관련 내용범주인 안전하게 생활하기에서 다루어지고 있으며, 그 구체적인 내용은 〈표 4-2〉와 같다(보건복지부 · 교육과학기술부, 2013).

〈표 4-2〉 3~5세 누리과정의 안전하게 생활하기의 내용 체계

<table>
<tr><th rowspan="2">내용 범주</th><th rowspan="2">내용</th><th colspan="3">3~5세 연령별 누리과정 세부 내용</th></tr>
<tr><th>3세</th><th>4세</th><th>5세</th></tr>
<tr><td rowspan="7">안전 하게 생활 하기</td><td rowspan="3">안전하게 놀이하기</td><td colspan="2">놀이기구나 놀잇감, 도구를 안전하게 사용한다.</td><td>놀이기구나 놀잇감, 도구의 바른 사용법을 알고 안전하게 사용한다.</td></tr>
<tr><td>안전한 놀이장소를 안다.</td><td colspan="2">안전한 장소를 알고 안전하게 놀이한다.</td></tr>
<tr><td>TV, 인터넷, 통신기기 등을 바르게 사용한다.</td><td colspan="2">TV, 인터넷, 통신기기 등의 위해성을 알고, 바르게 사용한다.</td></tr>
<tr><td rowspan="2">교통안전 규칙 지키기</td><td>교통안전 규칙을 안다.</td><td colspan="2">교통안전 규칙을 알고 지킨다.</td></tr>
<tr><td colspan="3">교통수단을 안전하게 이용한다.</td></tr>
<tr><td rowspan="2">비상 시 적절히 대처하기</td><td>학대, 성폭력, 실종, 유괴상황을 알고 도움을 요청한다.</td><td colspan="2">학대, 성폭력, 실종, 유괴상황 시 도움을 요청하는 방법을 알고 행동한다.</td></tr>
<tr><td>재난 및 사고 등 비상 시 적절하게 대처하는 방법을안다.</td><td colspan="2">재난 및 사고 등 비상 시 적절하게 대처하는 방법을 알고 행동한다.</td></tr>
</table>

안전하게 생활하기는 안전하게 놀이하기, 교통안전 규칙 지키기 및 비상 시 적절히 대처하기란 내용으로 구성되어 있으며, 세부 내용은 연령별로 제시되어 있다.

안전하게 생활하기의 내용별 세부 내용을 보다 구체적으로 살펴보면 다음과 같다.

### (1) 안전하게 놀이하기

안전하게 놀이하기는 실내 · 외 여러 가지 놀이기구나 놀잇감, 도구를 안전하게 사용하고, 안전한 장소에서 놀이하며, 전자미디어를 안전하게 사용하는 데 필요한 지식, 기능, 태도를 형성하는 내용이다.

**① 놀이기구나 놀잇감, 도구를 안전하게 사용한다.**

유아에게 실내외 놀이기구나 놀잇감, 도구의 안전한 사용법 및 규칙 등을 알려주어 안전하게 놀이할 수 있도록 하는 내용이다. 실외놀이터에서 놀 경우 모자나 끈 달린 옷을 입지 않거나 신발을 바로 신는 등 안전을 위해 갖추어야 할 복장도 포함한다.

**② 놀이기구나 놀잇감, 도구의 바른 사용법을 알고 안전하게 사용한다.**

유아에게 놀이기구나 놀잇감, 도구의 안전한 사용법을 알려주는 것뿐만 아니라 생활 속에서 실천하게 하는 것이다. 교사는 유아에게 놀이기구나 놀잇감, 도구의 바른 사용법을 알려줄 뿐만 아니라 유아가 스스로 안전한 사용 규칙에 대해 의논하고 약속으로 정하고 이를 지켜서 놀이하도록 지도한다.

**③ 안전한 놀이장소를 안다.**

유아가 실내 · 외 놀이장소에서 안전하게 놀이할 수 있도록 안전한 놀이장소를 알고 안전하지 못한 곳과 구분할 수 있게 하는 내용이다.

**④ 안전한 장소를 알고 안전하게 놀이한다.**

유아에게 안전한 놀이장소를 알려주고 놀이하도록 하는 것에서 발전하여 유아와 함께 실 · 내외에서 안전하고, 위험한 장소를 알고 구분하며, 질서를 지키는 등 안전하게 놀이할 수 있도록 지도하는 내용이다.

**⑤ TV, 인터넷, 통신기기 등을 바르게 사용한다.**

유아에게 올바른 전자 미디어의 사용법을 알려주고, 사용하도록 하는 내용이다. 만 3세 유아에게는 정해진 시간에만 바른 자세로 앉아 사용하는 등 전자 미디어의 바른 사용법을 알고 생활 속에서 지킬 수 있도록 한다. 이 때 교사는 적정 시간을 지켜 전자 미디어를 사용할 수 있도록 지도한다.

### (2) 교통안전 규칙 지키기

교통안전 규칙 지키기는 유아가 교통안전 규칙의 중요성과 자동차 사고의 위험을 알고 사고의 위험으로부터 자신을 보호하기 위해 필요한 지식, 기능, 태도를 형성하는 내용이다.

**① 교통안전 규칙을 안다.**

유아에게 안전보행이나 도로횡단 등의 각종 교통안전 규칙을 알려주어 안전하게 생활할 수 있도록 하는 내용이다.

**② 교통안전 규칙을 알고 지킨다.**

교통규칙을 알려주고 경험하도록 하는 것에서 나아가 교통안전규칙을 왜 지켜야 하는지, 지키지 않을 경우 어떤 일이 생기는지 등에 대해 알고 지키도록 하는 내용이다.

**③ 교통수단을 안전하게 이용한다.**

유아가 기본적인 교통수단의 안전한 이용 방법에 대해 인식하고, 실천하는 내용이다. 유아가 일상생활에서 많이 이용하는 유치원이나 어린이집 통학 버스를 안전하게 이용하는 방법을 경험하는 것에서부터 시작하여 점차 대중교통 수단을 안전하게 이용할 수 있는 방법을 의논하고 문제점을 찾아봄으로써 유아가 자율적으로 교통수단을 안전하게 이용하도록 발전시켜 나간다.

### (3) 비상시 적절히 대처하기

비상시 적절히 대처하기는 학대, 성폭력, 유괴상황과 재난 및 사고 등의 비상상황을 알고 적절하게 대처함으로써 자신을 보호하는 데 필요한 지식, 기능, 태도를 형성하는 내용이다.

**① 학대, 성폭력, 실종, 유괴상황을 알고 도움을 요청한다.**

유아에게 학대, 성폭력, 실종, 유괴 상황의 가능성을 알려주고, 만약의 경우에 도움을 요청하도록 알려주는 내용이다. 만 3세 유아는 위험에 처해 있을 때 적절히 대처하는 방법을 알지 못하므로 교사나 주변의 믿을만한 성인에게 도움을 요청하는 방법을 알려준다. 이 때 단순한 지식 전달이 되지 않도록 상황극을 통해 연습함으로써 유아가 실제 상황에서 도움을 요청할 수 있도록 지도한다. 특히 성교육은 아동복지법에 연간 8시간 이상 확보해야 함이 명시되어 있으므로 교사는 성교육 시간을 준수하여 지도한다.

**② 학대, 성폭력, 실종, 유괴 발생 상황을 인식하고, 적절한 대처 방법을 알아서 실천하도록 하는 내용이다.**

만 4, 5세 유아에게는 영상물 홍보자료, 방송이나 신문기사, 그림자료, 동화 등을 통해 유아와 함께 왜 이런 상황이 생기는지, 이런 상황에서 어떻게 대처해야 하는지에 대해 의논하고, 의논한 대로 실천해 보도록 한다.

**③ 재난 및 사고 등 비상시 적절하게 대처하는 방법을 안다.**

유아에게 태풍, 홍수, 지진(해일), 화재, 폭염, 한설, 한파, 방사능 등에 대비한 재난 대피 방법 및 사고가 발생할 수 있는 위험한 상황을 알려주어 자신을 보호하도록 하는 내용이다.

**④ 재난 및 사고 등 비상시 적절하게 대처하는 방법을 알고 행동한다.**

유아가 지속적이고 반복적인 대피훈련을 통해 위급한 상황에 처했을 때 당황하지 않고 적절히 대처하도록 하는 내용이다. 만 4, 5세 유아에게는 실제 생활 속에서 발생하는 다양한 재난 사고의 발생 원인과 예방 방법을 알아보고, 적절히 행동하는 방법을 익힐 수 있게 지도한다.

### 3) 안전교육의 내용 범위

영유아 안전교육에서 다루어야 할 내용은 매우 광범위하다. 한국산업안전관리공단(2003)의 유아 안전교육 프로그램의 주제와 지도내용은 〈표 4-3〉과 같다.

〈표 4-3〉 유아 안전교육 프로그램의 주제와 지도 내용

| 주 제 | 하위 주제 | 지도 내용 |
| --- | --- | --- |
| 유아교육기관 안전 | 실내안전 | • 유치원이나 어린이집 등 실내에서의 안전규칙 |
| | | • 교실, 복도, 계단, 각종 문구 사용 시 위험 상황의 인식과 대처 |
| | 실외안전 | • 놀이터에서의 안전한 놀이기구 사용법 |
| | | • 놀이터에서의 안전한 행동과 위험한 행동 인식 |
| | | • 유아교육기관 실외에서의 위험 지각 |
| 교통안전 | 보행안전 | • 어린이집(유치원)까지 안전한 통학로 알기 |
| | | • 비 오는 날이나 눈 오는 날의 안전한 보행법 |

| | | |
|---|---|---|
| 교통안전 | 보행안전 | • 보행 시 위험 상황 예측하기 |
| | | • 야간 보행 시 안전한 행동 |
| | | • 신호등이 없는 횡단보도의 안전한 횡단법 |
| | | • 안전한 도로횡단 수칙 알기 |
| | | • 보호자와 함께 보행하는 것의 중요성 인식 |
| | 교통기관 이용안전 | • 통학버스를 안전하게 이용하는 방법 알기 |
| | | • 지하철에서의 안전한 이용법 |
| | | • 승용차 안에서의 안전한 행동 |
| | 바퀴 달린 탈것의 안전 | • 겨울철 놀이에 따른 안전장비, 복장 알기 |
| | | • 자전거의 안전한 이용법 |
| | | • 안전한 놀이장소 알기 |
| | | • 내 몸에 맞는 자전거와 장비 구분하기 |
| | | • 자전거의 구조 알기 |
| | 교통 일반 | • 교통안전을 위해 수고하시는 분들에 대한 고마움 |
| | | • 교통표지판의 중요성과 의미 인식 |
| 생활안전 | 집에 혼자 있을 때의 안전 | • 집에 혼자 있을 때의 안전수칙 |
| | | • 집에 혼자 있을 때의 위험 상황 인식과 대처법 |
| | 집 밖에서의 안전 | • 집 밖에서 놀이할 때의 안전 |
| | | • 집 밖에서 놀이하기에 안전한 장소 알기 |
| | 물놀이 안전 | • 물놀이할 때 주의사항 |
| | | • 물놀이 시 위험 상황 인식과 대처 |
| | | • 안전한 물놀이 장소 인식 |
| | | • 구조원의 역할 알기 |
| | 성폭력 안전 | • 좋은 느낌과 싫은 느낌 구별하기 |
| | | • 성폭력 위험 상황 인지와 대처법 |
| | | • 내 주변의 믿을 수 있는 어른 알기 |
| | 낯선 사람에 대한 안전 | • 낯선 사람에 대한 개념 알기 |
| | | • 위험 상황 대처법 |
| | 약물안전 | • 몸에 해로운 약물 구별하기 |
| | | • 위험 상황 대처법 및 구조 요청법 |

| 생활안전 | 동물안전 | • 애완동물을 안전하게 기르는 법 |
|---|---|---|
| | | • 동물의 위험 신호와 대처 |
| | | • 곤충에 대한 안전 |
| | | • 동물원 견학 시 지켜야 할 약속 |
| | 전기안전 | • 전기안전수칙 |
| | | • 안전한 전기 사용법 |
| | 화재안전 | • 불이 날 수 있는 상황 인식 |
| | | • 화재 시 연기 아래로 대피하는 방법 |
| | | • 안전하게 대피하는 법 |
| | | • 옷에 불이 붙었을 때의 대처법 |
| | 환경오염안전 | • 환경오염의 위험성 인식 |
| | | • 환경오염을 막는 법 알기 |
| | 승강기 · 에스컬레이터 안전 | • 승강기와 에스컬레이터의 안전한 사용법 |
| | | • 승강기와 에스컬레이터에서의 안전표시의 의미 |
| | | • 승강기의 원리 알기 |
| | 집안에서의 안전 | • 집안에서 안전하게 지내는 법 |
| | | • 집안에서 사고가 날 수 있는 위험 장소 알기 |
| | 길을 잃었을 때의 안전 | • 길을 잃었을 때 안전한 행동 |
| | | • 도움을 줄 수 있는 사람 알기 |
| | | • 집 주소와 전화번호 알기 |
| | 공공장소에서의 안전 | • 공공장소에서 지켜야 할 약속 |
| | | • 공공장소의 개념 알기 |
| | 행사 시의 안전 | • 행사 때 지켜야 할 규칙들 |
| | | • 명절 때 지켜야 할 약속 |

자료: 한국산업안전공단(2003)

한편 곽은복(2008)은 안전교육 내용 범주로 놀이, 운동, 자동차, 보행자, 위험한 물건, 추락이나 미끄러짐, 낯선 사람, 성적 학대, 환경, 화재 등 10가지로 제시하고 있다. 각 영역별로 영유아가 안전 능력을 향상시키기 위해 영유아기에 형성해야 할 안전 지식, 태도 및 기술은 〈표 4-4〉, 안전 영역별 구체적인 내용 요소는 〈표 4-5〉와 같다.

〈표 4-4〉 영유아기에 형성해야 할 안전 지식, 태도 및 기술

| 안전 영역 | 안전 지식 | 안전 태도 | 안전 기술 |
|---|---|---|---|
| 놀이 | • 놀이는 안전한 장소에서 해야 한다는 것을 인식한다.<br>• 놀잇감을 안전하게 사용하는 방법을 안다.<br>• 우리 주변에는 위험한 시설물들이 있다는 것을 인식한다.<br>• 안전을 위해 지켜야 할 규칙이 있음을 안다.<br>• 내가 사는 곳 주변에는 안전한 곳과 위험한 곳이 있음을 안다. | • 안전하게 놀이하는 태도를 기른다.<br>• 놀이 규칙을 지키는 태도를 기른다.<br>• 친구와 안전 규칙에 의해 놀이하면서 협동하는 태도를 기른다.<br>• 놀이시설에서 차례를 지키고 안전에 관심을 가지는 태도를 기른다. | • 안전한 놀잇감을 선택하고 이를 바르게 사용한다.<br>• 놀이 도구를 능숙하게 사용한다.<br>• 안전한 방법으로 놀이한다.<br>• 안전 규칙을 지키면서 놀이한다. |
| 운동 | • 운동 후에는 휴식이 필요하다는 것과 휴식의 방법에는 여러 가지가 있다는 것을 안다.<br>• 자전거나 롤러스케이트를 탈 때의 안전 규칙을 인식한다.<br>• 운동기구들의 안전한 사용 방법을 안다. | • 여러 가지 운동의 규칙이나 안전수칙을 이해하고 준수하는 태도를 기른다.<br>• 바닥이 평평하지 않거나 경사진 곳, 주차장에서는 자전거나 롤러스케이트를 타지 않기를 습관화한다.<br>• 자전거, 롤러스케이트, 물놀이할 때의 안전 용구의 착용을 습관화한다.<br>• 과격한 운동은 피하고 운동 후에는 휴식하는 습관을 기른다. | • 다양한 기구를 이용하여 운동한다.<br>• 여러 운동 기구들을 안전하게 이용한다.<br>• 운동을 즐기기 위한 기본 기능을 익힌다. |
| 자동차 | • 승용차나 지하철, 버스 등 교통 기관의 안전한 이용 방법을 안다.<br>• 차 안에서의 안전한 태도가 왜 필요한지를 안다.<br>• 차 밖으로 신체나 물건을 내미는 것이 위험하다는 것을 인식한다. | • 교통수단을 안전하게 이용하는 태도를 기른다.<br>• 위험을 나타내는 소리에 관심을 갖는 태도를 기른다.<br>• 위험 상황에서 자신을 보호하려는 적극적인 태도를 지닌다.<br>• 교통규칙을 이해하고 지키는 태도를 기른다.<br>• 차에 타면 안전띠 매기를 습관화한다.<br>• 교통 표지판을 보고 지킬 수 있는 태도를 지닌다. | • 승용차, 지하철, 버스 등 교통 기관을 안전하게 이용한다.<br>• 차를 타고 내릴 때 옆으로 지나가는 차가 없는지 살핀 후 내릴 때 안전에 유의한다.<br>• 버스가 완전히 멈춘 뒤 차례로 오르고 내린다. |
| 보행자 | • 교통신호와 교통안전 표지를 인식한다.<br>• 횡단보도를 건널 때는 지켜야 할 안전 규칙이 있음을 안다. | • 교통규칙을 지키는 태도를 기른다.<br>• 신호등의 기능을 이해하며 보행 안전 규칙을 지키 | • 길을 안전하게 다니는 방법을 알고 실행한다.<br>• 안전한 보행이나 도로 횡단 등의 보행 안전 규칙을 지킨다.<br>• 좁은 골목길에서 차도로 |

| | | | |
|---|---|---|---|
| | • 차의 뒤편으로 보행하는 것은 위험하다는 것을 안다.<br>• 보행자가 알고 있어야 할 안전 표지판을 인식한다. | 는 태도를 기른다.<br>• 안전 표지판의 기능을 알고 지키는 태도를 기른다. | 나올 때는 잘 살펴보며 걸어 나온다.<br>• 찻길을 안전하게 보행하는 방법을 익힌다. |
| 위험한 물 건 | • 안전한 놀잇감과 위험한 물건을 구별할 줄 안다.<br>• 가위, 칼, 스테이플러 등의 도구를 안전하게 사용하는 방법을 안다.<br>• 여러 도구들의 편리함과 위험함이 있다는 것을 안다. | • 주변 시설물들의 특성을 알고 안전하게 이용하는 태도를 지닌다.<br>• 위험한 도구를 다룰 때는 조심해서 다루는 태도를 기른다.<br>• 주변 성인의 도움을 받아 위험한 도구를 사용하는 태도를 지닌다.<br>• 가위, 펀치, 스테이플러와 같은 도구는 조심스럽게 다루는 태도를 기른다. | • 놀이 도구를 안전하고 올바른 방법으로 사용한다.<br>• 도구의 용도에 대해 정확히 알고 바르게 사용한다.<br>• 여러 가지 도구를 조심해서 안전하게 다룬다. |
| 추락이나 미끄러짐 | • 높은 곳, 미끄러운 곳, 다른 위험한 장소의 위험성을 안다.<br>• 생활 주변에서 흔히 접할 수 있는 유독성 물질이나 이물질의 위험성을 인식한다.<br>• 놀이시설이나 베란다 등의 높은 곳에서의 추락 위험을 안다.<br>• 화장실, 수영장, 비 오는 날 등 미끄러운 곳에서의 위험성을 안다. | • 미끄러져 넘어지지 않도록 놀이 후에는 반드시 정리하는 습관을 갖는다.<br>• 비가 오거나 목욕탕에서 바닥이 미끄러운 경우에는 조심스럽게 이동하는 습관을 기른다.<br>• 계단을 오르내릴 때에는 서두르지 않고 침착한 태도를 지닌다. | • 위험한 장소에서 안전하게 행동한다.<br>• 계단을 오르내릴 때는 난간을 잡고 한 칸씩 오르내린다.<br>• 베란다, 계단, 놀이기구 등에서의 추락의 위험성을 알고 지켜야 할 안전규칙이나 행동을 실천한다. |
| 낯선 사람 | • 유괴의 가능성을 인식하고 대처 방법을 안다.<br>• 길을 잃는 위험 상황이 발생했을 때 적절히 대처하는 방법을 안다.<br>• 유괴가 발생할 수 있는 장소를 안다. | • 낯선 사람이 호의적으로 대할 때 쉽게 따라 나서지 않는다.<br>• 낯선 곳에는 혼자 가지 않기를 습관화한다.<br>• 밖에 나갈 때는 어른들께 알리고 나가는 태도를 기른다.<br>• 유치원(어린이집), 집, 친구 집에 갈 때는 안전한 큰길로 다니는 것을 습관화한다. | • 유괴로부터 대처하는 방법을 익힌다.<br>• 유괴를 당하지 않기 위한 방법을 알고 적절히 대처한다.<br>• 낯선 사람과는 자기의 신상에 대하여 자세히 말하지 않는다.<br>• 낯선 사람이 접근하여 외딴 곳으로 데리고 가면 즉시 근처의 성인에게 이야기한다. |

| | | | |
|---|---|---|---|
| 성적 학대 | • 어떠한 것이 성적 학대인지를 인식한다.<br>• 위험한 상황에서 자신을 보호하는 방법을 안다.<br>• 위험한 상황에서 자신을 보호해야 할 필요성을 안다.<br>• 기분 좋은 접촉과 나쁜 접촉을 구별한다. | • 자신의 몸이나 다른 사람의 몸을 소중하게 여긴다.<br>• 위험한 상황에 대처하는 바른 태도를 기른다.<br>• 위험한 상황에서 자신을 보호하려는 적극적인 태도를 지닌다.<br>• 위험에 처했을 때 침착하게 대처하는 행동을 기른다.<br>• 위험 상황이 있음을 알고 위험에 처한 사람을 돕는 태도를 기른다.<br>• 위험한 상황을 인식하고 대처하는 태도를 기른다. | • 위험 상황으로부터 도움을 청하는 방법을 알고 바르게 대처한다.<br>• 성적 학대의 가능성을 인식하고 올바른 방법으로 대처한다.<br>• 성적 학대를 당했을 때 도움을 구하거나 상황에 맞게 대처한다. |
| 환경 | • 주위 환경에 대해 관심을 지니며 아름다운 환경의 소중함을 안다.<br>• 물과 공기, 흙의 오염과 관련된 위험성을 인식한다.<br>• 환경을 보호하는 활동과 오염시키는 활동을 구별할 수 있다.<br>• 깨끗한 공기의 소중함을 안다.<br>• 일회용품의 사용을 줄여서 환경을 보호해야 함을 안다.<br>• 물건을 함부로 버리지 않고 재활용품의 표시를 안다. | • 주위 환경에 관심을 가지며 아름다운 환경을 소중히 보호하는 태도를 기른다.<br>• 먼지의 해로움을 알고 주변 환경을 청결히 하는 태도를 기른다.<br>• 자연 환경을 보호하고 잘 가꾸는 태도를 기른다.<br>• 재활용품에 대해 관심을 가진다.<br>• 주위의 환경 문제를 적극적으로 해결하려는 태도를 지닌다. | • 환경 보호의 소중함을 알고 실천한다.<br>• 재활용품이 가능한 물건은 실생활에 필요한 것으로 활용한다.<br>• 물건을 함부로 버리지 않고 쓰레기 분리수거를 철저히 하여 환경 보호를 실천한다.<br>• 물을 아껴 쓰고 눈으로 보아 깨끗한 물이라도 함부로 마시지 않는다.<br>• 직사광선을 오래 쬐지 않고 비가 올 때는 반드시 우비를 입거나 우산을 쓴다. |
| 화재 | • 불의 유익함과 위험성을 인식한다.<br>• 화재의 위험성을 안다.<br>• 화재의 여러 가지 원인과 예방법을 안다. | • 화기는 건드리지 않고 조심히 다루는 태도를 지닌다.<br>• 화재 시 침착하게 대처하는 태도를 기른다.<br>• 위험 상황에서는 당황하지 말고 어른의 지시에 따르는 태도를 지닌다. | • 비상시를 대비하여 화재 대피 훈련을 몸에 익힌다.<br>• 전기나 가스를 조심스럽게 이용한다.<br>• 비상시 119에 도움을 청한다.<br>• 비상시에 신속하게 몸을 움직일 수 있는 신체 조절 능력을 기른다. |

출처: 곽은복(2008)

〈표 4-5〉 안전 영역별 구체적인 내용 요소

| 내용 체계 | 내용 요소 |
|---|---|
| 내 몸의 소중함 알기 | • 안전사고가 내 몸에 영향을 미치는 심각성을 알기 |
| | • 안전한 행동과 비안전 행동을 알고 안전하게 행동하기 |
| | • 내 몸을 소중하게 다루기 |
| 놀이안전 | • 안전한 놀잇감과 위험한 물건을 구별하기 |
| | • 안전한 놀잇감을 가지고 놀기 |
| | • 안전한 곳에서 놀이하기 |
| 운동안전 | • 자전거나 롤러스케이트를 혼잡한 도로나 주차장, 모퉁이에서 타지 않기 |
| | • 자전거나 롤러스케이트를 탈 때 안전한 복장 및 도구 갖추기 |
| | • 자전거나 롤러스케이트를 타면서 알맞은 휴식을 취하기 |
| 자동차안전 | • 안전띠 매기를 습관화하기 |
| | • 차 안에서 안전하게 행동하기 |
| | • 안전한 방법으로 자동차, 지하철을 타고 내리기 |
| 보행자안전 | • 교통 신호와 교통안전 표지를 알기 |
| | • 길을 안전하게 건너기 |
| | • 교차되는 골목길에서 조심하여 통행하기 |
| 떨어지거나 미끄러짐에 대한 안전 | • 계단을 안전하게 오르고 내리기 |
| | • 미끄러져 넘어지지 않도록 놀이 후에는 반드시 정리하기 |
| | • 친구를 넘어뜨리거나 앞사람을 밀치고 지나가지 않기 |
| | • 높은 곳에서 뛰어내리지 않기 |
| 위험한 물건에 대한 안전 | • 위험한 도구의 종류를 알기 |
| | • 위험한 도구와 안전한 놀잇감을 구별할 줄 알기 |
| | • 위험의 소지가 있는 물건을 만지지 않기 |
| | • 위험한 상황에서 개인의 위험을 최소화하기 |
| 유괴에 대한 안전 | • 낯선 사람 따라가지 않기 |
| | • 바깥에 나갈 때는 부모님께 반드시 허락 받기 |
| | • 사람이 많은 곳에서는 어른을 잘 따라다니기 |
| | • 혼자 집에 있을 때 낯선 사람에게는 문을 열어주지 않기 |
| 성 학대에 대한 안전 | • 내 몸의 소중함을 알기 |
| | • 좋은 느낌과 나쁜 느낌 구별할 줄 알기 |
| | • 상황에 대해 올바르게 대처하기 |
| | • 그러한 상황에 대해서 성인에게 반드시 알리기 |
| 환경오염에 대한 안전 | • 환경오염의 심각성을 알기 |
| | • 자연을 아끼고 사랑하기 |
| | • 깨끗한 환경을 보호하기 |
| | • 여러 오염 물질을 알고 피해를 인식하기 |
| 화재에 대한 안전 | • 실생활에서 화재의 원인을 알고 예방하기 |
| | • 비상시 대처 행동을 인식하고 화재 대피훈련을 몸에 익히기 |

출처: 곽은복(2008)

위의 내용들을 기초로 영유아들이 생활하는 여러 상황 속에서 안전을 위협할 수 있는 요인별로 구분해 안전교육에서 다루어질 수 있는 주제는 다음 10가지로 제시할 수 있다. 제2부에서는 각 주제별로 안전교육의 실제 지도방법을 살펴보고자 한다.

- 교통안전
- 운동안전
- 놀이안전
- 재난안전
- 화재 및 화상안전
- 전기안전
- 동식물안전
- 약물오남용안전
- 환경 및 공해안전
- 신변안전

### 4) 안전교육 연간계획안의 예

어린이집에서 적용할 수 있는 영아반과 유아반의 안전교육 연간계획안의 예를 들면 〈표 4-6〉, 〈표 4-7〉과 같다(중앙보육정보센터, 2013).

〈표 4-6〉 영아 연간안전교육 및 소방훈련계획(예시)

| 월 | 안전 영역 | | | | | | 안전교육 내용 |
|---|---|---|---|---|---|---|---|
| | 교통 | 실종 유괴 | 약물 | 재난 | 성폭력 | 생활 | |
| 3 | ● | | | | | | • 선생님과 자전거 타기 |
| | | | | | | ● | • 화장실에서 조심해서 걷기 |
| 4 | | | ● | | | | • 선생님이 주는 약만 먹기 |
| | | ● | | | | | • 선생님과 손을 잡고 다녀요 |
| 5 | ● | | | | | | • 안전한 길을 찾아 주세요 |
| | | | | | ● | | • 속옷을 입어요 |

| 월 | 안전영역 | | | | | | 안전교육 내용 |
|---|---|---|---|---|---|---|---|
| | 교통 | 실종 유괴 | 약물 | 재난 | 성폭력 | 생활 | |
| 6 | | | | | | ● | • 위험하다고 알려주면 조심해요 |
| | | ● | | | | | • 엄마, 아빠 손을 잡고 다녀요 |
| 7 | ● | | | | | | • 선생님이 밀어주는 자동차를 타요 |
| | | | | | | ● | • 비오는 날에는 앞을 잘 보고 걷기 |
| 8 | | | | ● | | | • 홍수, 태풍 시 안전행동 및 대피요령(그대로 숙여라) |
| | | | ● | | | | • 함부로 먹지 않아요(위험물) |
| 9 | ● | | | | | | • 자동차 안전벨트를 매요 |
| | | ● | | | | | • 길을 잃었을 때는 제자리에서 기다려요 |
| 10 | | | | | | ● | • 계단에서 뛰지 않고 걷기 |
| | | | ● | | | | • 먹을 수 있는 것만 먹어요 |
| 11 | ● | | | | | | • 안전하게 길을 건너요 |
| | | | | | | ● | • 조심조심 닫아요 |
| 12 | | | | | ● | | • 어떻게 해야 할까요? |
| | | ● | | | | | • 낯선 사람을 따라가면 위험해요 |
| 1 | | | | ● | | | • 지진 시 안전행동 및 대피요령(땅이 흔들흔들) |
| | ● | | | | | | • 움직이는 것들이 있을 때는 조심해요 |
| 2 | | | ● | | | | • 선생님과 가족이 주는 약만 먹어요 |
| | | | | | | ● | • 뜨거운 것 조심하기 |

〈표 4-7〉 유아 연간안전교육 및 소방훈련계획(예시)

| 월 | 안전 영역 | | | | | | 안전교육 내용 |
|---|---|---|---|---|---|---|---|
| | 교통 | 생활 | 소방 | 재난 | 건강 | 신변 | |
| 3 | | ● | | | | | • 교실에서 지켜야 할 약속이 있어요 |
| | ● | | | | | | • 등, 하원길을 알아요 |
| | | ● | | | | | • 놀잇감을 제자리에 정리해요 |
| | | | | | ● | | • 이를 깨끗이 닦아요 |
| | | | ● | | | | • 소방대피훈련(수유실 화재) |

| | | | | | | | |
|---|---|---|---|---|---|---|---|
| 4 | | | | | | ● | • 나의 명함 만들기 |
| | | ● | | | | | • 복도, 계단에서 안전하게 걸어요 |
| | | | | ● | | | • 황사 발생 시 안전행동 및 대피요령 |
| | | ● | | | | | • 안전하게 미끄럼 타요 |
| | | | ● | | | | • 소방 대피훈련(조리실 화재) |
| 5 | | ● | | | | | • 화장실에서 조심해요 |
| | ● | | | | | | • 교통표지판에 대해 알아보아요 |
| | | ● | | | | | • 놀이터에서 안전하게 놀아요 |
| | | | ● | | | | • 소방 대피훈련(생일잔치 중의 화재) |
| 6 | | | | | | ● | • 동물원에서 지켜야 할 약속이 있어요 |
| | | ● | | | | | • 어떻게 해야 할까요? |
| | | | ● | | | | • 모래놀이할 때 조심해요 |
| | | | | | ● | | • 내가 먹은 음식은 어디로 갈까요 |
| | | | ● | | | | • 불시 소방 대피훈련(1층 복도 화재) |
| 7 | | ● | | | | | • 높은 곳에 올라가지 않아요 |
| | | | | ● | | | • 홍수, 태풍 시 안전행동 및 대피요령 |
| | | ● | | | | | • 우산을 안전하게 사용해요 |
| | ● | | | | | | • 통학버스를 안전하게 이용해요 |
| | | | ● | | | | • 소방 대피훈련(요리활동 중의 화재) |
| 8 | | ● | | | | | • 불놀이 규칙을 알아요 |
| | | | | | ● | | • 청진기로 들어보기 |
| | | ● | | | | | • 입이나 코에 들어가면 위험해요 |
| | | | | | | ● | • 하지 마세요! 나는 싫어요 |
| | | | ● | | | | • 소방 대피훈련(냉방기 과열로 인한 화재) |
| 9 | | | | | | ● | • 쌓기 영역에서 지켜야 할 약속이 있어요 |
| | ● | | | | | | • 안전벨트를 매요 |
| | | ● | | | | | • 위험한 놀이는 하지 않아요 |
| | | | ● | | | | • 소방 대피훈련(2층 보육실 화재) |
| 10 | | | | | | ● | • 어린이가 보면 안 되는 것이 있어요 |
| | | ● | | | | | • 좁은 곳에 몸을 넣으면 위험해요 |
| | | | | ● | | | • 화재 시 안전행동 및 대피요령 |

| | | | | | | | |
|---|---|---|---|---|---|---|---|
| 10 | | ● | | | | | • 동물을 안전하게 키워요 |
| | | | ● | | | | • 비상 소방 대피훈련(조리실 화재) |
| 11 | | ● | | | | | • 위험한 물건을 안전하게 다루어요 |
| | ● | | | | | | • 안전한 보호장구 |
| | | ● | | | | | • 콘센트는 위험해요 |
| | | | ● | | | | • 소방 대피훈련<br>(비상 미끄럼틀 장난으로 인한 화재) |
| 12 | | | | | ● | | • 감기에 걸리지 않도록 조심해요 |
| | | ● | | | | | • 뜨거워요! 조심해요! |
| | | | | | | ● | • 이렇게 하면 나는 기분이 나빠요 |
| | | ● | | | | | • 빙판길은 조심해요 |
| | | | ● | | | | • 소방 대피훈련<br>(비상 미끄럼틀 장난으로 인한 화재) |
| 1 | | ● | | | | | • 어린이집 안전 픽토그램을 찾아요 |
| | ● | | | | | | • 겨울철에는 조심조심 걸어요 |
| | | ● | | | | | • 안전하게 눈썰매 타요 |
| | | | | ● | | | • 지진 시 안전행동 및 대피요령 |
| | | | ● | | | | • 소방 대피훈련(요리활동 중의 화재) |
| 2 | | ● | | | | | • 먹으면 위험해요 |
| | | ● | | | | | • 생선가시를 골라내요 |
| | | | ● | | | | • 불시 소방 대피훈련(조리실 화재) |

## 2. 안전교육의 지도방법

영유아를 위한 안전교육은 자칫 딱딱하고 잔소리 같은 느낌을 주기 때문에 놀이 중심의 활동을 통해 안전에 대한 관심과 흥미를 유발시킬 수 있도록 지도하는 것이 바람직하다. 따라서 유아교육기관에서 안전교육 지도는 하루 일과를 보내는 동안 경험하게 되는 여러 가지 상황이나 활동들을 통해서 영유아에게 유의미한 학습이 되도록 해야 한다. 즉, 영유아들의 신체적 · 인지적 · 정서적 발달 등을 고려하여 이야기 나누기 및 토의, 노래 부르기 및 동작활동, 그림 그리기, 동화 · 동시 감상, 동화 짓기, 극 놀이, 현장학습, 요리활동, 게임 등을 통합적으로 활용할 수 있다. 그 밖에도 소방서, 경찰서, 보건소, 교통안전원 등 전문가나 전문단체에 의해 이루어질 수도 있다.

한편, 교사는 영유아들에게 확산적 질문을 많이 하여 영유아의 호기심과 학습 동기를 유발하고 창의적인 사고를 촉진하도록 유도해야 한다. 안전을 위협하는 위험상황에 직면했을 때 영유아들이 안전과 관련된 새로운 문제에 도전하고 이를 해결해 보려고 최선을 다하는 태도를 가지게 하며, 이러한 특성은 영유아의 인지능력 발달에 큰 도움을 주어 문제를 해결할 수 있는 태도를 형성하게 한다. 또한 영유아가 사물 및 상황에 대해 의문을 가지고 질문을 하며, 상상력과 창의력을 발휘하여 문제를 해결하려는 태도를 가지도록 적절히 격려해주어야 한다.

안전교육 지도 시 고려해야 할 점은 다음과 같다.

- **이론교육보다는 구체적인 행동훈련 등 체험교육이 더욱 효과적이다.**

영유아는 발달 특성상 인지와 언어 발달 과정 중에 있으므로 안전교육 방법은 언어 중심적인 교수법이 아니라 가능한 실제와 유사한 상황에서 경험중심적 접근방법을 활용하는 것이 가장 효과적이다.

- **영유아가 이해하기 쉽도록 간단하고 구체적인 용어와 예를 사용한다.**

모든 용어와 포스터, 교통표지에 대해 철저하게 설명해야 한다.

- **반복교육으로 지도한다.**

영유아의 주의력은 제한되어 있으므로 한 번에 많은 것을 가르치는 것보다 끊임없이 반복적으로 교정하는 것이 효과적이다.

- **긍정적 지시를 한다.**

혼란스럽지 않도록 해야 할 것만 간단명료하게 가르쳐야 한다.

- **부모들의 강화가 효과적이다.**

무조건 "안 돼", "하지 마" 등의 수동적 제재보다 칭찬과 격려 같은 능동적이며 보다 더 효과적인 대처가 요구된다.

• **또래집단도 적극 활용한다.**

또래는 사회적 모델로서 사회적 행동에 대한 강화자로서 역할을 담당한다. 또래와의 격려와 인정은 긍정적인 자아상을 형성하게 해주며 사회구성원으로서의 기초를 세운다.

• **개인차와 성차를 고려해야 한다.**

영유아는 발달적인 면에 개인차가 있을 수 있고, 성별에 따라 안전사고 유형이 다를 수 있다.

### 1) 하루 일과 운영에 의한 안전교육

유아교사는 하루 일과를 운영하는 동안 안전교육을 할 수 있다. 등 · 하원 시간, 정리정돈 시간, 휴식(낮잠)시간, 간식 및 점심시간, 전이시간, 화장실 사용 등과 같이 일상생활 속에서 순식간에 사고가 일어날 가능성이 많다. 이러한 일과 운영 속에서 교사는 지속적인 관심과 함께 일관성 있는 지도를 하는 것이 중요하다.

하루 일과 운영에서 각종 안전사고를 예방하기 위해서 사용할 수 있는 지도방법은 다음과 같다.

#### (1) 보호

보호라 함은 실내 · 외 환경 내 위험 가능성이 있는 요소들을 영유아들로부터 분리시켜 놓는 것을 의미한다. 예를 들어, 예리한 칼은 영유아들의 손에 닿지 않는 곳에 두거나 벽면에 부착된 소켓은 안전덮개로 덮어둔다. 건널목에서는 영유아의 손을 잡고 건넌다.

실내 · 외 환경에 위험요소는 없는지 점검표를 마련해두고 수시로 점검한다.

#### (2) 훈육

훈육은 영유아들이 복종할 수 있도록 타당하고 엄격하게 가르치는 것을 의미한다. 예를 들면, 모래놀이 시 모래를 친구의 머리에 끼얹으면 놀이를 계속할 수 없게 한다든가, 허락 없이는 절대로 유아교육기관 밖으로 나가지 못하게 한다.

이때 처벌보다는 영유아가 위험한 상황임을 이해하고 스스로 지킬 수 있도록 설명해주는 것이 바람직하다.

#### (3) 규칙

규칙이란 각종 안전사고를 예방하기 위하여 평소에 주의해야 할 사항들에 관해서 영유아와 교사가 약속을 한 것으로, 안전규칙을 준수하는 과정에서 영유아가 자신의 행동에 대해 책임감을 느끼면서 적극적인 안전태도를 취할 수 있게 지도한다. 안전규칙의 수는 영유아가 쉽게 기억할 수 있도록 연령을 고려하여 몇 가지로 제한하는 것이 중요하다. 일단 정해진 규칙들은 일관성 있게, 반복적으로 적절한 강화를 주어서 영유아 스스로 자신의 행동을 인식할 수 있도록 한다. 영유아뿐만 아니라 유아교육기관에서 근무하는 원장, 교사 및 모든 성인들도 다 함께 안전규칙을 철저히 준수하여 모범을 보이도록 한다.

### 2) 주제 선정에 따른 통합적 접근방법에 의한 안전교육

영유아는 교과목을 통하여 분리된 내용을 배우는 것보다 평소에 경험하는 상황을 통해서 필요한 지식, 기술, 태도 등을 통합적으로 배우는 것이 더욱 효과적이다. 예를 들어, 화재안전을 주제로 하여 관련된 내용을 이야기 나누기, 실내 · 외 자유선택놀이, 노래 부르기, 동화 및 동시 감상, 극 놀이, 게임, 요리하기, 현장학습 등의 활동을 통해 안전교육을 실시하는 것이다.

주제를 선정하고 통합적인 접근방법으로 안전교육을 실시할 때 영유아들은 스스로 자신을 보호하고 사고를 예방하는 데 필요한 지식 및 기술을 단순히 교사가 가르쳐주는 것을 배울 수 있을 뿐만 아니라 실제로 여러 장면에서 직 · 간접적으로 배우게 되어 필요한 기술을 익히고 적용하며 태도를 기를 수 있게 된다. 구체적인 방법을 살펴보면 다음과 같다.

#### (1) 이야기 나누기

이야기 나누기는 교사와 영유아가 함께 모여 하루의 일과 계획과 평가, 자신의 경험이나 생각을 서로 들려주고, 교실에서의 규칙 세우기, 특별한 주제에 대하여 설명 및 시연, 자유롭게 의견을 교환하고 토론하는 시간이다. 설명 및 시연과 토의,

문제해결 방법에 대해 살펴보면 다음과 같다.

#### ① 설명 및 시연

교사가 영유아에게 직접 설명하거나 시범 보이기와 같은 직접적인 안전교육 방법은 행동 변화에 중점을 주기 위한 교수의 형태이다. 영유아로 하여금 안전에 대한 정보나 지식을 획득하는 데 도움을 주게 되며 연습이나 반복적인 훈련을 통해 영유아가 안전 기술을 익히는 데 유용한 방법이 될 수 있다. 그러나 새로운 주제나 단원을 도입하는 데 효과적이며 영유아들의 생활 주변에서 다루어지지 않는 사실을 전달해주거나 이해하기 어려운 사항을 보충해 주는 데는 유용하지만, 영유아로 하여금 스스로 사고하는 습관의 훈련이나 문제 해결의 기회를 충분히 주지 못하며 영유아의 자발성과 능동성을 제약한다는 점에서 유의할 필요가 있다.

#### ② 토의

토의는 특정 주제에 대하여 각자의 의견을 내걸어 검토하고 협의하는(민중서림, 1992) 방법으로, 토의에 참가함으로써 자신의 생각을 정리하고 타인의 생각을 알게 되며, 안전과 관련이 있는 갈등 상황에서의 문제를 파악하여 생각을 함께 나누고 자신과 다른 사람들에 대한 이해를 증진시키게 된다(이경애, 2009).

교사들은 안전과 사고 예방과 관련된 어떤 기본적 개념, 사실, 규칙을 가르치기 위해 상황 학습을 이용하는 경우가 많다. 따라서 영유아가 하루 일과 중에 문제가 발생했을 때, 즉 블록으로 만든 구조물을 무너뜨리고 놀이를 방해하는 경우, 놀잇감을 뺏는 경우 등에 대해 토의를 통하여 안전규칙을 만들 수 있다.

그 밖에도 신문이나 방송 또는 영화, 동화를 들려준 뒤 자동차 사고, 유괴 사건, 화재 등에 대한 토의를 통해 영유아들의 안전의식을 확대할 수 있다. 그러나 연령이나 발달수준이 낮은 영아의 경우 토의에 적극적으로 참여할 수 없으므로 교사는 이에 대해 세심한 배려를 해야 한다. 토의를 위한 구체적인 절차는 〈표 4-8〉과 같다(정재순, 1997).

〈표 4-8〉 토의 절차

| 절 차 | 활동 내용 |
|---|---|
| 1. 갈등 상황의 제시 및 문제의 명료화 | • 갈등 상황 동화를 들려준다.<br>• 영유아들이 동화의 내용을 이해하였는지 알아보기 위하여 질문을 하고 갈등 상황을 일깨워준다.<br>• 갈등 상황의 이해를 힘들어할 때는 그림 자료를 다시 제시하여 문제 상황을 규명해준다. |
| 2. 토의의 유도와 촉진 | • 주인공이 어떻게 해야 한다고 생각하며 그 이유는 무엇인지 이야기하도록 한다.<br>• 영유아들이 자발적으로 자신의 생각을 이야기하면 교사는 영유아들의 이야기를 다시 한 번 정리해준다. |
| 3. 갈등상태의 유지 | • 갈등상태가 유지되도록 개입한다.<br>• 갈등 상황과 초점이 맞지 않는 이야기로 토의의 갈등과 벗어날 때 교사는 상황을 상기시키는 질문을 하여 토의의 초점이 문제 상황에서 벗어나지 않도록 한다. |
| 4. 논쟁의 균형 유지 | • 영유아들이 한 영유아의 주장에 동조하는 경향을 보일 때 교사는 논쟁의 균형이 유지되도록 소수의견이나 반대의견을 지지하는 질문을 한다.<br>• 영유아들이 자신의 의견이나 생각을 말할 때 대답을 강요하지 않는다. |
| 5. 등장인물의 느낌을 생각하기 | • 토의가 끝나갈 무렵 영유아들이 생각하는 해결방안을 따르면 등장인물의 기분이 어떠할지 생각해본다. |
| 6. 등장인물의 느낌을 글로 표현하기 | • 등장인물들의 기분이 어떠할지에 대해 생각해 보고 글로 써본다. |

출처: 정재순(1997)

### ③ 문제해결

문제해결 방법은 안전을 요구하는 다양한 문제 상황에서 가능한 안전 반응 대안을 이용하고, 이러한 여러 가지 대안들 중 가장 안전한 반응을 선택할 가능성을 증가시켜주는 과정으로 활용할 수 있는 탐구적 교수 방법이다. 이 전략은 영유아 자신에게 문제해결 주도권을 주게 되므로 심리적 위협을 느끼지 않게 하는 장점이 있으며, 영유아들의 동기를 유발하여 영유아 스스로 적극적이고 능동적으로 활동에 참여하게 함으로써 자발적이고 공동의 지식을 구성해 가는 경험을 제공하고 갈등 상황에 대하여 다양하면서도 안전에 근거한 문제해결 능력을 신장시킬 수 있다. 반면, 문제해결 과정에 동기 유발이 부족하다거나 제한적인 인지 발달로 인하여 공동의 지식 구성에 어려움을 갖는 영유아들을 위해서는 보다 적극적이고 적절한 수준에서의 교사 역할이 요구된다(곽은복, 2008).

설명 및 시연, 토의, 문제해결 활동 등 이야기 나누기를 효과적으로 하기 위해서는 문자나 문장을 이용한 자료에 비해 그림, 모형, 슬라이드, 영화, VTR, CD-ROM, 인터넷 웹사이트, 녹음자료 등과 같은 시청각 자료를 이용하는 것이 좋다. 이러한 시청각 자료를 활용한 안전교육 활동을 통해 영유아 스스로 문제를 인식하고, 해결 방법을 모색하고, 영유아로 하여금 능동적이고, 자발적이며, 즐겁게 참여할 수 있도록 유도할 수 있다. 시청각 자료로 사용할 수 있는 EBS 안전교육을 위한 비디오 목록은 〈표 4-9〉와 같다(박순자, 2005).

〈표 4-9〉 안전교육을 위한 비디오 목록

| 안전 영역 | 비디오 제목 |
|---|---|
| 화재 및 화상에 대한 안전 | ◎ 앗! 뜨거워<br>◎ 불이야<br>◎ 다림질하던 날<br>◎ 감전되던 날 |
| 시설 · 설비에 대한 안전 | ◎ 멈춰버린 승강기<br>◎ 계단이 안 멈춰요<br>◎ 공포의 계단<br>◎ 계단 손잡이를 타다가 |
| 스포츠안전 | ◎ 인라인 스케이트는 위험해요<br>◎ 스케이트 탈 때는<br>◎ 종이학의 꿈 |
| 교통안전 | ◎ 갑자기 나타난 오토바이<br>◎ 자전거가 안 멈춰요<br>◎ 꼬마천사 지지 1, 2, 3<br>◎ 공이 굴러가요<br>◎ 자동차는 위험해요 |

출처: 박순자(2005)

### (2) 동화 들려주기 및 동화 짓기

동화는 유아교육현장에서 가장 손쉽고, 다양한 방법으로 사용되는 문학의 한 분야로 영유아들이 일상생활을 통해 가장 쉽게 접할 수 있는 활동이다(이경애, 2009 재인용). 영유아가 이해할 수 있는 언어를 사용하여 영유아의 심성, 생활, 성장 발달에 도움이 되는 내용과 정신적인 요소를 내포하고 있는 문학이다. 안전 내용의 동화를 들려준 뒤 안전의 실제상황을 자연스럽게 영유아에게 제시할 수 있어 안전사고의 유발상황을 쉽게 인식하는 교육적 효과를 얻을 수 있는 중요한 교수매체이다.

안전교육에 있어 동화 들려주기와 함께 영유아들에게 제시할 수 있는 또 다른 활동은 동화 짓기이다. 동화 짓기는 영유아들이 경험한 이야기를 상상력과 창의력을 바탕으로 새롭게 꾸미거나 나름대로 이해하고 해석하여 재창조하는 활동이다. 즉 교통안전 또는 미아, 재해, 성학대 등 안전관련 그림을 제시하여 영유아가 직접 동화 짓기 활동에 참여해 이야기를 구성해 보면, 생활 속에서 겪게 되는 문제에 대하여 행동의 이유를 스스로 인식하고 내면화하여 영유아의 안전지식과 안전 문제해결 사고에 영향을 미치게 된다(이인숙, 2004).

동화 짓기 활동은 개별적이나 집단으로 동화 내용을 개작하거나, 뒷부분의 이야기를 지어보기도 하며 글 없는 그림책 등을 이용하여 창작해볼 수도 있다. 구체적인 동화 짓기 전개 방법은 다음과 같다(심성경 외, 2003).

- 아직 미숙하므로 부분적 개작활동으로 시작하여 동화 내용에 익숙해지도록 한다.
- 개방적인 질문을 하여 후속 이야기를 지어본다.
- 글 없는 그림책을 제공해주고 자신들의 경험에 근거하여 줄거리를 지어보게 한다.
- 생활주제와 관련지어 이야기를 지어보게 한다.
- 영유아들이 지은 동화를 전지에 받아 적어 소개하고 다 함께 읽어보며 공유하도록 한다.

### (3) 극 놀이

영유아들은 혼자 있을 때나 또래들과 있을 때 소꿉놀이, 병원놀이, 시장놀이 등 극 놀이를 즐겨한다. 극 놀이란 영유아들이 흥미롭게 느꼈던 사건이나 자신이 알고 있는 지식을 실제로 놀이를 통하여 표현해 보는 것을 말한다. 학자나 이론에 따라 상징놀이, 상상놀이, 가장놀이, 환상놀이, 극적놀이, 사회극화놀이 등 다양한 용어로 불리기도 한다(정선아, 2009). Smilansky(1968)는 극 놀이와 사회극놀이를 구분하여 정의하였다(박희준, 2002 재인용). 즉, 극 놀이란 영유아가 어떤 역할을 맡아서 마치 그 사람이 된 것처럼 가장하는 것을 말하며, 영유아는 역할을 맡아서 놀이하는 동안 여러 상황에서 많은 사람들과 직접 · 간접적으로 경험한 것을 이용하는데, 이때 놀이 주제가 적어도 다른 한 명의 역할 놀이자와 협동해서 진행되고 놀이 참여자들 간에 언어나 행동으로 상호작용이 일어나면 그 놀이는 사회극놀이가 된다.

교통경찰관과 운전사, 운전자와 보행자, 동물과 영유아, 유괴범과 영유아 그리고 부모 등 안전사고와 관련된 극 놀이를 통해 영유아는 자기중심적 사고에서 벗어나 다른 사람의 관점을 이해할 수 있으며 생활 주변에서 일어날 수 있는 다양한 위험 상황에 대해 자발적으로 문제를 해결할 수 있고 새로운 안전 행동이나 기술을 습득하게 된다. 또한 관찰력, 의사 결정능력, 의사소통 기술을 기르는 데도 효과적이다.

#### (4) 게임

게임은 현실장면의 축소, 단순화된 조직적 모형으로 영유아들에게 다양한 역할과 사상의 대리참여 기회를 제공하는 놀이의 일종이다. 영유아들이 정해진 규칙 하에 집단으로 움직이거나 상호작용하는 기회뿐만 아니라 또래 집단과의 상호작용 상황에서 적절하게 반응하는 방법을 경험한다. 이러한 경험을 통해 영유아는 규칙의 중요성을 배울 뿐 아니라, 활동 과정 중에 함께 돕는 일의 필요성을 체험하는 기회를 갖는다.

#### (5) 노래 부르기 및 동작활동

안전 관련 동요를 부르거나 음악에 맞춰 몸을 움직이고 멈추는 동작활동을 통해 안전교육을 실시할 수 있다. 예를 들어, 〈불이 났을 땐〉이라는 곡을 통해 화재안전에 대비하는 방법을 가르칠 수 있다.

그 밖에도 기차나 비행기 등 여러 가지 교통기관 되어 보기, 빙판길 위에서 스케이트 타기, 수영하기, 불이 났어요 등 창의적 신체표현 활동을 통해 안전수칙을 지켜야 할 필요성과 효과를 체험하게 된다.

### 불이 났을 땐

조선호 작사
주유미 작곡

## (6) 현장학습

현장학습은 유아교육기관 가까이에 있어 영유아가 걸어서 갈 수 있는 은행, 경찰서, 소방서, 버스정류장에서부터 버스나 지하철을 타고 가야 하는 교통공원, 방송국, 병원, 동물원, 식물원 등에 이르기까지 지역사회의 자연현상과 사회 문화 현상을 직접적인 관찰을 통해 이해하고 체험할 수 있는 학습 방식이다. 이를 통해 영유아는 개념형성과 이해의 폭을 넓힐 수 있고, 안전에 필요한 지식, 가치, 태도, 기술 등을 형성하는 데 매우 효과적이다. 현장학습을 계획할 때 고려해야 할 점은 다음과 같다(서유미, 2008).

- 현장학습의 목적을 명확히 해야 한다.
- 교육내용과 교육활동을 보완해줄 수 있는 적합한 장소를 선정해야 한다.

- 어떤 교통수단을 이용할 것인지를 결정하고 관계자와 의논해서 확정한다.
- 사전답사를 실시한다. 사전답사 시에는 직원에게 방문 목적, 방문 영유아의 나이, 영유아들이 하게 될 질문에 대한 설명, 안전성과 화장실 위치, 식수시설 등을 점검한다. 이외에도 도착시간, 진행될 활동의 소요시간, 출발지점 등을 확인하여 현장학습이 원활하게 이루어지도록 해야 한다.

현장 학습장소의 사진을 찍어서 미리 교실에 게시하면 영유아들의 현장학습에 대한 동기와 흥미를 높일 수 있다.

- 실제 현장학습과 연관된 사전활동을 실시한다. 현장학습을 하는 이유와 목표를 인식하게 하고, 현장학습 장소의 위치나 주의할 점에 대해 설명한다. 이야기나 토의를 통해 영유아들이 직접 질문할 목록을 작성해 보는 활동을 하거나 인터넷 등을 활용하여 현장에 관한 정보를 찾아보게 할 수 한다.
- 안전교육을 실시한다. 현장학습 시 영유아들이 지켜야 할 약속과 질서 등에 관해 토의해 보는 시간을 갖는다.
- 만약의 사태에 대비하여 구급약이나 여벌의 옷, 화장지, 여분의 간식 등을 준비한다.
- 현장학습 가기 일주일 전쯤 학부모에게 현장학습 안내서를 발송한다. 현장학습 장소와 일시, 현장학습 목적과 내용, 유치원(어린이집) 도착시간, 부모 자원봉사 신청 등에 대해 안내한다.
- 교사와 현장학습을 함께 갈 자원봉사자는 각각 역할을 분담하고, 맡은 역할을 숙지할 수 있도록 안내한다.

### (7) 요리활동

요리활동 과정은 여러 가지 재료를 보고, 만지고, 썰고, 끓이고, 냄새 맡는 등 오감을 이용하기 때문에 위험한 물건, 화재나 화상에 대한 안전교육을 하기에 적합한 활동이다. 요리활동 시 지켜야 할 안전수칙은 다음과 같다(송희정, 2005).

- 무딘 칼이나 톱니 모양의 플라스틱 칼을 사용한다.

- 낮은 작업대와 의자를 사용하도록 한다. 이때 의자 위에 올라가지 않는다.
- 가열된 기구는 뜨겁다는 것을 알게 한다.
- 가스레인지나 오븐의 불을 끄고 켜는 방법, 불길의 높고 낮음을 알고 불이 꺼져도 그릇은 오래되도록 뜨겁다는 것을 알게 한다.

한편, 영유아는 요리활동을 하는 과정에서 교사에게 들은 주의사항을 직접 체험을 통해 확인해볼 수 있는 기회를 갖게 된다. 즉, 요리도구를 올바르게 사용하지 않으면 요리도구로 인해 다칠 수 있음을 알게 되므로 위험한 물건에 대한 안전을 다루기에 적절한 활동이다. 또한 요리 재료를 가열하고 있는 가스레인지와 뜨거운 요리도구는 화재가 날 수 있고, 화상을 입을 수 있나는 것을 쉽게 이해할 수 있게 되므로 화재와 화상교육에도 적합하다.

### (8) 그림 그리기

그림 그리기는 영유아 자신이 본 것, 느낀 것, 생각한 것 등의 생활경험을 어떤 동인 또는 충동에 의해 의욕을 가지고 채색도구를 이용하여 주로 종이에 무엇인가를 그리는 활동으로 영유아들이 즐기는 활동이다. 이를 통해 영유아들은 끊임없이 자신과 주변 환경을 탐색하고 조작하며 자신의 생각이나 감정을 자연스럽게 표현하며 신체, 사회성, 인지, 언어 등 모든 발달뿐만 아니라 독창성과 창의력 및 문제해결력을 증진시킬 수 있다. 일상생활에서 미술을 경험하고 창의적인 그리기 활동에 참여함으로써 지식과 정보를 확장시키고 자기 자신과 주변 세계를 더욱 잘 이해할 수 있으며 자기 표현력과 의사소통의 수단이 되기도 한다.

손진희(2006)의 연구에서는 신호등이 있는 횡단보도 건너기 방법을 순서대로 그리기, 비 오는 날의 옷차림과 우산을 바르게 들고 가는 그림 그리기, 교통안전표지판 그리기, 영유아에게 버스가 그려진 그림을 주고 버스 안에서의 위험한 행동을 그리게 한 뒤 어떤 일이 벌어질지 생각해 보기 등의 그림 그리기가 교통안전교육에 효과가 있는 것으로 나타났다.

〈표 4-10〉은 자전거 교통안전의 통합적 교육활동 계획안의 예이다.

〈표 4-10〉 자전거 교통안전의 통합적 교육활동 계획안

**자전거 교통안전**

**이야기 나누기**
- 자전거 타는 장소는 어디가 좋을까?
- 자전거를 안전하게 타려면?
  - 보호장구와 안전규칙
  - 내리막길과 골목길
- 자전거길 (자전거 전용도로)
- 우측통행을 해요.
- 자전거 수신호
- 바퀴가 있는 놀이기구(인라인 스케이트, 킥보드)

**현장학습 및 요리**
- 우리 동네 자전거길
- 자전거 수리점
- 샤베트 만들기 (요리-자전거 모양)

**게 임**
- 자전거 릴레이
- 방향 바꾸기

**가정과의 연계**
- 교통안전 기록장
- 내 몸에 맞는 자전거

**동화, 동시, 동극**
- 동화
  - 보람이의 자전거
  - 네발자전거 씽씽이
- 동시
  - 신호등이 말해요
- 동극
  - 보람이의 자전거

**새노래, 음악감상**
- 새노래
  - 자전거
  - 세발자전거

**다문화**
- 외국 어린이 자전거 문화 알기

**신체 표현**
- 바퀴가 되세요
- 지켜요, 지켜요
- 신호대로 움직여요

**자유선택활동**

〈언어〉
- '자전거' 하면 떠오르는 말
- 수수께끼- '탈것'
- 내 몸에 맞는 자전거
- 자전거 광고 만들기

〈수〉
- 자전거 수 도미노
- 바퀴 수, 크기, 모양 알아보기
- 심부름 가기(게임 교구)

〈과학〉
- 자전거의 구조
- 자전거 체인 관찰하기
- 세발자전거와 두발자전거

〈조형〉
- 자전거 표상하기
- 자전거 만들기(협동작품)
- 자전거 여행(자유화)
- 셋이서 함께 탈 수 있는 자전거(디자인하기)

〈컴퓨터〉
- 옛날의 자전거
- '안전 나라' 검색하기

〈쌓기, 역할〉
- 자전거 놀이
- 자전거 전용 도로

〈음률〉
- 노랫말 바꾸기-간다간다

〈실외〉
- 자전거 면허시험

출처: 유선희(2004)

## 3) 전문단체에 의한 안전교육

안전교육을 전문적으로 해주는 단체에 의뢰하여 안전교육을 실시할 수 있다. 안전교육 체험장과 도움을 받을 수 있는 사이트는 다음과 같다.

### (1) 안전교육 체험장

#### ① 전국의 어린이 교통공원

| 지 역 | 이 름 | 주 소 | 전화번호 |
|---|---|---|---|
| 서울 | 어린이 교통안전교육장 | 중구 왕십리길 160 | 02) 2230-6059 |
| | 신천 어린이 교통공원 | 송파구 신천동 7-15 | 02) 413-0004 |
| | 달마 어린이 교통공원 | 노원구 중계동 500 | 02) 950-3976 |
| | 새싹 어린이 교통공원 | 강서구 방화동 581-8 | 02) 843-8616 |
| | 양천구 어린이 교통공원 | 양천구 신정동 산 74-15 | 02) 2652-1584 |
| | 서초 어린이 교통공원 | 서초구 양재동 | 02) 3472-5880 |
| 인천광역시 | 중앙 어린이 교통공원 | 인천 남구 관교동 14 | 032) 880-4778 |
| | 동구 어린이 교통공원 | 인천 동구 송림동 318 | 032) 578-4067 |
| | 계양 어린이 교통공원 | 계양구 계산동 1085-1 | 032)450-5928 |
| 광주광역시 | 광주광역시 어린이 교통공원 | 광주광역시 북구 첨단과학단지 내 | 062) 972-0053 |
| 부산광역시 | 부산광역시 어린이 교통공원 | 부산광역시 진구 초읍동 | 051) 803-3811 |
| 대전광역시 | 뿌리 어린이 교통공원 | 중구 침산동 뿌리공원길 51 | 042) 581-4445 |
| 대구광역시 | 대구 어린이 교통공원 | 중구 수창동 수창초등학교 내 | 053) 252-0305 |
| 경기도 | 안양시 어린이 교통공원 | 안양시 동안구 갈산동 자유공원 내 | 031) 389-2807 |
| | 경찰대학교 어린이 교통공원 | 용인시 구성면 언남리 산 88 | 031) 284-5221 |
| | 수원시 어린이 교통공원 | 수원시 영통구 영통동 | 031) 202-0386 |
| | 부천시 어린이 교통나라 | 부천시 원미구 원미동 | 032) 666-5988 |
| | 성남시 어린이 교통교육장 | 성남시 중원동 금광1동 황송공원 내 | 031) 729-5014 |
| | 고양시 어린이 교통공원 | 일산동구 백석동 1233 | 031) 906-7920 |
| | 용인시 교통박물관 | 용인시 처인구 포곡읍 유운리 292 | 031) 320-9900 |
| 전북 | 도로교통안전관리공단 어린이 교통공원 | 전주시 완산구 대성동 | 063) 284-5402 |
| | 군산 어린이 교통공원 | 군산시 소룡동 1630공단 내 | 063) 468-4560 |
| 전남 | 정읍 어린이 교통공원 | 정읍 완산구 대성동 | 063) 531-7870 |
| 충북 | 청주 어린이 교통공원 | 청주시 상당구 용암동 2439 | 043) 297-0074 |
| | 제천 어린이 교통 체험장 | 제천시 장락동 672-8 | 043) 644-5771 |
| | 어린이 교통공원 | 괴산군 괴산읍 서부리 485 | 043) 834-0567 |
| | 단양 어린이 교통공원 | 단양군 단양읍 상진리 583 | 043) 420-3366 |

| 충남 | 공주시 어린이 교통공원 | 공주시 우성면 도천리 34-6 | 041) 858-3412 |
|---|---|---|---|
| | 천안 어린이 교통공원 | 천안시 시민문화회관 성환 분관 | 041) 521-2851 |
| 경북 | 포항 어린이 교통공원 | 포항시 지곡동 공원 내 | 054) 275-5000 |
| | 영천경찰서 어린이 교통공원 | 영천시 금호읍 원제리 105-1 | 054) 334-4102 |
| 경남 | 진주 어린이 교통 공원 | 진주시 평거동 695-168 | 055) 749-2561 |
| | 대원 어린이 교통공원 | 창원시 대원동 대원레포츠 공원 내 | 055) 265-8591 |
| 강원도 | 원주 어린이 교통공원 | 원주시 반곡동 동부순환로 183 | 033) 737-4751 |
| 제주 | 제주 어린이 교통공원 | 연동 312-58 | 064) 710-9143 |

**② 가상 재난 체험관(safe119.seoul.go.kr)**

서울시민 안전체험관은 화재나 지진, 풍수해 등 각종 재난의 체험을 통해 안전교육을 받을 수 있는 국내 최초의 가상 재난 체험관이다. 서울 어린이대공원(광진구 능동) 정문 인근에 위치한 체험관은 지상 3층, 지하 1층, 연면적 1,800평 규모로, 영상관과 사이버 게임장, 화재로 인한 연기 피난 방법과 소화기 사용, 응급구조 체험시설, 방재 도서관 등이 들어서 있다. 진도 7까지 가상 지진을 만들어내는 유압작동 시뮬레이터와 초속 50m의 강풍과 폭우가 몰아치는 상황을 연출하는 대형 송풍기 및 스프링클러, 가스 폭발 등의 장면이 나오는 스크린에 소화기를 분사해 화재 진압 연습을 할 수 있는 특수 장비 등도 갖추고 있다. 대구 지하철 참사 이후 연기 피난 체험시설은 특히 인기가 높다.

**③ 어린이 안전학교(www.isafeschool.com)**

어린이 안전학교는 유치원생과 초등학교 저학년생을 대상으로 공동 · 단독주택, 횡단보도, 전화박스, 건물 붕괴 등 18개 교육시설에서 교통안전, 전기 및 가스안전, 베란다 추락사고, 사고 발생 시 신고 요령, 소화기 사용법 등을 체험 위주로 가르친다.

**④ 안전생활 실천시민연합(안실련 www.safelife.or.kr)**

3월부터 11월까지 전국 7곳의 교통공원에서 매일 교통안전교육을 실시한다. 안실련의 어머니 교통안전 명예교사 과정을 수료한 어머니 안전지도자들이 교육을 맡으며, 학교에서 요청할 경우 방문교육도 해준다.

⑤ 이동안전교육체험관(www.isafeschool.com)

서울시는 직접 안전체험관에 찾아가지 않고도 화재나 각종 재난 시 대처방법을 체험할 수 있는 '이동 안전체험 차량'을 운영한다. 초등학교 저학년까지의 어린이들이 쉽게 이해하고 재미있게 체험할 수 있도록 만들어진 이동 안전체험 차량은 8.5톤 트럭 뒷부분을 개조해 1, 2층으로 제작되었으며, 서울 시내 각 초등학교를 찾아가 한 번에 40~50명 기준으로 안전교육을 실시한다. 소화기 체험, 열·연기 체험, 지진 체험, 가스·전기·교통안전 체험 등 총 31종의 체험시설을 갖추고 있다. 학기 중에는 초등학교를 돌며 체험 기회를 제공하고, 방학 때는 아파트 단지, 공휴일에는 철도역이나 시민운동장 등 인파가 많은 곳을 순회하며 운영된다.

⑥ 세이프키즈 어린이 자전거 안전운전 면허시험(www.safekids.or.kr)

세이프키즈코리아는 초등학생을 대상으로 자전거 안전운전 면허시험을 실시하고 있다. 안전지침을 익힌 후 필기시험과 실기시험을 통해 자전거 면허증을 발급하고 있으며 또한 여름방학 때는 안전캠프를 열고 있다.

### (2) 안전교육 프로그램 및 사이트

① 안전교육 프로그램 및 활동자료

최근에 여러 기관 및 단체에서는 안전교육에 관련한 다양한 프로그램 및 활동자료들을 제작하고 있다. 보건복지부 「영유아안전보육프로그램」(1999), 교육인적자원부 「유아를 위한 안전교육 지도자료」(2000), 「유치원생을 위한 안전교육」(2005), 한국 국공립유치원 교원연합회 「유아를 위한 안전한 교통생활」(1999), 한국어린이 육영회 「유아를 위한 안전교육 활동 자료집」(2004), 한국산업안전공단(2003)에서는 「생활주제에 따라 1년 동안 유치원에서 실시할 수 있는 안전교육 활동」들을 제시하였다.

최근에 개발된 영유아 안전교육 프로그램 및 매뉴얼은 〈표 4-11〉과 같다.

〈표 4-11〉 영유아 안전교육 프로그램 및 매뉴얼

| 구분 | 프로그램 및 매뉴얼 명 | 주요 내용 | 발행 연도 | 발행처 |
|---|---|---|---|---|
| 1 | 유아를 위한 안전교육 자료 | -유아용 교통안전교육자료<br>-유아안전을 위한 부모교육자료<br>-운전자를 위한 교통안전 리플릿<br>-유아를 위한 교통안전 그림 자료 | 2003. 12 | 교육 인적자원부 |
| 2 | 안전한 보육환경 조성을 위한 안전교육 프로그램 | -연령별 안전교육 프로그램 | 2004. 9 | 서울특별시 |
| 3 | 보육시설 교통안전 및 재난대비 프로그램 | -교통 및 재난대비 안전교육 프로그램<br>-부모안전교육자료(교통, 재난)<br>-보육시설 통학버스 운전자용 지침서<br>-보육시설 안전관리 매뉴얼 | 2004. 9 | 여성부 |
| 4 | 보육시설 운영매뉴얼 및 영유아 보육 프로그램 개발, 영유아의 건강 및 안전보호 | -안전(관리, 교육, 응급처치, 사고대비/처리)<br>-건강보호<br>-영양위생(급 · 간식, 주방설비, 식품구매 위생관리) | 2005.1 | 서울특별시 |
| 5 | 안전교육 강사를 위한 유아용 소방안전교범 | -화재안전/교통안전과 규칙 지키기<br>-생활안전/자연재해/자기보호 | 2006.1 | 서울특별시/ 소방방재청 |
| 6 | 교통안전교육지침 | -유아의 교통안전교육(보행, 교통수단과 탈것, 질서)<br>-교통사고 발생 시 조치<br>-보호자 교통안전교육 | 2006.6 | 경찰청 |
| 7 | 유치원 환경위생 관리 매뉴얼 | -유치원 실내 공기 질의 중요성<br>-유치원 실내 공기 질 관리<br>-유치원 실내 공기 관리지침 | 2007.6 | 서울특별시 학교보건 진흥원 |
| 8 | 통학, 학원버스 운전자를 위한 주머니 속의 교통안전 | -어린이 행동특성과 교통사고 (사고원인, 행동특성, 사고유형)<br>-어린이 교통사고 시 조치요령<br>-통학버스 관련 법규와 안전운행 | 2007.6 | 도로교통안전관리공단 |
| 9 | 보육시설에서의 안전 | -교통안전교육<br>-약물오남용교육<br>-재난대비교육<br>-화재예비교육<br>-성폭력예방교육 | 2007.12 | 경기도보육 정보센터 |
| 10 | 보육시설 안전매뉴얼 | -생활안전<br>-교통안전<br>-신변안전<br>-재난대비 | 2008.11 | 중앙보육 정보센터 |

출처: 중앙보육정보센터(2008)

② 국내 · 외 사이트

**〈국내 사이트〉**

한국생활안전연합(http://www.safia.org/)
세이프키즈코리아(http://www.safekids.or.kr/)
어린이안전교육관(http://www.isafeschool.com/)
어린이 안전넷(http://www.isafe.go.kr/index.jsp)
중앙119 구조대(http://www.rescue.go.kr/)
대한적십자사(http://rcy.redcross.or.kr/)
교통안전공단 어린이세상(http://kid.kotsa.or.kr/main.jsp)
서울재난본부(http://www.fire.seoul.kr/)
한국 어린이안전재단(http://www.childsafe.or.kr/)
EBS 꾸러기 안전일기(http://www.ebs.co.kr/Contents/VODList1.asp)
안전생활실천시민연합(안실련, http://www.safelife.or.kr/)
꼬마안전짱(적십자간호대학 어린이 안전교실, http://ccoma.redcross.ac.kr/)
안전신문(http://www.safetynews.co.kr/)
어린이 교통안전협회(원주지부, http://www.ksafekids.or.kr/)
부천시 어린이 교통나라(http://childnara.bcs.or.kr/)
유니세프(http://www.unicef.or.kr/)
재난극복 프로젝트 안전지대
(http://www.imbc.com/broad/tv/culture/safetyzone/)

**〈국외 사이트〉**

국제안전학교 본부(http://www.intlsafeschools.org/)
뉴질랜드 안전학교 지원센터(http://www.safecommunities.org.nz/)
미국 소비자제품 안전위원회(http://www.cpsc.gov/kids/kidsafety)
미국 식의약안전청(http://www.fda.gov/)
미국 질병통제 방지센터(http://www.cdc.gov/powerfulbones)
미국 고속도로 안전청(http://www.nhtsa.dot.gov/portal/site/nhtsa/)
호주 어린이 사고방지 위원회(http://members.ozemail.com.au/)
어린이 건강 환경 연합(http://www.checnet.org/)
국제 청소년 안전조직(http://www.noys.org/)
어린이 안전 네트워크(http://www.childrenssafetynetwork.org/)
월드와이드 어린이 안전(http://www.safekidsworldwide.org/)
일본 어린이 안전 네트워크(http://safekids.ne.jp/)

## 3. 교사의 역할

영유아 교사는 직 · 간접적으로 영유아의 안전생활 습관과 태도 형성에 많은 영향을 미친다. 교사가 안전교육의 중요성이나 교육내용 및 방법에 대해 제대로 인식하지 못하고 있다면 효과적인 안전교육을 기대하기는 어려울 것이다. 우선적으로 교사는 안전한 실내 · 외 환경을 제공해서 영유아가 안전하도록 하며, 주의 깊은 관찰과 일관성 있는 지도를 통해 영유아 스스로가 자신의 건강과 안전을 보호하고 유지하는 데 필요한 안전에 대한 지식과 능력, 기술 등을 형성할 수 있도록 도와주어야 한다. 또한 발생 가능한 불의의 사고에 대비하여 처리절차나 대비책을 마련하며 신속 · 정확하게 처리할 수 있도록 안전교육에 대한 훈련을 정기적으로 받아야 한다.

안전교육을 위한 교사의 구체적인 역할은 다음과 같다(교육부, 1999; 곽은복, 2008; 김승현, 2005; 보건복지부, 1998; 서울특별시, 2004; 윤선화, 2000; 조경자 외, 1998).

첫째, 역할모델로서 안전한 행동을 수행함으로써 영유아에게 좋은 본보기가 되도록 한다.

둘째, 관찰자와 보호자로서 화상, 질식, 중독 등의 상해를 예방하기 위해 위험한 것들을 없애고 그러한 요소들을 매일 점검한다. 영유아들에게 위험하거나 해롭지 않은 물리적인 환경을 제공하기 위해 영유아가 등원하기 전에 교사는 각 활동 영역의 안전을 간단하게 점검해야 한다. 또한 실내 · 외 시설 설비 점검표를 비치해두고 수시로, 정기적으로 점검한다.

셋째, 의사결정자로서 안전을 도모할 수 있는 정책과 방침을 세우고 결정하여야 한다. 특히 응급상황에서 교사는 당황하지 말고 신속한 판단과 결정을 하는 것이 아주 중요하다. 이를 위해 구급약품과 용품을 항상 구비해두고, 교사 전용 전화기 옆에는 응급 상황 발생 시 교사들이 손쉽게 활용할 수 있도록 비상연락망, 학부모 연락처, 인근 병원 전화번호, 비상시 관계기관 연락처 등을 정비해 둔다. 또한 입학 시 반드시 부모로부터 응급처치 동의서를 받아두어야 한다.

한편, 아동학대나 방치, 성폭력 사고를 목격했을 때 신고하는 기관을 알고 있도록 한다(예: 아동학대 신고 1577-1391, 129, 성폭력 신고 1366).

넷째, 비상사태에 대비하여 교직원 중 최소 1명은 응급처치를 할 수 있고, 모든 교직원들은 소화기 사용법 등 자신의 역할과 책임을 알고 있도록 한다.

다섯째, 교사는 영유아들에게 여러 가지 방법을 사용한 안전교육을 통해 안전에 대한 지식, 태도와 행동기술을 증진시키는 교육자이다. 따라서 교사는 안전교육의 내용에 각각 적절하고 다양한 소품과 교수 자료 등을 사용할 뿐만 아니라, 현장 관찰과 현장 학습을 통해 유아교육기관과 실생활에서 안전학습을 도모하며 실제 상황에서의 대처방안에 대한 모색을 격려한다.

또한 영유아의 행동을 관찰하고 모니터함으로써 위험한 행동을 수정하고 위험에 개입한다. 이를 위해 교사는 시연과 반복적인 연습을 통해 영유아에게 안전한 행동과 안전하지 않은 행동의 인식을 명확히 하며 안전 행동을 습관화하도록 지도해준다. 영유아의 태도나 행동이 긍정적인 방향으로 변화했을 때 교사가 격려하고 칭찬해주는 일 또한 중요하다.

여섯째, 영유아 안전교육을 위해 가정과 지역사회와 밀접한 유대관계를 갖는다. 가정으로 보내는 통신문을 통해 현재 유아교육기관에서 행해지고 있는 안전교육 내용을 가정에서도 연계하여 실시하도록 부모와 협조하며, 파출소, 소방서, 교통기관과의 긴밀한 협조를 통해 대피훈련 등 안전교육에 도움을 받을 수 있다.

마지막으로, 영유아뿐만 아니라 교사 자신의 안전도 간과하지 말아야 한다. 스트레스를 받거나 과로하면 부주의해지기 쉬우므로 교사는 일상에서 스트레스를 긍정적으로 전환하고 과로를 피하도록 한다.

PART 2

# 안전 주제별 안전교육의 이론과 실제

# 제5장 교통안전

교통이란 사람의 왕복, 화물의 수송, 기차, 자동차 등을 운행하는 일의 총칭(민중서림, 1992)이며, 교통사고란 차의 교통으로 인하여 사람을 사상하거나 물건을 손괴하는 것을 말한다(도로교통법 제54조 ①항).

오늘날 경제 활동과 교통 수요의 증가에 따라 양적 · 질적으로 급속한 발달을 거듭해 온 자동차, 기차 등 교통기관의 발달은 편리함을 주고 있는 반면, 교통사고와 교통 혼잡 등 여러 가지 문제를 일으키고 있다. 세계보건기구(WHO, 1980)에서는 교통사고를 일종의 전염병과 같이 간주하여 의학적인 측면에서 그 대책을 수립해야 할 것이라고 경고한 바 있으며, 보행자와 자동차 간의 관계를 통해 보행자 사고를 분석하고 이에 대한 예방 전략을 세워야 한다고 하였다(박희준, 2002 재인용).

이 장에서는 교통안전교육의 필요성과 교육목표 및 내용, 교육 활동의 실제에 관하여 살펴보고자 한다.

## 1. 교통안전교육의 필요성

최근 10년간 우리나라는 어린이 교통사고 사망률이 감소하고 있지만 여전히 교통사고는 어린이 사망사고 원인 중 1위이다. [그림 5-1]의 경찰청 교통사고 통계(2008)에 의하면, 14세 이하 어린이의 교통사고 사상자는 초등학교 어린이(41%), 취학 전 어린이(40%)가 대부분이다. 특히 어린이 사망의 57.7%는 학교 및 기타 공공행정구역과 주거지에서 발생하고 있는 점을 중시할 때 그 문제의 심각성은 매우 크다.

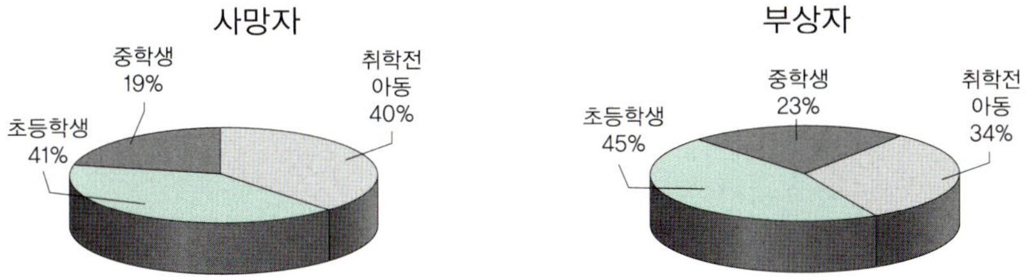


[그림 5-1] 학년별 어린이 교통사고

출처: 경찰청(2008년)

특히 영유아기는 발달 특성상 어른들과 같은 위험으로부터 상황판단이나 행동을 기대할 수 없을 뿐만 아니라, 좁은 도로 여건과 대도시 인구 밀집 등의 사회적 여건으로 인해 영유아들이 놀이할 공간이 확보되지 않고 운전자들의 부주의로 영유아들이 교통사고의 위험에 많이 노출되어 있다.

실제로 가정과 유아교육기관에서 교통교육만 잘 실시한다면 스웨덴(13%), 네덜란드(18%) 등의 선진국처럼 10~20%대로 사고율을 감소시킬 수 있다고 한다(박희준, 2002). 따라서 영유아를 돌보는 교사나 부모 등 성인들이 영유아를 위해서 안전한 환경과 적절한 감독을 제공해 줌으로써 사고의 위험으로부터 영유아를 보호해야 하며, 유아교육기관에서는 영유아의 개인의 특성, 즉 나이, 인지적 발달, 운동기술, 가정환경 등을 고려하여 영유아들에게 교통사고 유형에 따라 필요한 교통안전 규칙을 알게 하고, 교통사고 위험에 노출되어 있는 현실 속에서 스스로 자신을 적극적으로 보호하는 능력과 태도를 기를 수 있도록 지속적이고 반복적인 교통안전교육을 실시하는 것이 필요하다. 즉, 영유아들에게 자동차는 우리에게 편리함을 가져다주는 도구인 동시에 언제든 다치게 할 수 있는 위험이 있다는 것과 자동차로부터 자신을 적극적으로 안전하게 보호하는 능력과 태도를 길러주어야 한다. 이를 통해 영유아기 때부터 교통안전에 대한 행동이 습관화되면 성인이 되었을 때 교통질서를 준수하는 바람직한 문화인을 육성하는 것과 직결되기 때문에 영유아기에 체계적인 교통안전교육은 꼭 필요하다.

영유아기의 효율적인 교통안전교육의 기본적인 방향은 다음과 같다(최민수, 2001).

첫째, 영유아기의 교통안전교육은 부모교육과 병행되어야 한다. 영유아들의 교통사고는 대부분 집 근처에서 일어나기 때문에 부모의 보호가 소홀한 것에서 비롯된다는 것을 알고, 교통사고를 방지하기 위해서는 부모가 먼저 교통사고의 심각성을 인식하여 영유아에 대한 적절한 보호와 지도를 해야 하며, 부모 자신이 직접 모범을 보이는 것이 중요하다.

둘째, 영유아기의 교통안전교육은 체계적이고 지속적으로 이루어져야 한다. 교통안전교육은 간접교육보다는 직접적인 교육으로 진행되어야 습관, 태도, 가치관의 형성으로 이어질 수 있다. 이를 위해서는 어릴 때부터 발달수준에 맞도록 체계적이고 집중적인 반복교육이 이루어져야 한다.

셋째, 영유아기의 교통안전교육은 구체적이고 실제적인 목표와 행동훈련으로 이루어져야 한다. 책이나 말을 통한 간접적인 교통지식은 구체적인 행동을 변화시키기 어렵다. 길거리에서 영유아들이 직면할 수 있는 상황을 직접 대처하여 실제적으로 해결해 나가게 하고, 유사한 장소에서 유아가 배운 것을 직접 연습해 보도록 하는 것이 바람직하다(예: 어린이 교통공원).

## 2. 교통안전교육의 목표 및 내용

### 1) 교육목표

영유아 교통안전교육의 목표는 일정하지 않은 교통 상황에서 영유아가 스스로 안전하게 행동할 수 있도록 하는 데 두어야 한다. 교통안전과 관련하여 영유아기에 올바른 행동을 익히는 것은 장래 자신과 남의 생명을 존중하고 사회적 질서를 준수하는 바람직한 시민이 될 수 있는 기본적인 소양을 익히는 것과 같다. 따라서 교통안전교육은 영유아가 보행자로서 가져야 할 지식, 기능, 태도에 중점을 두어야 한다. 구체적인 교육목표는 다음과 같다(한국보육학회, 2002).

첫째, 영유아가 도로에서 안전하게 보행하는 방식을 알게 되며, 여러 가지 위험한 교통 상황에 대해서도 인식할 수 있게 된다.

둘째, 신호등이 있는 도로와 없는 도로에서 안전하게 횡단하는 방법을 익혀 일상생활에서 습관화될 수 있게 된다.

셋째, 교통수단의 안전한 이용방법을 알고 사용할 수 있게 된다.

넷째, 보행자를 위한 교통안전 시설의 종류와 역할, 규제에 대한 것을 알고 안전하게 행동할 수 있게 된다.

## 2) 교육내용

최근 들어 교통안전교육은 국가와 관련단체에서 가장 많은 관심을 가지고 효율적으로 실시하기 위해 많은 노력을 기울이고 있는 실정이다. 그동안 우리나라에서 발간된 영유아 교통안전교육 지도서의 교육내용은 〈표 5-1〉과 같다.

〈표 5-1〉 영유아 교통안전교육 지도서

| 기 관 | 대 상 | 연 도 | 주요 내용 |
|---|---|---|---|
| 도로교통안전관리공단 (www.rtsa.or.kr) | 유아용, 초등용 | 2001 | 차조심, 길조심 |
| | 유아교사용 | 2003 | 교사를 위한 교통안전교육 |
| | 유아용 | 2002 | 유아활동자료(색칠하기) |
| | 유아용, 부모용 | 1996 | 어머니가 가르치는 교통안전 |
| | 부모용 | 2001 | 어머니가 가르치는 교통안전교육 |
| 교통안전공단 (www.kotsa.net) | 유아용, 초등용 | 1995 | 공부보다 소중한 교통질서 |
| 한국산업안전공단 (www.kosha.net) | 유아용 | 2003 | 생활주제와 함께 하는 안전교육 |
| | 유아교사용 | 2003 | 안전교육 교사연수 |
| 한국생활안전연합 (www.safia.org) | 유아용, 초등용 | 2002 | 매일매일 배우는 안전일기 |
| | 부모용 | 2003 | 자녀안전 길라잡이 |
| | 유아교사용 | 2002 | 안전사고 지각능력 키우기 |
| 현대자동차 | 유아용, 초등용 | - | 씽씽이의 교통안전 365일 |
| 인터넷 어린이안전학교 (www.go119.org) | 부모용 | 1995 | 엄마는 교통안전 선생님 |

출처: 유선미(2004)

한편, 유아교육기관에서의 교통안전교육은 유치원과 어린이집 만 3~5세 유아들에게 누리과정의 신체운동 · 건강 영역의 하위 내용범주인 안전하게 생활하기에 제시된 내용에 의해 편성 및 실시되고 있으며, 어린이집의 0~2세 영아들은 표준보육과정의 기본생활 영역의 하위 내용범주인 안전하게 생활하기의 내용의 하나인 안전하게 지내기에 제시된 내용에 의해 편성 · 실시되고 있다. 누리과정과 0~2세 표준보육과정에서 제시하고 있는 구체적인 교통안전교육 내용을 살펴보면 다음과 같다.

〈3~5세 누리과정〉

| 내용범주 | 내용 | 3~5세 연령별 누리과정 | | |
|---|---|---|---|---|
| | | 3세 | 4세 | 5세 |
| 안전하게 생활하기 | 교통안전 규칙 지키기 | 교통안전 규칙을 안다. | 교통안전 규칙을 알고 지킨다. | |
| | | 교통수단을 안전하게 이용한다. | | |

〈0~2세 표준보육과정〉

| 내용범주 | 0~1세 보육과정 | | | | | 2세 보육과정 | | |
|---|---|---|---|---|---|---|---|---|
| | 내용 | 1수준 | 2수준 | 3수준 | 4수준 | 내용 | 1수준 | 2수준 |
| 안전하게 생활하기 | 안전하게 지내기 | 차량 승하차 시 안전장구를 착용한다. | | | | 교통안전 알기 | 교통수단의 위험을 안다. | 교통수단의 위험을 알고 조심한다. |

그 밖에 도로안전관리공단(2005)에서는 영유아 교통안전교육의 내용을 〈표 5-2〉와 같이 제시하고 있다.

〈표 5-2〉 영유아 교통안전교육의 내용

| 영 역 | 목 표 | 내 용 |
|---|---|---|
| 1. 보행 | 안전한 등 · 하교 | • 보도와 차도의 구분 |
| | | • 통원버스 타기 |
| | 안전하게 걷기 | • 길을 걸을 때의 바른 자세 |
| | | • 여럿이 걸을 때의 바른 자세 |
| 2. 도로 횡단 | 도로 횡단과 신호 | • 안전한 횡단 장소 선정 |
| | | • 신호에 따라 횡단하기 |
| | | • 안전한 횡단 방법 |
| | 위험한 장소에서의 횡단 | • 신호등 없는 도로 횡단 |
| | | • 철길 건널목 횡단 |
| 3. 교통수단 이용 | 교통수단의 이해 | • 탈것의 종류, 모양, 특성 |
| | 올바른 이용 방법 | • 안전하게 기다리기 |
| | | • 내리고 탈 때의 주의점 |

| | | |
|---|---|---|
| 4. 교통상황과 안전 | 비 오는 날의 안전 | • 비 오는 날의 위험 |
| | | • 비 오는 날의 안전한 통행 |
| | 안전한 놀이 | • 위험한 놀이 장소 |
| | | • 자전거 타기 |
| | 겨울철의 안전 | • 겨울철의 위험성 |
| | | • 안전하게 걷기 |
| 5. 교통질서 안전 | 교통규칙의 이해 | • 교통 표지판의 이해 |
| | | • 교통규칙 지키기 |
| | 교통안전의 이해 | • 교통사고와 안전 |
| | | • 교통안전을 위해 수고하시는 분들 |

출처: 도로교통안전관리공단(2005)

일반적으로 영유아 교통안전교육 내용은 안전한 보행, 안전한 도로횡단, 교통수단의 안전한 이용, 교통신호와 교통안전 표지의 이해, 교통사고가 났을 때의 대피방법 등에 관한 내용을 포함하여 실시해야 한다. 이들에 대해 구체적으로 살펴보면 다음과 같다.

### (1) 승 · 하차 안전

자동차는 유아교육기관 등 · 하원, 견학 및 소풍 등 가장 많이, 편리하게 이용하는 교통수단이다. 버스, 지하철과 기차를 이용할 때 알고 지켜야 할 사항들은 다음과 같다.

**① 버스를 탈 때의 안전 규칙**

- 버스를 탈 때는 줄을 서서 질서를 지키고 차례로 탄다.
- 버스가 완전히 멈출 때까지 차도에 내려서지 않는다.
- 차를 탄 후 반드시 좌석 안전띠를 맨다.
- 차 안에서는 장난을 하지 않는다.
- 버스에서 내릴 때는 차가 완전히 멈춘 후 내린다.
- 좌우를 살피고 달리는 오토바이 등에 주의한다.
- 버스에서 내린 후 버스 앞이나 뒤로 길을 건너지 않는다.
- 버스가 출발한 후 주변을 잘 살피며 길을 건넌다.

### ② 승용차를 탈 때의 안전 규칙

- 의자에 등을 바싹 대고 바르게 앉은 후 안전띠를 맨다.
- 유아는 조수석에 앉지 않고 뒷좌석에 앉는다.
- 차 안에서 장난하거나 팔 · 얼굴 등을 밖으로 내밀지 않는다.
- 내릴 때에는 오토바이나 자전거가 옆으로 지날 수 있으므로 확인 후 문을 열고 내린다.

### ③ 지하철 및 기차를 탈 때의 안전 규칙

- 안전선 안에서 기다린다.
- 열차가 멈추면 양 옆으로 비켜서서 내릴 사람이 모두 내린 다음 차례로 타도록 한다.
- 객차와 객차 사이에 서거나 돌아다니지 않는다.
- 지하철(기차)과 승강장 사이에 발이 빠지지 않도록 잘 살핀 후 안전하게 타고 내린다.
- 문이 닫히려고 할 때에는 다음 열차를 기다린다.
- 창문이 열려 있을 경우 창밖으로 손이나 머리를 내밀지 않는다.
- 반드시 성인과 함께 승차하도록 한다.
- 지하철을 타고 내릴 때 보호자를 잃어버렸을 경우에는 역무원이나 구내 매점으로 가서 도움을 청한다.

### (2) 보행자 안전

어린이 교통사고의 80% 이상이 보행 중에 발생하며 보행 중 사고의 원인은 주로 횡단보도가 아닌 곳으로의 횡단, 횡단보도 횡단, 노상에서의 놀이, 차도 보행이다. 특히 횡단 시 도로에 뛰어들기, 신호 무시, 대각선 횡단, 차의 앞뒤 횡단 등이 사고를 유발한다(도로교통안전협회, 1996).

#### ① 길을 건널 때의 안전규칙

- 보도는 사람을 위한 것이며 차도는 차들을 위한 것이다.
- 차들은 우리를 다치게 할 수 있다.
- 혼자서 거리에 나가지 않는다.
- 좁은 골목길에서 넓은 길로 나갈 때에는 반드시 멈춰 서서 차가 오는지 확인한다.
- 보도를 걸을 때 차도에서 떨어져서 건물 쪽으로 걷는다.
- 세워둔 차 근처에서는 놀지 않는다.

#### ② 신호등이 있는 길을 건널 때의 안전규칙

- 신호를 기다릴 때 보도 끝에서 세 걸음 물러서서 기다린다.
- 정면에 있는 보행자 신호등을 보고 녹색불이 켜졌을 때 건너간다.

첫째, 횡단보도에서는 우선 멈춰요.

둘째, 왼쪽, 오른쪽, 다시 왼쪽을 보고 차가 오는지 살펴봐요.

셋째, 횡단보도의 오른쪽에서 운전자를 보며 왼손을 들어요.

넷째, 차가 완전히 멈추었는지 꼭 확인해요.

다섯째, 운전자와 눈을 맞추고 차를 계속 보면서 건너요.

[그림 5-2] 도로 횡단의 5원칙

**Tip**

** 길을 다닐 때

- 길을 다닐 때에는 길 중앙으로 다니지 말고, 약국이나 슈퍼마켓이 있는 길 안쪽으로 다녀야 해요.
- 골목길 끝에서는 갑자기 차가 나올 수 있어요. 우선 멈추고 차가 오는지 주위를 살핀 후 길을 가도록 해요.

** 주차장이나 공사장 부근을 피해서 걸어요

- 주차장은 왜 위험한가요?

- 들어오고 나가는 차들이 계속 다녀요.
- 주차된 차 사이로 다니면 차에 가려 사고위험이 더 커요.

- 공사장은 왜 위험한가요?

- 높은 곳에서 공사하던 물건이 떨어질 수 있어요.
- 위험한 큰 트럭들이 많이 다녀요.
- 폭발사고 등 여러 가지 사고가 일어날 수 있어요.

※ 우리 주변에는 크고 작은 공사들이 항상 있어요. 늘 다니던 길이라도 공사 중이면 돌아서 가도록 해요.

자료: 양천구 어린이 교통공원 교육 프로그램(http://www.ycs.or.kr)

### (3) 교통신호 및 안전표시

#### ① 교통신호

교통신호의 표지는 자동차 신호와 보행자 신호로 분류되어 있으며, 자동차 운전자나 보행자 모두 사회에서 공통된 약속인 교통신호를 잘 지켜준다면 교통사고로 인한 인명피해는 훨씬 줄어들 수 있다. 교통안전교육에 필요한 자동차 신호등 및 보행자 신호등의 종류와 의미는 [그림 5-3]과 같다.

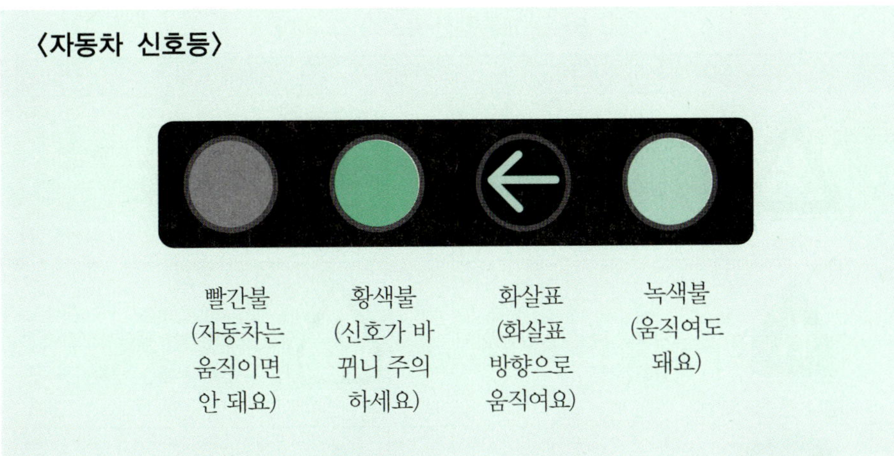


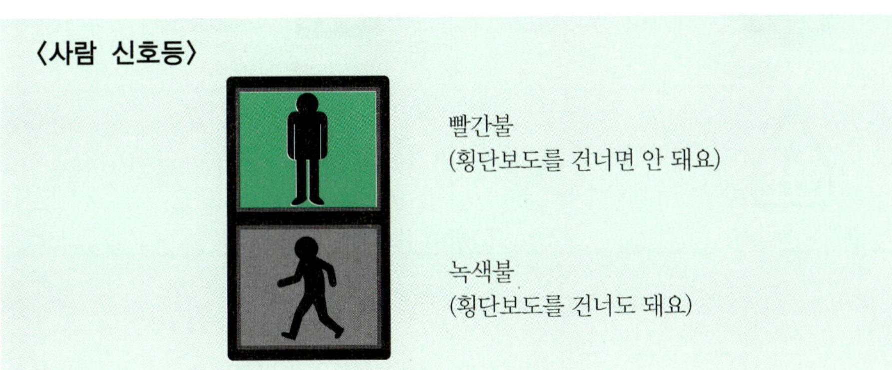


[그림 5-3] 신호등

### ② 교통안전 표지

교통안전 표지 또한 교통신호와 마찬가지로 자동차와 자전거, 운전자 그리고 보행자가 안전하게 자기 자신을 지키고 서로를 보호해주기 때문에 꼭 지켜야 하는 중요한 약속이다.

교통안전 표지는 그 의미에 따라 지시표지, 규제표시, 주의표지로 나누어져 있다. 구체적인 교통안전 표지와 그 의미를 살펴보면 〈표 5-3〉과 같다.

〈표 5-3〉 교통안전 표지와 그 의미

| 표지의 의미 | | 표지의 의미 | |
|---|---|---|---|
|   위험 | 도로교통상 위험이 있음을 알리는 것 |   주차장 | 주차장이 있는 곳임을 알리는 것 |
|  보행자 전용도로 | 보행자만 다닐 수 있음을 지시하는 것 |  횡단보도 | 보행자는 횡단보도로 통행할 것을 지시하는 것 |
|   자전거 전용도로 | 자전거만 다닐 수 있음을 지시하는 것 |  어린이 보호 | 아동 또는 유아의 보호를 지시하는 것 |
|   보행자 횡단금지 | 보행자는 길을 건널 수 없음을 지시하는 것 |  도로공사 중 | 길 가운데나 길가에서 공사나 작업을 하고 있음을 지시하는 것 |

### (4) 교통사고가 났을 때의 행동요령

교통사고가 났을 때의 행동요령은 다음과 같다(양천구 어린이 교통공원 교육프로그램(http://www.ycs.or.kr).

- 교통사고가 났을 때는 112에 신고한다.
  - 사고현장을 설명한다.
  - 신고자의 전화번호를 알려준다.
- 사고 부상자가 있을 때는 119에 신고한다.
  - 부상자의 상태를 말하고 현장의 위치를 알려준다.
  - 신고자의 전화번호를 알려준다.
  - 119 구급차량이 도착할 때까지 부상자의 상태를 안전하게 유지하도록 한다.

## 3. 교통안전교육 활동의 실제

### 1 어떤 신호등에서 건널까요?

**활동목표** ① 신호등 색을 구별할 수 있다.
② 보행신호와 차량신호를 구별할 수 있다.
③ 안전하게 횡단보도를 건널 수 있다.

**활동유형** 이야기 나누기

**활동자료** 셀로판지를 이용하여 만든 신호등, 손전등, 모형 자동차 3~4대

**활동방법** 1. 길을 건너본 경험에 대해 이야기를 나눈다.
- 길을 건너본 적 있니? 어땠었니?
- 어떻게 하면 안전하게 건널 수 있을까?

2. 신호등의 의미와 건너는 방법에 대해 이야기를 나눈다.
- 신호등이 무엇인지 아니?
- 신호등에는 어떤 색들이 있을까?(빨간불, 초록불)
- 신호등의 빨간불이 켜졌을 때 사람들은 어떻게 해야 할까?
- 신호등의 초록불이 켜졌을 때는 어떻게 해야 할까?
- 초록불이 깜박거릴 때는 어떻게 해야 할까?

3. 두 유아가 짝이 되어 신호등에 따라 움직여본다.

**확장활동**
- 실외에 나가 신호등 놀이를 해본다.
- 어린이 교통공원에 가서 직접 교통 신호등의 색깔을 보고 안전하게 횡단보도를 건너보도록 한다.

## 2 보행자 면허증

**활동목표** ① 안전하게 보행할 수 있는 지식을 갖는다.
② 뛰거나 부딪치지 않고 안전하게 보행할 수 있다.

**활동유형** 그림 그리기

**활동자료**
- 〈자석자료〉 유아교육기관 주변의 교통시설을 그린 그림: 길과 건물을 나타낸 그림
  〈OHP자료〉 운전면허증
- 운전면허증용 종이와 코팅기
- 사인펜, 스카치테이프, 목걸이용 줄

**활동방법**
1. 운전면허증에 대해 이야기를 나눈다.
   - (수수께끼를 낸다) 자동차를 운전할 자격이 있는 사람에게 주는 것이에요.
   - 카드처럼 생겼어요. 자동차 운전하는 방법과 기술을 배운 다음 시험을 보고나서 합격을 하면 주는 거예요.
   - 무엇일까요?
2. 운전면허증이 왜 필요한지 이야기를 나눈다.
3. 보행자 면허증에 대해 이야기를 나눈다.
   - 찻길을 안전하게 운전하고 다니는 사람들에게 운전면허증을 주는 것처럼 교실이나 복도에서 안전하게 다니는 친구에게 주는 면허증을 만들어 보자.
4. 어떤 사람에게 면허증을 줄 것인가?
   - 안전하게 다니는 것은 어떻게 알 수 있을까?
     (스티커 판에 스티커 붙이기)
5. 면허증을 만든다.
   - 면허증에 어떤 그림을 그려 넣을까?

**확장활동**
- 어린이 교통공원을 방문하여 보행자 면허 시험에 응시한다.
- '차조심, 길조심' 교통안전에 어울리는 그림을 그려 안전 깃발을 만들어본다.

## 3 안전벨트는 생명벨트

**활동목표** ① 안전벨트의 중요성을 인식한다.
② 안전벨트 착용법을 안다.
③ 차가 출발하기 전에 항상 안전띠를 맬 수 있다.

**활동유형** 극 놀이

**활동자료** 그림 자료, 안전벨트

**활동방법**

1. 안전벨트에 대해 이야기를 나눈다.
2. 그림 자료를 융판에 붙이며 이야기를 들려준다.
   - 순이 삼촌은 자동차를 운전하며 집으로 돌아오는 길이었어요.
     (차를 앞으로 움직인다.)
   - 그런데 위험한 일이 생겼어요. 어린아이가 갑자기 공을 주우러 길로 튀어 나왔던 거예요(어린이를 차 앞으로 뺀다).
   - 그래서 삼촌은 어린이를 다치지 않게 하려고 차를 급히 세웠어요.
   - 어떤 일이 생겼을까요? 어린이를 다치지 않게 하려고 차를 너무 급하게 세우느라 삼촌이 차 유리를 뚫고 앞으로 퉁겨져 나갈 뻔했어요(삼촌을 차 밖으로 뺀다).
   - 그런데 다행히도 삼촌은 안전띠를 하고 계셨어요.
   - 삼촌은 어떻게 되셨을까요?
     다행히 안전띠가 삼촌을 꽉 잡아주어 사고는 나지 않았답니다.
2. 실제 차량을 이용하여 안전띠를 매보는 경험을 갖도록 한다.
3. 자동차, 삼촌, 유아, 안전벨트 역할을 맡은 유아를 선정하고 극 놀이를 해본다.

**확장활동** 삼촌의 목숨을 구해준 안전벨트에게 편지쓰기

## 4 사람과 차의 약속, 교통표지판

**활동목표** ① 교통상황을 알려주는 교통표지판의 의미를 알 수 있다.
② 주변에 설치된 교통표지판에 관심을 갖는다.
③ 위험요소로부터 안전하게 자신을 보호할 수 있다.

**활동유형** 조형활동

**활동자료** 교통표지판, 도화지, 크레파스, 색종이, 스티로폼, 풀, 가위 등

**활동방법**
1. 여러 가지 모양의 '교통표지판'이 나타내는 약속에 대하여 알아본다.
   - 표지판 그림 속에 어떤 약속이 있을까?
   - 집이나 유아교육기관 주변에서 교통표지판을 보았니?
   - 더 있었으면 하는 교통표지판에는 어떤 것이 있을까?
2. 교통표지판을 만들어본다.
   - 여러 가지 교통표지판 중 마음에 드는 교통표지판을 만들어보자.
   - 교통표지판을 만들 때, 삼각형 모양과 빨간색의 특징을 생각하여 만든다.
3. 2~3명이 그룹으로 창의적인 교통표지판을 만들어본다.

**확장활동** 유아가 만든 교통표지판을 교실이나 실외 자전거 전용도로에 세워 놓아 자연스럽게 익히도록 지도한다.

## 5 앗, 위험해요!

**활동목표** ① 교통안전에 대한 관심을 갖는다.
② 건널목을 건널 때 지켜야 할 약속에 대해 관심을 가질 수 있다.

**활동유형** 동화 짓기

**활동자료** 그림 자료(찻길에서 공놀이를 하는 장면, 길 건너편에 있는 친구를 향해 달려가는 장면, 술을 먹은 운전자가 운전을 하고 가다가 유아를 치는 장면), 팝업 책, 사인펜, 크레파스

**활동방법** 1. 그림 자료를 보며 이야기해본다.
- 어떤 일이 일어날 것 같니?
- 여기 있는 친구들은 어떻게 될까?

2. 동화 짓기를 해본다.
- 친구들은 여기 있는 사람들에게 무슨 말을 해주고 싶니?
- 팝업 책에 그림을 그리거나 글로 적어보자(교사는 글자를 모르는 유아를 위해 유아가 말하는 대로 써준다).

3. 유아들이 만든 동화 짓기를 읽어본다.

| 무슨 일이 있을까? | 어떻게 될까? |
|---|---|
| | |

## 6 안전하게 건너요

**활동목표** ① 차도와 보도를 구별할 수 있다.
② 횡단보도를 안전하게 건널 수 있다.

**활동유형** 노래 부르기 및 동작활동

**활동자료** 그림 자료, 도로횡단 5원칙, 〈안전하게 건너요〉 가사판, 횡단보도가 그려진 비닐 장판, 신호등 모형, 자동차 모형

**활동방법**
1. 횡단보도를 안전하게 건널 수 있는 방법에 대해 알아본다.
   - 집에서 어린이집까지 어떻게 왔는지 이야기를 나눈다.
     (예: 도보, 버스 등)
   - 횡단보도를 건널 때는 어떻게 해야 할까?
2. 도로횡단 5원칙을 다같이 읽어보도록 한다.
   첫째, 우선 멈춘다.
   둘째, 좌우의 차를 본다.
   셋째, 횡단보도 오른쪽에 서서 운전자를 보며 손을 든다.
   넷째, 차가 멈추었는지 먼저 확인한다.
   다섯째, 건너는 동안 차를 계속 보면서 천천히 걷는다.

3. 〈안전하게 건너요〉 노래 가사에 맞춰 동작을 해본다.

**안전하게 건너요**

우선 멈춤 왼쪽 오른쪽 왼쪽 또 보고
왼손을 높이 들고 차를 보면서 건너요.

**확장활동** 보행자 안전수칙을 지키며 걸은 친구에게 보행자 면허증을 준다.

## 7 통학버스를 안전하게 탈 수 있어요(1)

**활동목표** ① 통학버스를 안전하게 타는 방법을 알 수 있다.
② 차 안에서의 위험상황을 판단할 수 있다.
③ 차 안에서 지켜야 할 안전규칙을 알 수 있다.

**활동유형** 이야기 나누기(토의)

**활동자료**
- CD-ROM 유아를 위한 안전한 교통생활(한국국공립 유치원 교원연합회) 또는 VTR 교통안전 캠페인(도로교통안전관리공단)
- 토의한 내용을 적을 큰 종이와 필기도구

**활동방법**
1. 시청각 자료를 시청한다.
   - 오늘은 유아교육기관에 올 때 타고 오는 통학버스에 관한 비디오테이프를 볼 거야. 안전하게 타고 다니려면 친구들이 어떻게 해야 하는지 잘 보도록 하자.
2. 버스 안에서 일어나는 일들에 대해 이야기해본다.
   - 버스를 타고 내릴 때 왜 다치게 될까?
3. 버스 안에서 지켜야 할 일에 대해 토의해본다.
   - 그럼, 안전하게 버스를 타려면 어떻게 해야 할까?
   - 버스 안에서는 어떻게 해야 할까?
   - 버스 안이 더울 때는 어떻게 해야 할까?
4. 토의한 내용을 읽어본 뒤 게시판에 붙여둔다.

**확장활동** 차내에서 위험한 행동이 그려진 그림을 안전한 행동으로 고쳐 그린다.

## 8 통학버스를 안전하게 탈 수 있어요(2)

**활동목표** ① 통학버스를 안전하게 타는 방법을 알게 된다.
② 차 안에서 지켜야 할 안전 규칙을 알고 지킬 수 있게 된다.

**활동유형** 그림 고쳐 그리기

**활동자료** 연필, 지우개, 버스가 그려진 복사물

**활동방법**

1. 버스 안에서 위험한 행동이 그려진 그림 자료를 보며 이야기를 나눈다.
   - 차 안에서 어떤 모습을 하고 있니?
   - 이런 행동을 하면 어떤 일이 일어날까?
   - 왜 위험할까?
2. 버스 안에서 안전한 행동이 그려진 그림 자료를 보며 이야기를 나눈다.
   - 차 안에서 어떤 모습을 하고 있니?
   - 앞의 그림과 어떤 모습이 다를까?
   - 어떤 그림이 안전한 행동일까?
3. 버스 안에서 지켜야 할 안전한 규칙인지 되새겨본다.
4. 위험한 행동이 그려진 복사물을 받아 안전한 행동의 그림으로 고쳐 그린다.
5. 안전한 행동의 그림을 책으로 묶어 그림책을 만든다.

**확장활동** 차내에서 안전한 행동과 비안전 행동이 그려진 그림카드를 만들어 게임을 한다.

## 9 지하철을 탔어요(1)

**활동목표** ① 지하철을 안전하게 이용하는 방법을 알게 된다.
② 안전한 승하차에 대해 알고 이용할 수 있게 된다.

**활동유형** 현장학습

**활동자료** 지하철 카드, 이름표, 카메라 등

**활동방법**

1. 지하철역을 방문하여 역장님께 지하철을 이용하는 방법에 대한 설명을 듣는다.
2. 유아들이 직접 지하철 카드를 구입한다.
   - 목적지를 말하고 카드를 구입한다.
3. 지하철을 안전하게 기다린다.
   - 안전선 안에서 기다린다.
   - 차례대로 줄을 서서 기다린다.
   - 뛰어다니거나 장난을 치지 않는다.
4. 지하철을 차례대로 안전하게 탄다.
   - 지하철이 완전히 멈춘 다음 탄다.
   - 앞사람을 밀치거나 장난치지 않는다.
5. 지하철 안에서 장난치거나 떠들지 않고 조용히 간다.
6. 지하철에서 안전하게 내린다.

**확장활동** 교실 바닥에 기찻길을 그려놓고 지하철을 타는 극 놀이를 해본다.

## 10 지하철을 탔어요(2)

**활동목표** ① 지하철을 안전하게 이용하는 방법을 알게 된다.
② 안전한 승하차에 대해 알고 이용할 수 있게 된다.

**활동유형** 극 놀이

**활동자료** 지하철 그림, 지하철 운전사 복장, 빨간색과 초록색 깃발, 역무원 모자, 모형 지하철 카드, 비닐테이프, 녹음테이프와 녹음기 등

**활동방법**

1. 지난 시간에 지하철을 타봤던 경험을 기억해본다.
   - 기장은 어떻게 했니?
   - 지하철을 탈 때 어디서 기다려야 할까?
   - 지하철을 타고 내릴 때 지킬 일에 대해 이야기한다.
2. 유아들이 원하는 배역을 정하고, 어떤 일을 해야 하는지 가르쳐준다.
   - 표 파는 사람: 목적지가 어디인지 확인하고 표를 판다.
   - 표 사는 사람: 표 파는 사람에게 목적지를 이야기하며 표를 산다. 지하철을 바르게 타고 내리는 역할을 한다.
   - 역무원: 손님들이 안전하게 지하철을 타고 내리는지 확인한다.
   - 운전사: 역무원의 깃발에 맞춰 지하철을 움직이고 멈춘다.
3. 극 놀이를 한다.
   - 교실 바닥에 기찻길을 그린다.
   - 지하철 소리가 녹음된 테이프를 틀어놓는다.
   - 맡은 역할에 따라 극 놀이를 한다.

**확장활동** 현장학습으로 버스정류장에서 가서 승하차하는 법, 노선 보는 법을 알려주고 직접 버스를 타보는 경험을 해볼 수 있다.

# 제6장 운동안전

운동은 건강을 위해 신체를 움직이며 돌아다니는 것을 의미하는 것(민중서림, 1992)으로, 운동을 하면 첫째, 뇌에서 노에피네프린, 엔돌핀의 분비가 증가되어 기분이 상쾌하다. 둘째, 뇌의 혈액 순환을 좋게 하여 맑은 정신을 갖게 할 뿐만 아니라 운동으로 땀을 많이 흘림으로써 염분이 몸 밖으로 배설되어 뇌와 전신의 감각이 가뿐해진다. 마지막으로 깊은 수면을 할 수 있고, 깊은 수면 동안 뇌에서 성장 호르몬 분비가 증가되어 영유아의 키를 크게 하고 성인에게는 피로 회복 및 손상된 조직의 치유를 돕기(http://medcity.com) 때문에 유익하다. 그러나 영유아들은 신체 조절 능력이나 민첩성이 부족하고 위험한 상황을 인식하고 그에 대처할 수 있는 능력이 부족하기 때문에 즐겁게 운동을 하다가 사고를 당해 소중한 생명을 잃게 되는 경우가 발생한다.

이 장에서는 운동안전교육의 필요성과 교육목표 및 내용, 교육 활동의 실제에 관하여 살펴보고자 한다.

## 1. 운동안전교육의 필요성

운동습관은 생의 초기에 형성되고 그 잠재적 능력은 일생에 걸쳐 발달하므로 어렸을 때부터 적절한 운동을 생활화하고 규칙적으로 운동하는 습관을 형성하면 근력, 순발력, 지구력, 조정력 등의 체력요소를 골고루 발달시켜 균형 있는 신체발육이 될 뿐만 아니라 건강한 성인이 되어 활기찬 인생을 살아갈 수 있게 된다. 또한 여러 가지 운동을 하는 과정에서 여러 친구들과 함께 참여하면서 건전한 사회성 발달에 도움을 받을 수 있을 것이다.

그러나 모든 운동은 위험을 수반한다. 한국소비자보호원(2007)에 따르면 스포츠 · 레저 · 취미에 의해 발생한 안전사고는 10세 미만 어린이들이 43.9%로 다른 연령대에 비해 높게 나타났으며, 킥보드, 스키, 스노보드, 인라인 스케이트 등으로 인한 추락, 넘어짐, 미끄러짐으로 인한 사고가 많이 일어나는 경향을 보였다. 물놀이로 인한 안전사고 역시 어린이 사고사망 원인 2위를 차지하며, 14세 미만 어린이 중 1~9세가 67.3%로 높게 나타났다.

이에 여러 단체나 기관에서는 어린이 안전교육을 실시하고 있다. 예를 들어, 세이프키즈코리아(http://www.safekids.or.kr/)에서는 전체적인 어린이 안전사고 사망률을 감소시키기 위하여 고위험군인 5~9세 어린이를 대상으로 화재안전, 놀이안전, 학교안전, 가정안전, 공공장소안전 등 〈어린이 안전교실〉을 제공하고 있다. 그 밖에도 꼬마안전짱(http://ccoma.redcross.ac.kr/), 어린이 안전넷(http://www.isafe.go.kr) 등에서도 실시하고 있다.

따라서 유아교육기관에서도 영유아가 좋아하는 운동 중 특히 안전사고 위험이 많은 자전거, 롤러스케이트, 물놀이, 겨울놀이(스케이트, 스키) 등의 운동을 안전하게 즐길 수 있도록 적절한 안전교육을 실시하여야 한다.

## 2. 운동안전교육의 목표 및 내용

### 1) 교육목표

영유아를 위한 운동안전교육의 목표는 다음과 같다.

첫째, 스포츠 기구의 안전한 사용방법을 안다.
둘째, 각종 스포츠를 즐기기 위한 기본 기능을 익힌다.
셋째, 스포츠의 규칙이나 안전수칙을 이해하고 준수하는 태도를 기른다.

### 2) 교육내용

영유아가 안전하고 즐겁게 운동을 하기 위해 고려해야 할 사항은 다음과 같다(임미혜 외, 2005).

- 발달 수준에 맞는 스포츠 기구를 선택한다.

- 기구가 안전검사를 받은 제품인지를 확인한다(KS 표시나 '검' 자 표시).
- 사전에 기구 사용법이나 운동방법에 대한 교육을 한다.
- 안전 보호장구를 반드시 착용한다(안전모, 장갑, 무릎 보호대, 신발 등).
- 각종 스포츠를 즐기기 위한 기본 기능을 익힌다.
- 위험한 장소에서는 하지 않는다.
- 정면을 주시하고 운동한다.
- 운동 전후에는 근육이완을 위한 준비 운동, 마무리 운동을 한다.

운동안전교육의 내용은 유아가 좋아하지만 안전사고 위험이 많은 자전거, 롤러 스케이트, 물놀이, 겨울놀이(스케이트, 스키)에 대해 운동방법, 안전수칙, 적절한 안전교육을 실시하여야 한다.

### ① 자전거

- 핸들은 양손으로 잡고, 바른 자세로 탄다.
- 곡예를 하듯이 장난을 치거나 서로 경주하지 않는다.
- 인도와 차도의 구별이 없는 도로에서, 자전거는 길 오른쪽으로 타야 한다.
- 도로의 미끄럼 방지턱이나 인도와 차도의 구분턱을 주의하여 탄다.
- 자전거를 타고 골목길에서 큰길로 나갈 때는 반드시 멈추어 서서, 앞/뒤/오른쪽/왼쪽을 살펴야 한다.
- 서 있는 차 옆으로 지나갈 때에는 차 문이 갑자기 열릴 수 있으므로 멈추어 서서 살피고 지나간다.
- 내리막길은 가속이 되어 위험하므로 자전거에서 내려 걷는다.

### ② 인라인 스케이트, 킥보드, 스케이트보드

- 인라인 스케이트
  - 물건을 들고 타면 몸의 균형을 잃고 넘어져 다칠 수 있으므로, 물건을 들고 타지 않도록 한다.
  - 인라인 스케이트를 신고 계단을 오르내리지 않는다.
  - 넘어질 때 반사적으로 손을 뻗어 부상이 많으므로 넘어질 때는 항상 주의하며, 손목 보호대를 꼭 착용한다.
- 킥보드
  - 내리막길에서는 가속이 되어 위험하므로 킥보드에서 내려서 걷는다.
  - 사람들이 많은 곳에서는 속력을 줄여 천천히 탄다.
  - 주변 사람들과 부딪치지 않도록 조심한다.
- 스케이트보드
  - 전문가들의 묘기를 흉내 내지 않는다.

- 승용차나 자전거 등을 잡고 타지 않는다.
- 차가 다니지 않는 안전하고 넓은 공터나 공원 등에서 타도록 한다.

### ③ 썰매, 스키, 스노보드

- 썰매는 날카로운 면이 없고 윤활이 잘 되어 있으며 구조적으로 안정된 것을 탄다.
- 스키는 몸에 맞는 장비를 선택한다.
- 보드는 세웠을 때 코보다 낮은 것을 선택한다.
- 방수 가능한 긴 옷과 장갑을 착용한다.
- 능력에 맞추어 슬로프의 난이도를 결정한다.
- 다른 사람과 같은 방향으로 탄다.
- 앞 사람과 적절한 거리를 유지한다.
- 경주하지 않는다.
- 썰매를 엎드려 타지 않는다.

### ④ 물놀이

- 수영을 할 때는 수영복과 함께 수영모와 물안경을 쓴다.
- 물에 들어가기 전에는 반드시 준비운동을 해야 한다.
- 수영을 하면서 껌이나 사탕 등을 먹으면 기도로 넘어갈 수 있으므로 먹으면 안 된다.
- 음식을 먹고 난 후에 바로 물에 들어가면 위험하다.
- 다리에 쥐가 나면 바로 물 밖으로 나와야 한다.
- 위급한 일이 있으면 한쪽 팔을 최대한 높이 올리고 흔들어서 도움을 청한다.
- 수영장 주변은 바닥이 미끄럽기 때문에 조심해서 걸어 다닌다.
- 친구를 밀거나 장난을 치지 않는다.
- 수영 후에는 깨끗한 물로 씻고 몸을 따뜻하게 한다.

**Tip**

** 안전하게 놀아요!

- 보호장구를 착용해요.
  - 안전모, 무릎 보호대, 팔꿈치 보호대, 손목 보호대 등 보호장구를 착용합니다.
- 내 몸에 맞는 놀이기구를 타요.
  - 자전거는 안장에 앉았을 때 두 발이 땅에 닿아야 하고, 인라인 스케이트는 발에 잘 맞아야 합니다.
- 안전한 장소에서 타요.
  - 골목이나 주택가에서는 속도를 줄이고, 밤에는 타지 않습니다.
- 횡단보도에서는 자전거를 끌고 건너가요.
  - 자전거 핸들은 항상 두 손으로 잡습니다.

## 3. 운동안전교육 활동의 실제

### 1 자전거를 탈 수 있어요

**활동목표** ① 자전거 안전수칙을 알 수 있다.
② 무릎 보호대와 헬멧 등 자전거 탈 때 알맞은 복장을 할 수 있다.

**활동유형** 동화 감상

**활동자료** 동화책(『꼭 잡아주세요, 아빠』), 그림 자료(자전거, 헬멧, 무릎 보호대)

**활동방법** 1. 동화를 들려준다.

> 소피는 자전거를 배워서 가고 싶은 곳을 마음대로 달려보고 싶다. 하지만 찻길도 무섭고 넘어져 다칠까 봐도 무섭다. 자전거 벨과 헬멧도 살펴보고 아빠의 격려 속에 두려움을 이기고 마침내 혼자서 자전거를 탈 수 있게 된다.

2. 동화 내용을 생각해보며 이야기를 나눈다.
   - 소피는 혼자서 자전거 타는 것을 어떻게 느꼈니?
   - 왜 무서워했을까?
   - 소피는 아빠와 자전거를 배우러 간 공원에서 어떤 자전거를 보았니?
   - 소피는 자전거를 타기 전에 어떤 준비를 했니?
3. 영유아들이 자전거를 타본 경험을 이야기해본다.
   - 친구들은 자전거 타본 적 있니?
   - 처음 탈 때 어땠었니?
4. 자전거를 탈 때의 안전수칙에 대해 이야기를 나눈다.
   - 자전거를 다치지 않고 잘 타려면 어떤 규칙을 지켜야 할까?
   - 자전거를 탈 때 헬멧과 무릎 보호대는 왜 할까? 그 이유는 무엇일까?

**확장활동** 교실 또는 실외 놀이터에 자전거 도로를 만들어놓아 안전하게 자전거를 타 볼 수 있도록 한다.

## 2 자전거 타고 돌아오기

**활동목표** ① 자전거 안전수칙을 알 수 있다.
② 무릎 보호대와 헬멧 등 자전거 탈 때 알맞은 복장을 할 수 있다.
③ 자전거 타기에 안전한 장소와 안전하지 않은 장소를 판단할 수 있다.

**활동유형** 게임

**활동자료** 세발자전거, 헬멧과 무릎 보호대, 반환점, 횡단보도 표지판, 정지신호 표지판, 출발신호 표지판

**활동방법**
1. 자전거 타고 돌아오기 게임 방법에 대해 설명해준다.
2. 두 팀으로 나눈다.
3. 게임을 하면서 주의해야 할 점에 대해 소개한다.
   - 횡단보도에서는 자전거에서 내려 걸어서 건너기
   - 오른쪽으로 갈 때는 오른쪽 팔을, 왼쪽으로 갈 때는 왼쪽 팔을 들어 표시하기
   - 정지 신호판과 출발 신호판을 보고 멈추었다 다시 출발하기
   - 과속하지 않기
   - 헬멧과 무릎 보호대를 착용하고 게임을 한다.
4. 차례를 지켜 순서대로 자전거를 타고 돌아온다.

**확장활동** 자전거 운전면허 시험(양천 어린이 교통공원, 세이프키즈코리아 사이트 참고) 등을 실시하여 자전거를 탈 때는 속도를 조절하여 안전하게 탈 수 있도록 한다.

## 3 무릎 보호대 만들기

**활동목표** ① 자전거 탈 때 보호 장비를 알 수 있다.
② 무릎 보호대를 착용할 수 있다.

**활동유형** 조형 활동

**활동자료** 무릎 보호대, 부직포, 가위, 솜, 고무줄, 펀치, 본드, 매직

**활동방법** 1. 자전거를 탈 때 보호 장비에 대해 이야기를 나눈다.
2. 보호 장비 중 무릎 보호대를 만들어본다.
- 무릎 보호대를 어떤 모양으로 만들었으면 좋겠니?
3. 완성된 무릎 보호대를 착용하고 친구들에게 보여준다.

**확장활동** 헬멧도 만들어본다.

## 4 킥보드 안전하게 타기(1)

**활동목표** ① 롤러브레이드나 킥보드의 위험성을 알 수 있다.
② 롤러브레이드나 킥보드를 탈 수 있는 적합한 장소를 알 수 있다.
③ 롤러브레이드나 킥보드를 타기 위해 안전 장비의 필요성과 중요성을 알 수 있다.

**활동유형** 문학활동(편지쓰기)

**활동자료** 그림동화(『개구쟁이 인어공주』), 편지지와 사인펜, 연필 등 필기도구

**활동방법** 1. 그림동화를 들려준다.

> 떼쓰기 대장인 막내 인어공주는 아빠 임금님에게 킥보드를 사 달라고 조른다. 결국 킥보드를 얻어낸 공주는 아빠와 지키기로 한 약속을 잊고, 바다 식구들에게 방해되는 행동을 하며 킥보드를 타고 다닌다. 고래 아주머니와 크게 부딪치게 된 공주는 다음부터 보호 장비를 착용하고 얌전하게 킥보드를 이용하게 된다.

2. 동화 내용에 대해 이야기를 나눈다.
3. 킥보드나 롤러브레이드를 타본 경험을 이야기해 보도록 한다.
4. 킥보드나 롤러브레이드를 타면서 지켜야 할 규칙들에 대해 이야기를 나눈다.
5. 인어공주, 고래 아주머니, 임금님께 하고 싶은 말을 그림이나 편지를 써서 보내기로 한다.

**확장활동** 킥보드 안전규칙을 지킬 수 있도록 '킥보드 타고 돌아오기' 게임을 해본다.

## 5 킥보드 안전하게 타기(2)

**활동목표** ① 킥보드를 탈 때 지켜야 할 안전규칙을 알 수 있다.
② 헬멧과 무릎 보호대의 필요성을 알고 착용할 수 있다.
③ 킥보드를 안전하게 탈 수 있다.

**활동유형** 게임

**활동자료** 킥보드 2개, 빨강-노랑 테이프, 탬버린, 헬멧, 무릎 보호대, 손목 보호대

**활동방법**
1. 킥보드 타기 게임에 대해 설명해준다.
2. 킥보드 타기 게임을 하면서 주의해야 할 점에 대해서 설명한다.
   - 선 밖으로 나가지 않기
   - 보호 장비 제대로 착용하기
   - 안전하게 반환점 돌아오기
   - 도착해서 탬버린 소리가 울리면 보호 장비를 벗어서 다음 친구에게 전달하기
   - 마지막 친구가 들어올 때까지 열심히 응원하기
3. 두 팀으로 나누어 게임을 진행한다.
4. 게임에 대해 평가한다.

**확장활동** 실외 놀이터에 킥보드 장비를 준비해주어 안전하게 탈 수 있도록 지도한다.

## 6 운동할 때 필요한 복장

**활동목표** ① 수영복과 스키복의 차이점을 알 수 있다.
② 운동 경기에 필요한 보호 장비에 관심을 갖는다.

**활동유형** 이야기 나누기

**활동자료** 그림 자료(수영, 스키, 승마, 미식축구, 사이클, 아이스하키 등 운동 경기의 복장 및 보호 장비)

**활동방법** 1. 스키복과 수영복을 비교해본다.
- 어떤 운동을 할 때 입는 옷일까?
- 두 옷의 다른 점은 무엇일까?
- 만약 수영복을 입고 스키를 타면 어떨까?
- 스키복을 입고 수영을 하면 어떨까?

2. (그림 자료를 보며) 여러 가지 운동 경기의 복장 및 보호 장비에 대해 알아본다.
- 어떤 운동선수의 모습이니?
- 어떤 옷을 입고 있니?
- 옷 말고 하고 있는 것들은 무엇일까?(장갑, 어깨 보호대, 헬멧 등)

3. 운동에 필요한 복장 및 장비를 갖추어야 하는 이유에 대해 이야기를 나눈다.
- 운동을 할 때 왜 헬멧, 장갑, 어깨 보호대를 할까?

**확장활동** 각종 운동경기에 필요한 복장 및 보호 장비 퍼즐을 조작영역에 준비해준다.

## 7 안전하게 물놀이하기

**활동목표** ① 안전한 장소에서 물놀이를 할 수 있다.
② 위험상황에 구조를 요청할 수 있다.
③ 물놀이 규칙을 알고 지킬 수 있다.

**활동유형** 동화 짓기

**활동자료** 물놀이하는 그림, 다양한 위험상황이 그려진 그림, 종이와 다양한 필기도구

**활동방법**

1. 물놀이 경험에 대해 이야기를 나눈다.
2. 물놀이하면서 일어날 수 있는 위험한 상황에 대해 이야기를 나눈다.
3. 물놀이할 때 지켜야 할 안전수칙에 대해 알아본다.
   - 준비운동하기
   - 물을 손과 발, 다리, 얼굴, 가슴 등 온몸에 묻히기
   - 천천히 물에 들어가기
   - 배꼽 정도의 깊이에서 물놀이하기
   - 부모님이나 안전요원이 있는 곳에서 물놀이하기
   - 반드시 정해진 곳에서 물놀이하기
4. 응급사태 시 구조 요청하는 법에 대해 말해준다.
   - 큰소리로 '사람 살려' 외치기
   - 물에 빠진 사람이 있을 때 가까이에 있는 어른에게 알리기
   - 긴 줄이나 구명조끼, 튜브 던져주기
   - 119에 전화하기
5. 그림 자료를 보며 위험한 상황에 있는 친구들에게 해주고 싶은 말을 그림으로 그리거나 적어보도록 한다.
   - 이 그림에 있는 친구들은 어떻게 될까?
   - 친구들에게 어떤 말을 해주고 싶니?
6. 그림책으로 묶어 언어영역에 놓아둔다.

**확장활동** 구조대원이 사용하는 장비와 복장을 극화영역에 비치하여 구조활동을 해본다.

## 8 〈간다 간다〉 노래 개사하기

**활동목표** ① 자전거 안전규칙을 알고 실천할 수 있다.
② 자전거, 인라인 스케이트 탈 때 보호 장비를 착용할 수 있다.

**활동유형** 노래 부르기

**활동자료** 노랫말 판, 자전거 모양의 그림 자료, 헬멧과 무릎 보호대

**활동방법** 1. 〈간다 간다〉 노래를 불러본다.

간다 간다 간다 골목길로 간다 간다 간다 넓은 길로
간다 간다 간다 뛰뛰빵빵 랄라랄라 자동차
간다 간다 간다 산을 넘어 간다 간다 간다 강을 건너
간다 간다 간다 칙칙폭폭 랄라랄라 기-차

2. 노랫말을 자전거, 인라인 스케이트 타는 것으로 바꾸어보자고 한다.
(개사한 노랫말)

간다 간다 간다 안전하게 간다 간다 간다 천~천~히
간다 간다 간다 조심조심 랄라랄라 자전거
간다 간다 간다 헬멧쓰고 간다 간다 간다 보호대하고
간다 간다 간다 조심조심 랄라랄라 인라인 스케이트

3. 개사한 노래를 불러본다.

**확장활동** 노래에 맞추어 자전거와 인라인 스케이트를 타보는 동작활동을 해본다.

## 9 겨울철 놀이 안전

**활동목표** ① 겨울철 놀이 안전 규칙을 알 수 있다.
② 안전한 장소에서 안전하게 놀이할 수 있다.

**활동유형** 동작활동(창의적 신체표현)

**활동자료** 그림 자료(눈싸움, 스케이트, 스키, 썰매 타는 장면), 녹음기와 녹음테이프

**활동방법**

1. 겨울철 운동이나 놀이에 대해 이야기를 나눈다.
   - 날씨가 추워지고 눈이 내리는 겨울에 할 수 있는 운동이나 놀이는 어떤 것이 있을까?
   - 너희들은 어떤 것을 해보았니?
2. (음악을 들려주며) 겨울철 놀이나 운동을 생각해본다.
   - 이 음악을 들으니 어떤 운동이나 놀이가 생각나니?
3. 제자리에 앉은 채로 음악에 따라 몸을 움직여본다.
4. 음악에 맞추어 겨울철 운동이나 놀이할 때의 움직임을 몸으로 표현해 본다.
   - 어떤 운동이나 놀이를 표현했니?
   - 스키 타는 모습을 표현해보자.
   - 스키를 타다가 서로 부딪치는 모습을 표현해보자.
   - 언덕 위로 스키를 타고 가는 모습을 표현해보자.
   - 내리막길로 스키를 타고 내려가는 모습을 표현해보자.
   - 스키를 차례대로 안전하게 타는 모습을 표현해보자.
5. 안전하게 스키를 탈 수 있도록 지켜야 할 규칙을 알아본다.
   - 안전하게 스키를 타려면 어떤 것들을 조심해야 할까?

## 10 앗, 위험해요!

**활동목표** ① 안전한 장소에서 놀이해야 하는 이유를 알 수 있다.
② 차도와 인접한 도로에서는 놀지 않게 된다.

**활동유형** 동극하기

**활동자료** 테이블 동화자료, 동극용 머리띠, 인라인 스케이트, 자전거, 부릉이 자동차 모형

**활동방법** 1. 테이블 동화를 들려준다.

> 부릉이가 운전을 하고 가다가 골목길에서 자전거 놀이를 하는 원숭이와 부딪칠 뻔한다. 골목길에서의 자전거 타기는 위험한 장소임을 알고 차가 다니지 않는 놀이터에서 타기로 약속한다. 다시 운전을 시작한 부릉이는 차도에서 인라인 스케이트를 타던 사슴과 부딪칠 뻔한다. 차도에서의 인라인 스케이트 타기는 위험하다는 것을 알고 차가 다니지 않는 공원에서 타기로 약속한다. 다시 길을 가던 부릉이는 전화를 걸기 위해 차를 잠시 멈추었는데 차 뒤에서 공놀이를 하며 노는 코끼리를 만나 차 뒤에서의 놀이는 위험하다는 것을 알고는 안전한 놀이 장소인 운동장에서 공놀이를 할 것을 약속한다.

2. 교실 바닥에 골목길, 차도, 공원, 운동장 놀이터를 구성한다.
3. 영유아들이 하고 싶은 역할을 정한다.
4. 동화 내용에 따라 동극을 진행한다.
5. 역할을 바꾸어 해본다.

**확장활동** 등장인물에게 하고 싶은 말을 그림이나 글로 써본다.

# 제7장 놀이안전

영유아들은 하루의 대부분을 놀이를 하면서 보내고, 놀이를 통해 배운다. 이처럼 영유아의 일과에서 많은 비중을 차지하는 것이 놀이지만, 영유아의 신체적 · 인지적 미숙함으로 인해 대처능력이 부족하여 놀이 중에 많은 사고가 발생하기도 한다. 따라서 놀이 중 발생하는 안전사고 예방을 위해서는 안전한 놀잇감 선택과 놀이환경 구성, 안전한 놀이습관 형성을 위한 교육이 필요하다. 이 장에서는 놀이안진교육의 필요성과 내용 및 활동의 실제에 관하여 살펴보고자 한다.

## 1. 놀이안전교육의 필요성

영유아기에는 가정에서뿐만 아니라 유아교육기관에서도 하루 일과 중 많은 시간을 놀이를 하며 지낸다. 특히 유아교육기관에서는 자유선택활동 시간과 실외놀이 시간에 다양한 놀이 활동을 하고 있다. 하루 일과 중 놀이가 많은 비중을 차지하는 만큼 놀이 중에 안전사고도 빈번히 발생하고 있다.

놀이 중 발생하는 안전사고는 놀이의 매개가 되는 놀잇감과 놀이기구에서의 추락으로 인한 사고 등이 주된 원인이 되고 있다. 안전을 고려하지 않고 조잡하게 제작된 놀잇감, 유해물질이 함유된 놀잇감으로 인해 영유아의 안전이 위협을 받고 있다. 이처럼 불량 및 결함이 있는 놀잇감으로 인해 안전사고가 발생하기도 하지만 더욱 큰 문제는 놀잇감 사용상의 부주의와 놀이기구 이용 시 안전규칙을 지키지 않는 것 역시 안전사고의 중요한 원인이 되고 있다. 일례로 한국소비자보호원(2002)이 실시한 어린이 완구류 안전의식 실태조사 결과, 놀잇감과 관련된 사고의 대부분인 89.2%가 사용상 부주의가 원인으로 나타났다. 또 어린이집에서 발생하는 사고 중 가구에 부딪치는 사고와 놀이기구에 의한 사고가 각각 28.6%로 가장 높게 나타났다(한국소비자보호원, 2003).

이와 같이 놀잇감과 놀이기구와 관련하여 빈번하게 발생하는 안전사고 예방을 위해서는 법적 규제와 안전한 놀잇감 선택 및 관리도 중요하지만, 놀잇감과 놀이기구를 사용하는 영유아들이 기본적인 놀잇감과 놀이기구 이용 안전수칙을 이해하고 준수하며, 놀이 규칙을 습관화하여 지키면서 놀이를 하는 것이 더욱 중요하다고 할 수 있다. 그러므로 부모와 교사는 영유아들에게 놀잇감과 놀이기구의 안전한 사용법과 놀이규칙을 만들고 준수하는 것 등과 관련된 놀이안전교육을 지속적이고 체계적으로 실시할 필요가 있다.

## 2. 놀이안전교육의 목표 및 내용

### 1) 교육목표

유아교육기관에서 안전사고가 빈번하게 일어나는 것은 놀이 중 또는 놀이기구에서의 사고이므로 안전사고 예방을 위해서는 놀이안전에 대한 교육이 체계적이고 지속적으로 이루어져야 한다. 따라서 영유아 놀이안전교육의 목표는 영유아들이 안전한 장소에서 놀이하고, 실내에서 가지고 노는 놀잇감과 실외 놀이기구를 안전하게 사용하는 데 필요한 지식과 기술 및 태도를 기르는 데 둔다.

### 2) 교육내용

유아교육기관에서의 놀이안전교육은 유치원과 어린이집 만 3~5세 유아들에게 누리과정의 신체운동 · 건강 영역의 하위 내용범주인 안전하게 생활하기의 내용 중 하나인 안전하게 놀이하기에 제시된 내용에 의해 편성 및 실시되고 있다. 3~5세 누리과정에서는 놀이기구나 놀잇감, 도구의 안전한 사용과 안전하게 놀이하기뿐만 아니라, TV, 인터넷, 통신기기 등의 미디어 안전도 안전하게 놀이하기에서 다루고 있다. 어린이집의 경우 0~2세 영아들은 표준보육과정의 기본생활 영역의 하위 내용 범주인 안전하게 생활하기의 내용의 하나인 안전하게 지내기에 제시된 내용에 의해 편성 · 실시되고 있다. 누리과정과 0~2세 표준보육과정에서 제시하고 있는 구체적인 놀이안전교육의 내용을 살펴보면 다음과 같다.

〈3~5세 누리과정〉

| 내용 범주 | 내용 | 3~5세 연령별 누리과정 | | |
|---|---|---|---|---|
| | | 3세 | 4세 | 5세 |
| 안전하게 생활하기 | 안전하게 놀이하기 | 놀이기구나 놀잇감, 도구를 안전하게 사용한다. | | 놀이기구나 놀잇감, 도구의 바른 사용법을 알고 안전하게 놀이한다. |
| | | 안전한 놀이 장소를 안다. | 안전한 장소를 알고 안전하게 놀이한다. | |
| | | TV, 인터넷, 통신기기 등을 바르게 사용한다. | TV, 인터넷, 통신기기 등의 위해성을 알고, 바르게 사용한다. | |

〈0~2세 표준보육과정〉

| 내용 범주 | 0~1세 보육과정 | | | | | 2세 보육과정 | | |
|---|---|---|---|---|---|---|---|---|
| | 내용 | 1수준 | 2수준 | 3수준 | 4수준 | 내용 | 1수준 | 2수준 |
| 안전하게 생활하기 | 안전하게 지내기 | 안전한 상황에서 놀이한다. | | | 놀잇감을 안전하게 사용한다 | 안전하게 놀이하기 | 놀이기구나 놀잇감을 안전하게 사용한다 | |
| | | 안전한 장소에서 놀이한다. | | | | | 안전한 장소에서 놀이한다. | |

영유아를 대상으로 하는 놀이안전교육의 내용을 간략하게 요약하면 다음과 같다.

- 위험한 물건 가지고 놀지 않기
- 놀잇감 안전하게 사용하기
- 놀이기구 안전하게 이용하기
- 안전한 곳에서 놀이하기
- 놀이 중 안전한 옷차림
- 놀이규칙 지키기

이상의 내용 중 특히 '놀이 안전규칙 지키기'의 경우는 실내외 놀이 시의 안전규칙 준수와 놀잇감 안전규칙 준수로 구분할 수 있다. 이 중 실외 놀이 시의 안전규칙 관련 내용은 3장 2절의 실외놀이 시설 · 설비 안전에서 소개하였으므로 참고하기 바란다.

안전한 놀이지도를 위해 놀잇감 선택 시 교사들이 알고 있으면 도움이 되는 사항은 다음과 같다.

- 영유아를 위한 놀잇감 선택의 첫 번째 기준은 안전이다. 따라서 놀잇감 구입 시 '안전' 마크나 '검' 마크가 있는지 반드시 확인한다.
- 사용설명서나 겉포장 등에 적혀 있는 표시사항(제품명, 모델명, 제조연월일, 제조자명, 수입품의 경우 수입자명, 주소 및 전화번호, 안전표시, 사용연령, 크기 및 한계체중, 제조국 등)을 확인한다.
- 발달수준에 적절한지 생각한다.
- 유해성분이 허용치 이하인지 확인한다.
- 질식사 예방을 위해 3.5㎝ 이상의 크기인지 확인한다.
- 모서리가 날카롭지 않은지 확인한다.
- 건전지를 이용한 놀잇감 구입은 자제한다.
- 놀잇감 소개 시 또는 사용 전에 안전 관련 주의사항을 알려준다.

사용하고 있는 놀잇감의 안전한 관리 역시 중요한데 놀잇감을 관리할 때 주의 사항은 다음과 같다(한국산업안전공단, 1996).

- 비닐 포장지는 질식의 원인이 되므로 사용 전에 반드시 제거한다.
- 놀잇감에 위험한 부품이 있는지 조사하여 제거한다.
- 목재 놀잇감의 경우 거친 가장자리와 표면의 가시는 사포를 이용하여 매끄럽게 한다.
- 모든 놀잇감은 주기적으로 위험성 여부를 점검하여 수리한다.
- 놀잇감을 수리할 때 안전장치에 이상이 생기지 않도록 주의한다.
- 놀잇감이 위험한 도구로 사용될 때는 올바른 사용법을 알려준다.
- 놀잇감과 상자에 다시 페인트칠을 해야 할 경우 오래된 페인트는 납 성분이 새 페인트보다 많이 포함될 수 있으므로 사용하지 않는다.
- 놀잇감을 보관할 때는 육안으로 식별하기 쉽게 종류별로 정리하여 놀잇감 상자에서 놀잇감을 찾다가 다치는 경우가 없도록 한다. 놀잇감을 계단이나 교실바닥에 함부로 방치하여 발에 걸려 넘어지거나 밟아서 다치는 일이 없도록 한다.
- 비와 이슬은 영유아에게 해로운 녹의 원인이 되므로 실외 놀잇감은 비를 맞히지 않도록 한다.

## 3. 놀이안전교육 활동의 실제

이 부분에서 소개하는 놀이안전교육 활동들은 '안전한 보육환경 조성을 위한 안전교육 프로그램'(서울특별시, 2004), '우리는 안전어린이'(소방방재청, http://www.nema.go.kr), '유치원지도서: 건강과 안전'(교육과학기술부, 2009), '생활주제와 함께하는 안전교육'(한국산업안전공단, 2003)에 수록된 활동들을 참고하였다.

### 1 차례를 지켜 놀아요

**활동목표** 놀이기구를 탈 때는 차례를 지켜야 안전함을 안다.

**활동유형** 이야기 나누기

**활동자료** 영아들의 놀이 활동사진이나 그림

**활동방법** 1. 영아들의 놀이 사진을 보고 이야기를 나눈다.
- 여기가 어디일까?
- 무슨 놀이기구를 타고 있니?
- 놀잇감을 가지고 미끄럼틀에 올라가면 어떻게 될까?

2. 위험 상황에 대해 이야기를 나눈다.
- 미끄럼틀에 거꾸로 올라가다 친구가 내려오면 어떻게 될까?
- 미끄럼틀에서 서서 내려온다면 어떻게 될까?
- 그네를 타는 친구의 앞이나 뒤에 서 있으면 어떻게 될까?
- 계단을 올라갈 때 난간을 잡지 않으면 어떻게 될까?

3. 놀이기구를 이용할 때 지켜야 할 일들에 대해 이야기를 나눈다.
- 안전하게 미끄럼틀을 타려면 어떻게 해야 할까?
- 내가 타고 싶은 놀이기구를 친구가 타고 있으면 어떻게 해야 할까?

4. 차례를 기다렸다 타야 함을 이야기하고 약속을 한다.

**확장활동** 영아들의 놀이 사진을 촬영해 이야기를 나누고 지속적으로 규칙을 지키도록 한다.

## 2 놀잇감은 제자리에

**활동목표** ① 놀잇감의 바른 사용법을 안다.
② 사용 후 놀잇감을 제자리에 놓을 수 있다.

**활동유형** 이야기 나누기

**활동자료** 사진 자료(놀잇감을 흩어놓고 놀이하는 모습, 바르게 놀고 있는 모습), 정리노래 테이프

**활동방법**

1. 자유선택활동 시 무슨 놀이를 했는지 이야기를 나눈다.
   - 무슨 놀이를 했니?
   - 어떤 놀잇감을 가지고 어떻게 놀이했니?
2. 놀잇감을 흩어놓고 놀이하는 모습의 사진자료를 보며 이야기를 나눈다.
   - 여기 사진 속에 친구들이 어떻게 놀이하고 있니?
   - 이렇게 놀잇감을 모두 꺼내놓고 놀이를 하면 어떻게 될까?
3. 바르게 놀고 있는 모습의 사진자료를 보며 이야기를 나눈다.
   - 다치지 않게 놀이를 하려면 어떻게 해야 할까?
   - 놀잇감을 어떻게 해야 할까?
4. 새로운 놀잇감을 가지고 놀고 싶을 때는 어떻게 해야 하는지 이야기를 나눈다.
   - 놀이를 하다 새로운 놀잇감을 가지고 놀고 싶으면 어떻게 할까?
5. 새로운 놀잇감을 가지고 놀고 싶을 때는 정리하고 가기로 약속을 한다.

**확장활동** 교사는 영아들이 정리를 하고 새로운 놀잇감을 가지고 놀이하는지 관찰하고 정리를 하도록 돕는다.

## 3 안전하게 놀이해요

**활동목표** 놀잇감을 안전하게 가지고 놀이하는 방법을 안다.

**활동유형** 이야기 나누기

**활동자료** 그림 자료(친구와 함께 책을 보는 모습, 친구와 함께 공놀이하는 모습, 구슬놀이하다 입에 넣는 모습, 놀이하는 친구를 때리는 모습)

**활동방법**
1. 놀이를 하고 정리정돈 후 모여 앉아 이야기한다.
   - 누구와 함께 놀이를 했니?
   - 무엇을 가지고 놀이를 했니?
2. 그림을 보며 영아들과 이야기를 나눈다.
   - 그림에 친구들이 무엇을 하고 있니?
   - 어떻게 놀이를 하고 있니?
3. 위험 상황을 알아보고 이야기한다.
   - 기분이 어땠을까?
   - 왜 위험할 것 같니?
4. 놀잇감의 사용방법에 대해 이야기한다.
   - 블록을 가지고 어떻게 놀이를 해야 할까?
   - 구슬을 가지고 어떻게 놀이를 해야 할까?
5. 놀잇감을 바르게 사용하기로 약속을 한다.

**확장활동** 놀이영역의 놀잇감 사용방법을 영아들에게 자연스럽게 이야기한다.

## 4 아이쿵! 아이쿵!

**활동목표** 물놀이 시 지켜야 할 규칙을 알고 안전한 물놀이를 한다.

**활동유형** 이야기 나누기

**활동자료** 그림 자료(안전하게 물놀이하는 그림, 위험한 그림)

**활동방법**
1. 안전한 물놀이 모습과 위험한 모습의 그림을 보며 이야기를 나눈다.
   - 무슨 놀이를 하고 있니?
   - 여기 친구에게 무슨 일이 생긴 것 같니?
2. 위험 상황을 알아보고 이야기한다.
   - 기분이 어땠을까?
   - 왜 넘어졌을까?
3. 물놀이하다 위험한 상황을 경험했던 영아의 이야기를 들어본다.
   - 물놀이를 하다 넘어져본 적이 있니?
   - 물놀이할 때는 바닥이 미끄럽지? 그럼 어떻게 다녀야 할까?
4. 물놀이할 때 뛰어다니면 다칠 수 있다는 것을 다시 이야기한다.

**확장활동** 물놀이 안전에 대해 이야기하고 물놀이활동을 한다.

## 5 아야! 눈에 모래가 들어갔어요

**활동목표** 모래를 뿌리지 않고 바르게 놀이를 한다.

**활동유형** 언어활동(동화)

**활동자료** 손인형 2개, 밀가루

**활동방법** 1. 토끼 손인형을 소개한다.

- (인형을 가지고 도입) 얘들아! 안녕, 오늘 나나랑 재미있는 놀이를 할 거야. 어떤 놀이인지 궁금하지?
- 어떤 놀이인지 우리도 들어볼까?

2. 손인형으로 동화를 들려준다.

토토와 나나는 모래성을 쌓기로 했어요.
"영차! 영차! 내가 위쪽에 성을 멋지게 만들게" 토토는 벌떡 일어나 모래성을 쌓아갔어요.
그런데 토토가 뿌린 모래를 앉아 있던 나나가 뒤집어쓰게 되었어요.
"아야~ 아야~ 눈 아파". "괜찮니, 나나야?"
토토가 놀라서 나나에게 물었지만 나나는 무척 화가 났어요.
"토토! 너 일부러 그랬지, 에잇!" 나나도 화가 나서 토토에게 모래를 뿌렸어요.
나나도 토토도 눈에 모래가 들어가 한참을 엉엉 울었답니다.
그리고 나나와 토토는 병원에 가서 모래를 씻어내야 했어요.

3. 동화를 듣고 내용에 대해 이야기를 나눈다.
   - 토토와 나나가 무슨 놀이를 했니?
   - 놀이를 하다 무슨 일이 있었니?
4. 모래놀이할 때의 주의할 점에 대해 이야기를 나눈다.
   - 모래놀이할 때는 어떻게 조심해야 할까?

**확장활동** 실외 놀이터에 나가 모래놀이 활동을 한다.

## 6 그네를 함께 타요

**활동목표** ① 그네타기 활동 시 지켜야 할 약속을 이해한다.
② 실외놀이 시 안전하게 놀이하는 방법을 안다.

**활동유형** 언어활동

**활동자료** 테이블 동화 자료: 『그네 좀 태워 줘』

**활동방법**
1. 『그네 좀 태워 줘』 동화를 들려준다.
2. 동화를 듣고 회상하며 이야기를 나눈다.
   - 그네 줄이 왜 끊어졌을까?
   - 어떻게 그네를 타야 했을까?
3. 유아들과 그네타기의 규칙에 대해 약속을 정해본다.
   - 그네에서 떨어지지 않으려면 어떻게 해야 할까?
   - 그네를 타는 친구 주변에서 다치지 않으려면 어떻게 해야 할까?
   - 모두 다 재미있게 그네를 타려면 어떻게 하는 것이 좋을까?
4. 유아들이 정한 규칙을 회상하며 기록을 해본다.
   - 너희들이 정한 규칙을 지키려면 어떻게 해야 할까?

**확장활동**
- 동화를 들려주고 동극활동으로 경험을 해본다.
- 유아들이 정한 규칙에 따라 실외 놀이터에서 그네를 직접 타본다.

## 7 안전하게 놀고 있는 친구 찾기(1)

**활동목표** ① 안전한 놀이 상황에 대해 안다.
② 안전하게 놀이하려면 지켜야 할 약속이 있음을 안다.

**활동유형** 수 · 조작활동

**활동자료** 안전한 놀이 상황 그림카드(제시용), 숫자카드

**활동방법**
1. 유아들과 안전하게 놀이하는 방법에 대하여 이야기를 나눈다.
   - 안전한 놀이 방법에는 어떤 것이 있을까?
   - 즐겁게 놀이한 경험을 이야기해볼 수 있을까?
2. 안전 그림카드를 보면서 이야기를 나눈다.
   - 안전 그림카드를 보고 어떤 생각을 했니?
   - 우리가 즐겁고 안전하게 놀이할 때 지켜야 할 약속은 무엇이 있을까?
3. 안전 그림카드를 보며 안전하게 놀이하는 친구들을 찾아본다.
   - 안전하게 놀이하는 친구들을 찾아볼까?
   - 안전하게 놀지 않는 친구들은 어디 있을까?
4. 안전 그림카드를 보며 안전하게 놀이하는 방법에 대해 이야기를 나눈다.
   - 왜 안전하지 않다고 생각하니?
   - 어떻게 놀이해야 안전할까?

**확장활동**
- 안전 상황 그림카드를 추가로 더 제작하여 제시해준다.
- 안전하게 놀이하는 친구 찾아오기 게임 활동을 해본다.

## 8 시소를 함께 타요

**활동목표** 실외 놀이터에서 안전하게 놀이기구를 이용할 수 있다.

**활동유형** 동화 감상

**활동자료** 『안전하게 놀이동산』 그림동화

**활동방법**
1. 『안전하게 놀이동산』 그림동화를 들려준다.
2. 동화를 듣고 난 느낌에 대해 이야기를 나눈다.
   - 동화를 듣고 나니 어떠니?
   - 동물 친구들에게 무슨 일이 있었니?
   - 놀이터나 놀이공원에서 놀이를 할 때는 어떻게 해야 할까?
3. 놀이기구를 이용할 때의 안전에 대해 이야기를 나눈다.
   - 놀이기구를 탈 때에는 어떻게 해야 할까?
   - 너희들이 알고 있는 약속들을 지켜야겠지.

**확장활동** 『안전하게 놀이동산』으로 동극활동을 해본다.

## 9 안전하게 놀고 있는 친구 찾기(2)

**활동목표** 실외 놀이터에서 안전하게 놀이하는 방법을 안다.

**활동유형** 이야기 나누기

**활동자료** 그림 자료(실외 놀이터에서 놀이하는 유아들의 모습)

**활동방법**
1. 실외 놀이기구를 이용해본 경험에 대해 이야기를 나눈다.
   - 놀이터에서 어떤 놀이기구를 타보았니?
2. 실외 놀이터의 놀이기구는 어떤 것들이 있는지 이야기를 나눈다.
   - 실외 놀이터의 놀이기구에는 어떤 것들이 있니?
3. 실외 놀이기구를 바르게 이용하는 방법에 대해 이야기를 나눈다.
   - 미끄럼틀을 이용할 때는 어떻게 해야 할까?
     - 거꾸로 타지 않는다.
     - 뛰어서 내려오지 않는다.
     - 보호 난간을 잡고 앉아서 탄다.
   - 그네를 탈 때에는 어떻게 해야 안전할까?
     - 그네 타는 앞, 뒤에 서 있지 않는다.
     - 그네 줄을 양손으로 잡고 앉아서 탄다.
   - 모래놀이를 할 때는 어떻게 해야 할까?
     - 친구에게 모래를 뿌리거나 돌을 던지지 않는다.
     - 모래영역에서 삽이나 놀잇감을 가지고 놀 때 친구가 다치지 않도록 조심해서 사용한다.
     - 모래나 다른 이물질을 입, 귀, 코에 넣지 않는다.
4. 놀이터에서 안전하지 못한 행동으로 인한 사고 경험에 대해 이야기를 나눈다.
   - 놀이터에서 놀이하다 다쳐본 경험이 있니?
5. 실외놀이터에서 지켜야 할 규칙을 정한다.

**확장활동** 유아들이 정한 실외 놀이터에서 규칙판을 붙이고 놀이를 한 후 규칙을 지켰는지 평가의 시간을 갖는다.

## 10 집 밖에서 놀이할 때의 안전

**활동목표** 집 밖에서 놀이할 때 위험한 곳을 알고 안전하게 놀이한다.

**활동유형** 이야기 나누기

**활동자료** 그림 자료(놀이터에서 놀이하는 그림, 공원 · 학교 운동장에서 안전하게 놀이하는 그림, 공사장에서 놀이하는 그림, 골목길에서 굴러가는 공을 쫓아 나오는 그림, 주차장에서 놀이하는 그림, 버려진 냉장고 속에 들어가 놀이하는 그림, 나무 위나 벽에 매달려 놀이하는 그림)

**활동방법**

1. 안전하게 놀 수 있는 장소인 놀이터, 공원, 학교 운동장에서 놀 때 무엇을 주의해야 하는지에 대해 이야기를 나눈다.
   - 놀이터에서는 어떻게 해야 할까?
   - 공원이나 학교 운동장에서는 어떻게 해야 할까?
2. 집 밖에서 놀 때 안전하지 않은 장소를 알아보고 왜 안전하지 않은지 이야기를 나눈다.
   - 골목길에서는 왜 위험할까?
   - 공사장에서 노는 것은 왜 위험할까?
   - 주차장에서 노는 것은 왜 위험할까?
   - 나무에 올라가거나 벽에 매달려 노는 것은 왜 위험할까?
   - 버려진 냉장고나 가구 속에 들어가 놀면 왜 위험할까?
3. 안전하게 놀이할 수 있는 곳과 위험한 놀이장소를 구분하여 놀이해야 함을 이야기한다.

**확장활동** 유아들과 여러 위험한 놀이장소를 알아보는 활동을 해본다.

## 11 물놀이할 때 주의할 것이 있어요

**활동목표** ① 물놀이할 때 지켜야 할 일을 안다.
② 안전한 물놀이 방법을 알고 놀이를 한다.

**활동유형** 이야기 나누기

**활동자료** 그림 자료(수영장, 계곡, 바닷가)

**활동방법**
1. 유아들의 물놀이 경험에 대해 이야기를 나눈다.
   - 수영장, 계곡, 바닷가에 가본 적 있니?
   - 그곳에서 다쳤거나 위험한 일을 경험한 적이 있니?
2. 물놀이를 하면서 일어날 수 있는 위험한 상황에 대해 이야기를 나눈다.
   - 물놀이를 하다 어떤 위험한 일들이 일어날 수 있을까?
3. 물놀이할 때의 안전규칙에 대해 이야기를 나눈다.
   - 안전한 물놀이를 하려면 어떻게 해야 할까?
   - 위험 상황에서 어떤 방법으로 도움을 청해야 할까?
4. 물놀이할 때의 안전 규칙판을 만들어본다.
   - 물놀이 안전규칙을 정해볼까?

**확장활동** 물놀이 안전 규칙판을 만들어 동생들에게 소개하는 활동을 해본다.

## 12 놀잇감 사용의 규칙이 있어요

**활동목표** 놀잇감의 올바른 사용방법을 알아보고 안전하게 사용한다.

**활동유형** 이야기 나누기

**활동자료** 파손된 플라스틱 장난감 종류, 바구니

**활동방법**

1. 자유선택활동 후 정리정돈 시간에 부서져 있는 날카로운 놀잇감을 모아놓는다.
2. 정리정돈을 하고 모여 앉아 파손된 놀잇감을 보여주며 느낌을 이야기하도록 한다.
   - 놀잇감이 어떻게 되었니?
3. 놀잇감이 부서진 이유와 부서진 놀잇감을 가지고 놀이했을 때 발생하는 문제에 대해 알아본다.
   - 왜 놀잇감이 이렇게 되었을까?
   - 이렇게 부서진 놀잇감을 가지고 놀면 어떻게 될까?
   - 위험하기 때문에 자꾸 버리게 되면 놀잇감의 수가 점점 어떻게 될까?
   - 놀잇감이 적어지거나 없으면 놀이할 때 어떨까?
4. 놀잇감을 가지고 놀 때의 주의할 점에 대해 이야기를 나눈다.
   - 놀잇감을 어떻게 가지고 놀아야 할까?
5. 놀잇감 사용의 규칙판을 만들어본다.
   - 놀잇감 사용의 규칙을 정해볼까?

**확장활동** 놀잇감 사용의 규칙을 정하고 규칙판을 게시하여 약속을 지키지 않는 유아들에게 읽어볼 수 있도록 한다.

# 제8장 재난안전

인간의 생명과 재산이 지진, 태풍, 폭설, 가뭄, 뜻밖의 사고 등으로 생기는 피해를 입는 것을 재난이라고 한다. 영유아들도 살아가면서 각종 재난사태에 처할 수 있는 만큼 재난에 대비하는 안전교육이 필요하다. 이 장에서는 재난대비 교육의 필요성과 내용 및 재난대비 교육활동의 실제에 관하여 살펴보고자 한다.

## 1. 재난대비 안전교육의 필요성

재난은 자연재난과 인적재난으로 구분할 수 있다. 자연재난은 자연현상 때문에 발생하는 것으로 비, 바람, 태풍 등에 의한 기상재난과 지진 및 화산활동으로 인한 지질재난을 포함한다. 인적재난은 인간의 부주의로 발생하는 사고성 재난과 고의적으로 발생되는 범죄성 재난 그리고 산업화에 따라 부수적으로 발생되는 공해 피해 등을 비롯한 여러 가지 재난을 모두 포함한다.

과학의 발달과 더불어 재난예측기술도 진일보하였지만 재난 발생의 양상 역시 더욱 복잡해지고 있다. 특히 지구온난화가 진행되면서 집중강수량이 늘어나고 강수 일수가 줄어들어 가뭄과 홍수 관리가 어려워지고 있다. 우리나라의 경우도 최근 강수 일수는 줄어들면서 집중호우가 자주 발생하여 막대한 피해가 발생하고 있다. 우리나라는 지진대는 아니지만 충남 홍성(1978년, 강도 5.0)이나 경북 울진(2004년, 강도 5.2) 지역에서 지진이 발생한 바 있다.

자연재난으로 인한 피해는 교통사고나 생활안전 사고의 비율보다 높지는 않지만 한번 발생하면 그 피해가 치명적이기 때문에 이에 대한 적극적인 교육과 훈련이 필요하다고 하겠다.

## 2. 재난대비 안전교육의 목표 및 내용

### 1) 교육목표

재난대비 안전교육의 목표는 영유아들이 재난 발생의 징후를 인식하고 재난에 대한 대처방법을 숙지하여 재난 발생 시 적절하게 대처할 수 있는 지식과 기술 및 태도를 익히도록 하는 데 있다.

### 2) 교육내용

유아교육기관에서의 재난대비 안전교육 내용은 유치원과 어린이집 만 3~5세 유아들의 경우 누리과정의 신체운동 · 건강 영역의 하위 내용범주인 안전하게 생활하기에 제시된 내용 중 하나인 비상시 적절히 대처하기에 제시되어 있는데 구체적인 재난대비 안전교육의 내용을 살펴보면 다음과 같다.

| 내용범주 | 내용 | 3~5세 연령별 누리과정 | | |
|---|---|---|---|---|
| | | 3세 | 4세 | 5세 |
| 안전하게 생활하기 | 비상시 적절히 대처하기 | 재난 및 사고 등 비상시 적절하게 대처하는 방법을 안다. | 재난 및 사고 등 비상시 적절하게 대처하는 방법을 알고 행동한다. | |

영유아를 대상으로 하는 재난대비 안전교육에는 주로 다음과 같은 내용이 포함된다.

- 자연재난의 의미와 위험성
- 자연재난이 발생했을 때 일어날 수 있는 상황
- 자연재난으로부터 나를 보호하는 방법
- 안전하게 대피하는 안전수칙

다음은 재난대비 안전교육을 하기 위해 교사들이 알고 있어야 할 대비요령이다(중앙보육정보센터, 2008).

### (1) 지진 대비요령

우리나라에서 지진이 자주 발생하지는 않지만 혹시 모르는 지진 발생에 대해 경각심을 갖도록 해야 한다. 유아교육기관에서도 지진 대피요령을 훈련해 보아야 하지만 대피요령을 가정통신문으로 전달하여 가정에서도 지진대피 훈련을 해볼 수 있도록 안내할 필요가 있다. 지진에 대비하기 위해 알고 있어야 할 사항은 다음과 같다.

- 평상시 무겁고 깨지기 쉬운 물건(카세트플레이어, 화분, 장식품 등)은 낮은 곳에 비치하기
- 주방, 교실이나 보육실 등에 소방기구 비치해두기
- 위험물(가스레인지, 난로, LPG 가스통 등) 보관 및 관리 주의하기
- 두꺼비집, 가스 및 수도의 차단장치 위치와 조작방법 숙지하기
- 실내의 대피장소(견고한 책상 밑 등)와 위험장소(유리창 주변, 책장이나 넘어지기 쉬운 가구 주변 등)를 확인해두기
- 원아 및 부모, 교사 대상의 지진대비 행동요령 홍보 및 숙지하기
  - 교실이나 보육실 책상 밑에 들어가 다리를 붙들고 몸을 숙이기
  - 대피장소가 없을 경우 방석으로 머리 보호하기
  - 창문이나 출입문, 전등 등 깨지거나 떨어지기 쉬운 물건 주위에서 떨어져 있기

### (2) 태풍 대비요령

지구온난화의 영향으로 태풍, 국지성 집중호우, 홍수, 낙뢰, 천둥 등이 잦아지고 있으므로 사전에 기상변화에 대한 교육을 할 필요가 있다. 태풍 예보 시와 태풍의 영향권에 있을 때 취할 조치는 다음과 같다.

- 실내외의 날아갈 위험이 있는 시설물 점검하고 조치하기
- 원아 비상연락망 점검 및 연락 체계 유지
- TV나 인터넷, 라디오 등을 통해 기상예보 수시로 확인하기
- 실외활동이나 야외활동 연기하기

- 원아 및 부모 대상의 태풍 대비 행동요령 지도 및 홍보하기
- 지역 실정에 맞게 휴원 또는 단축 운영 검토하기(태풍주의보, 경보 발령 시)
- 천둥, 번개가 칠 경우 실내나 낮은 곳으로 대피하기(태풍주의보, 경보 발령 시)

### (3) 황사 대비요령

황사의 개념과 원인, 문제점, 대피요령 등에 대해 영유아들에게 이해시키는 시간을 마련하고 황사 대피요령을 숙지하도록 지도한다. 황사 발생에 따른 행동요령은 다음과 같다.

| 구분 | 행동요령 |
|---|---|
| 황사 발생 전<br>(황사 예보 시) | • 기상예보 청취, 지역 실정에 맞게 휴원이나 단축 운영 검토하기 |
| | • 원아 비상연락망을 점검하고 체계 유지하기 |
| | • 휴원 또는 단축 운영 시 맞벌이 부부 자녀에 대한 대책 마련하기 |
| | • 원아 및 부모 대상으로 황사대비 행동요령 지도 및 홍보하기 |
| 황사 발생 중<br>(황사 특보 발령 시) | • 실외활동 금지, 단축 또는 휴원하기 |
| | • 불가피한 경우 마스크 착용하기 |
| | • 대기 중 실시간 미세먼지 농도 확인하기 |
| 황사 종료 후<br>(황사 특보 해제 후) | • 실내외 청소, 먼지 제거, 방역 실시하기 |
| | • 감기, 안질 등에 걸린 원아는 쉬게 하거나 일찍 귀가 조치하기 |
| | • 손발 씻기 또는 샤워하기 |

### (4) 폭염 대비요령

4세 이하의 영유아는 무더위나 폭염에 특히 취약하므로 매년 6~9월경에 내려지는 폭염특보 기간에는 12시에서 오후 4시 사이의 실외활동을 자제하고 실내에서 활동하는 등의 조치가 필요하다. 폭염 대비 준비요령과 폭염 발생 시 대비요령은 다음과 같다.

#### ① 폭염 대비 준비요령

- 라디오, TV 등의 무더위 관련 기상상황에 매일 주목한다.
- 정전에 대비하여 손전등, 비상 식 · 음료, 부채, 휴대용 라디오 등을 미리 확인해둔다.

- 가까운 병원의 연락처를 확인하고 영유아의 열사병 등 증상을 체크한다.
- 단수에 대비하여 생수를 준비하고 생활용수는 공간을 확보하여 미리 받아둔다.
- 냉방기 사용 시는 실내외 온도차를 5도 내외로 유지하여 냉방병을 예방한다.
- 변압기를 점검하여 과부하에 사전 대비한다.
- 창문에 커튼이나 천 등을 이용하여 건물 안으로 들어오는 직사광선을 최대한 차단한다.

**② 폭염 발생 시 행동요령**

- 실외 활동의 자제 및 실내 활동으로 대체하기
- 교실이나 보육실을 시원하게 유지, 편한 복장으로 활동하기
- 활동 중간에 휴식시간을 갖거나 피곤해하는 영유아들을 쉴 수 있도록 배려하기
- 낮잠 시간을 충분히 갖되 교사들도 잠시 쉬도록 함
- 실외 활동의 중단 및 실내 활동으로 대체하기(폭염경보 발생 시)
- 창문 등에 커튼 치기(폭염경보 발생 시)

## 3. 재난대비 안전교육 활동의 실제

이 부분에서 소개하는 재난안전교육 활동들은 '우리는 안전어린이'(소방방재청, http://www.nema.go.kr), '보육시설에서의 안전교육'(경기도보육정보센터, 2007), '재난대비 교육 프로그램'(한국생활안전연합, 2004), '유아를 위한 안전교육 활동자료집'(한국어린이육영회, 2002)에 수록된 활동들을 참고하였다.

## 1 어른과 함께 있어요(호우, 천둥, 번개)

**활동목표** ① 비가 많이 내리면 위험하다는 것을 알 수 있다.
② 천둥과 번개가 칠 때 행동방법을 알 수 있다.

**활동유형** 이야기 나누기

**활동자료** 그림이나 사진 자료

**활동방법** 1. 호우와 천둥, 번개에 대해 느껴본 경험을 이야기한다.
- 비가 많이 내리는 것을 본 적 있니?
- 비가 내리면서 나는 소리를 들어본 적이 있니?

2. 그림을 보며 이야기를 들려준다.

하늘이 캄캄해졌어요.
아직 밤도 아닌데요.
먹구름이 하늘을 뒤덮고 있어요.
쏴아쏴아 비가 내려요.
휘이익휘이익 바람도 불어요.
우르르 쾅쾅 천둥소리가 울려요.
번쩍번쩍 번개가 쳐요.
하지만 엄마, 아빠와 함께 있으면 무섭지 않아요.

3. 이야기를 듣고 호우와 천둥, 번개에 대한 느낌을 이야기한다.
- 비가 많이 내리고 천둥 번개가 치면 기분이 어떠니?

4. 호우와 천둥, 번개가 칠 때의 행동방법에 대해 이야기한다.
- 비가 많이 내리고 천둥 번개가 치면 어떻게 해야 할까?

5. 어른들과 함께 있어야 함을 이야기한다.
- 비가 많이 내리고 천둥 번개가 칠 때는 무서워하지 말고 누구와 있어야 할까?

**확장활동** 영유아들에게 어른들의 옆에 있어야 함을 지속적으로 이야기해준다.

## 2 모래바람이 불어요(황사)

**활동목표** 황사 발생 시 안전한 옷차림과 대처방법을 안다.

**활동유형** 이야기 나누기

**활동자료** 사진 자료(황사현상, 바른 옷차림, 손 씻기 및 양치질하는 모습)

**활동방법** 1. 황사 사진을 보며 느껴본 경험을 이야기한다.
- 모래바람이 부는 날 밖에 나가본 적 있니?
- 기분이 어땠니?

2. 사진을 보며 이야기를 들려준다.
- 모래바람 속에 있는 나쁜 것들이 코와 입, 눈에 들어가면 아플 수 있어요.

3. 황사에 대해 이야기한다.
- 모래바람이 불어오면 어떻게 될 수 있다고 했니?

4. 황사 발생 시 대처방법에 대해 이야기한다.
- 모래바람이 불어오면 어떻게 해야 할까?
- 밖에 나가 놀지 않고 나갈 때는 마스크, 보호안경, 긴소매의 옷을 입어야 해. 그리고 집에 돌아와서는 손발을 씻고 양치질을 깨끗이 하고 모래바람이 집안으로 들어오지 않도록 창문을 닫아야 한단다.

5. 밖에 나갈 때는 꼭 마스크 쓰기, 집에 와서는 손을 씻기로 약속한다.
- 모래바람이 부는 날 밖에 나갈 때는 무엇을 하고 가야 할까?
- 밖에 나갔다 돌아와서는 무엇을 해야 할까?
- 불편하다고 마스크를 쓰지 않고 손을 씻지 않는다면 어떻게 될까?

**확장활동** 역할영역에 마스크, 보호안경, 긴소매의 옷 등을 준비해 입어보도록 한다.

## 3 하늘 친구들(천둥과 번개)

**활동목표** ① 천둥과 번개가 나타나는 현상을 이해한다.
② 천둥과 번개가 칠 때 안전하게 행동하는 방법에 대해 안다.

**활동유형** 이야기 나누기, 신체

**활동자료** 천둥과 번개 그림 자료, 천둥과 번개를 표현할 수 있는 악기와 도구

**활동방법**

1. 천둥이나 번개를 본 경험에 대해 이야기를 나눈다.
   - 천둥이나 번개를 본 적이 있니?
   - 천둥이나 번개가 칠 때 어떻게 했니?
2. 천둥이나 번개의 위험신호에 대해 알아본다.
   - 천둥과 번개는 왜 칠까?
   - 번개는 구름 속에 있는 물방울들 사이에서 발생하는 불꽃현상이란다.
   - 천둥은 번개가 공기 중을 이동할 때 번개가 갖고 있는 매우 높은 열로 공기가 급격히 팽창하게 되는데, 이때 그 공기가 팽창하는 힘을 이기지 못해 터지면서 나는 소리란다.
3. 천둥이나 번개가 칠 때 안전하게 대피하는 방법에 대해 이야기를 나눈다.
   - 천둥이나 번개가 칠 때 어떻게 해야 할까?
4. 천둥이나 번개를 표현할 수 있는 악기와 도구를 이용해 안전한 대피방법을 몸으로 표현해본다.

**확장활동**

- 〈그대로 숙여라〉(원곡: 그대로 멈춰라) 노래로 '무릎을 감싸고 몸을 쭈그리고 앉는다'는 안전한 자세를 익힌다.
- 번개에 대한 안전수칙을 만들어본다.
  - 실외에 있을 때 낮고 평평한 곳이나 큰 건물 안으로 대피한다.
  - 수영을 하고 있거나 보트를 타고 있으면 즉시 땅으로 대피한다.
  - 번개는 높은 곳에서 치므로 나무, 깃대, 언덕 꼭대기 등에서 떨어져 있는다.
  - 철제 울타리 · 창고, 알루미늄 방망이, 자전거, 우산 등과 같이 금속으로 만들어진 물건은 만지거나 가까이 하지 않는다.
  - 집안이나 차 안에 있을 경우 이동하지 말고 그대로 있는다.

## 4 땅이 흔들흔들(지진이 나면)

**활동목표** ① 지진의 원인과 피해를 이해한다.
② 지진이 일어나는 상황을 알고 지진으로부터 안전하게 보호하는 방법을 안다.

**활동유형** 이야기 나누기, 과학실험

**활동자료** 지진 피해 사진 및 그림 자료, 신문기사, 책상, 스티로폼, 집 모양 블록, 나무, 인형 등

출처: http://cafe.daum.net

**활동방법** 1. 지진 사진이나 그림 자료를 보며 지진이 일어나는 상황을 알아본다.
- 사진에 어떤 모습들이 보이니?

2. 지진이 일어났을 때 어떻게 해야 하는지 이야기를 나눈다.
- 만약에 지진이 일어났다면 어떻게 해야 할까?
- 안전한 곳에서 쭈그리고 앉아 무릎 사이에 머리를 묻고 양 손과 발을 감싸야겠지. 우리 같이 해볼까?

3. 지진이 일어나는 원인에 대해 알아본다.
   - 지진은 왜 일어나는 것일까?
4. 실험방법을 알아본다.
   - 책상 사이를 15㎝ 정도로 벌린 후 책상 사이 위에 얇은 스티로폼을 얹는다.
   - 스티로폼 위에 집 모양 블록, 나무, 인형 등을 얹는다.
   - 유아들이 책상 밑에서 여러 방향으로 위쪽에 힘을 가한다.
5. 실험 후 어떤 일이 일어났는지 이야기를 나눈다.

확장활동

- 지진 대비 요령에 관한 책을 만들어 언어영역에 제시해준다.
- 컴퓨터 영역에서 지진 관련 동영상을 살펴본다.
- 지진에 대한 안전수칙을 만들어본다.
  - 쭈그리고 앉아 무릎 사이에 머리를 묻고 양 손과 발을 감싼다.
  - 실외에 있을 경우 건물이나 전선에서 멀리 떨어진 곳으로 대피한다.

## 5 비가 많이 내려요(홍수)

**활동목표** ① 홍수가 생기는 현상을 안다.
② 홍수가 났을 때 어떻게 행동해야 하는지 알고 실천할 수 있다.

**활동유형** 이야기 나누기

**활동자료** 홍수가 난 상황 그림이나 사진 자료

출처: http://cafe.daum.net

**활동방법** 1. 홍수의 개념과 일어나는 과정에 대해 이야기를 나눈다.
- 비가 많이 오면 어떻게 될까?
- 왜 홍수가 나는 것일까?

2. 홍수가 난 상황의 그림이나 사진 자료를 보며 홍수가 일어나는 상황을 간접경험한다.
3. 홍수가 나면 어떻게 대처해야 할지 이야기를 나눈다.
- 홍수가 나면 제일 먼저 무엇을 해야 할까?
- 가장 안전한 곳이 어디일까?

확장활동

• 홍수가 났을 때 안전하게 대피할 수 있는 안전수칙을 만들어본다.
- 밖에 혼자 나가지 않는다.
- 물이 고이거나 잠긴 길에 들어가지 않는다.
- 물이 거꾸로 솟거나 물살이 회오리 칠 수 있으므로 맨홀, 하수구 등의 주변에 가지 않는다.
- 고립될 경우 지붕, 옥상 등에 올라가 구조를 요청하고, 만일을 위해 스티로폼 상자, 고무튜브, 뗏목을 이용해 탈출한다.
- 끊긴 전깃줄 근처에 가면 감전될 위험이 있으므로 가까이 가지 않는다.

## 6 바람이 세게 불어요(태풍)

**활동목표** ① 태풍이 부는 상황을 이해한다.
② 태풍으로부터 안전하게 대피하는 방법을 알아본다.

**활동유형** 이야기 나누기

**활동자료** 태풍이 부는 상황 그림이나 사진 자료, 태풍 관련 동영상

출처: http://cafe.daum.net

**활동방법** 1. 태풍이 부는 것을 본 경험이 있는지 이야기를 나눈다.
- 태풍이 부는 것을 본 적이 있니?

2. 컴퓨터 영역에서 태풍 관련 동영상을 보며 이야기를 나눈다.
- 태풍이 세게 치는 것을 보니까 어떠니?

3. 태풍이 불면 어떻게 대처해야 하는지 이야기를 나눈다.
- 태풍이 불 때 우리 몸을 보호하려면 어떻게 해야 할까?
- 너희들이 생각한 안전수칙을 만들어볼까?

4. 태풍에 대한 안전수칙을 만들어 소개하고 이야기를 나눈다.
- 태풍이 불면 어떤 곳이 위험할까?
- 태풍이 불면 쓰러지거나 물건이 떨어질 수 있으니 울타리, 큰 나무, 공사장 담벼락 등 위험한 곳은 가지 않아야겠지.
- 어떤 곳이 안전할까?
- 되도록 밖으로 나가지 않고 집안에 있는 것이 안전하단다.

**확장활동** 자연재해 신문 만들기, 언어활동을 해본다.

## 7 모래바람이 불어요

**활동목표** ① 황사의 개념을 이해하고 대처방법을 알아본다.
② 다양한 방법으로 황사에 대한 정보를 알아보며 관심을 갖는다.

**활동유형** 이야기 나누기

**활동자료** 황사 사진, 마스크, 보호안경, 긴 소매 옷 등

**활동방법** 1. 황사 사진을 보며 경험해본 적이 있는지 이야기를 나눈다.
- 사진의 날씨가 어떤 것 같니?
- 무엇이 불고 있니?
- 모래 바람을 느껴본 적 있니?

2. 황사의 위험성에 대해 알아본다.
- 황사가 무엇일까?
- 공기를 오염시키는 모래바람으로 코, 입, 눈으로 들어가 우리 몸을 아프게 한단다.

3. 황사 발생 시 대처 방법에 대해 이야기를 나눈다.

- 황사가 발생하면 어떻게 해야 할까?
  - 황사가 심하면 외출을 삼간다.
  - 외출 시 마스크, 보호안경, 긴 소매 옷을 입는다.
  - 외출에서 돌아와 손발을 씻고 양치질을 한다.
  - 창문과 환기구 단속을 잘하여 먼지가 집안으로 들어오지 않게 한다.
  - 과일, 채소류 등을 깨끗하게 씻어 먹는다.

4. 황사 발생 시 유아들이 할 수 있는 일들을 알아보고 실천하기로 약속한다.
   - 너희들이 할 수 있는 일은 무엇일까?

**확장활동** 황사에 관심을 갖고 원인을 알아보는 활동을 해보고 대처방법을 실천한다.

## 8 눈이 많이 내려요(폭설)

**활동목표** ① 폭설이 일어나는 상황을 이해한다.
② 폭설로부터 안전하게 내 몸을 보호하는 방법을 알아보고 실천한다.

**활동유형** 이야기 나누기

**활동자료** 여러 가지 종류의 옷, 모자, 귀마개, 장갑, 목도리, 털장화 등

**활동방법**
1. 눈이 많이 내린 것을 본 경험이 있는지 이야기를 나눈다.
   - 눈이 많이 내리는 것을 본 적이 있니?
   - 눈이 많이 내리면 날씨가 어떠니?
2. 폭설로 날씨가 추워지면 우리 몸을 보호할 수 있는 방법은 무엇이 있는지 알아본다.
   - 폭설로 날씨가 추워지면 어떻게 해야 할까?
   - 우리 몸을 따뜻하게 보호하려면 어떻게 해야 할까?
3. 몸을 따뜻하게 해주는 여러 가지 소품을 탐색해본다.
   - 몸을 따뜻하게 하려면 어떤 것들이 필요할까?
4. 준비한 여러 가지 소품을 착용해보고 난 느낌에 대해 이야기를 나눈다.

**확장활동** 따뜻하게 옷 입히기 게임 활동을 해본다.

## 9 자연재해 신문 만들기

**활동목표** ① 자연재해의 개념을 이해하고 예방책을 알아본다.
② 신문이나 사진 자료를 통해 필요한 정보를 모은다.

**활동유형** 언어활동, 역할

**활동자료** 재해사고 현장 사진 자료, 종이, 필기도구, 색종이, 풀, 가위 등

**활동방법**

1. 자연재해가 무엇인지 이야기를 나눈다.
   - 사진에 어떤 일이 생긴 것 같니?
   - 왜 이런 일이 생긴 것일까?
2. 자연재해 신문을 만들려면 무엇을 해야 할지 방법을 모색해본다.
   - 자연재해 신문을 만들려면 어떤 것들이 필요할까?
   - 어떤 내용들이 들어가야 할까?
3. 그룹별로 자료를 가지고 신문을 만들어본다.
4. 완성한 신문을 소개하고 느낌에 대해 이야기를 나눈다.

**유의점**

- 교사는 사전에 각종 자연재해 관련 사진이나 사고 기사를 다양하고 충분하게 준비한다.
- 신문을 만들기 전에 유아들과 정보수집 관련 사전활동을 한다.

**확장활동**

- 그룹별로 만든 신문을 복사해 여러 유아들이 가정에서도 함께 공유할 수 있도록 한다.
- 자연재해 신문 전시회를 해본다.
- 자연재해에 관련된 내용을 수집해 뉴스보도 활동을 해본다.

# 제9장 화재 및 화상안전

불은 우리 생활에 없어서는 안 될 꼭 필요한 고마운 존재지만, 잘못 다루었을 때는 우리의 귀중한 생명과 재산을 빼앗아 갈 수 있는 무서운 것이기도 하다. 따라서 화재를 경감시키기 위해서는 3E－Enforcement(시행), Engineering(기술), Education(교육)－를 실천해야 한다. 즉 소방과 건축 등 안전관계법이 우선적으로 철저히 시행되고, 소방에 관계된 제반 기술의 진보와 점검 등이 이루어져야 하며, 마지막으로 국민들 스스로가 항상 화재에 대한 주의와 관심을 갖고 불조심하는 습관을 생활화하는 교육을 하는 것을 의미한다. 이 중 교육이 가장 중요한 일이라 하겠다(조태길 외, 2000).

이 장에서는 화재 및 화상안전교육의 필요성과 교육목표 및 내용, 활동의 실제에 관하여 살펴보고자 한다.

## 1. 화재 및 화상안전교육의 필요성

화재는 교통사고와 함께 영유아 사망의 주요 원인이다. 화재 및 화상은 사망에 이르지 않더라도 신체적 손상을 남겨 이로 인해 심리적으로도 큰 영향을 준다.

대부분의 화재는 화기 취급 시 부주의와 안전에 대한 인식의 부족으로 발생하는 것이 전체 화재 사고의 대부분을 차지하고 있다. 따라서 소방시설의 설치 및 점검뿐 아니라 사고를 예방하는 생활습관과 사고 시 대피하는 방법을 영유아기부터 교육하여야 한다. 이를 통해 영유아들의 잠재의식 속에서 불장난에 대한 호기심을 몰아내고 안전에 대한 새로운 관념을 심어주어 화재로 인한 영유아들의 부상을 최소화하고 주변에서 발생할 수 있는 위험을 예방하고 대처하는 데 필요한 지식과 기술 및 태도를 길러주므로 반드시 필요한 일이다(강혜원, 2003). 또한 정기적으로 대피를 중심으로 한 소방훈련을 실시하여 화재 발생 시 평소의 훈련대로 대피할 수 있도록 하여야 한다.

## 2. 화재 및 화상안전교육의 목표 및 내용

### 1) 교육목표

영유아는 어른과 달리 경미한 사고에도 매우 치명적인 피해를 입을 수 있으며, 특히 화재는 그 후유증이 크기 때문에 사고예방을 위해 힘써 노력을 기울여야 하고 사고 발생 시의 대처능력을 길러 피해를 최소화할 수 있어야 한다(오정옥, 2007). 이에 화재 및 화상안전교육에서는 영유아 스스로 위험으로부터 자신을 보호할 수 있도록 화재 및 화상 안전지식과 태도, 기능을 익히게 하여 화재로 인한 피해를 예방하고 최대한 줄이며, 건강하고 안전한 생활을 습관화할 수 있도록 도와주어야 한다. 구체적인 화재안전교육의 목표는 다음과 같다.

① 화재의 원인과 미리 화재를 예방할 수 있는 방법을 이해한다.
② 화재 시의 적절한 대처방법을 이해하고 필요한 기술을 익힌다.
③ 화상의 종류와 예방법을 이해하고 실천하는 태도를 기른다.
④ 화상을 입었을 때 적절하게 대처하는 방법을 익힌다.

### 2) 교육내용

일반적으로 화재 및 화상안전교육에서는 화재나 화상의 원인과 종류, 대처법, 화재 시에 대비하여 대피훈련을 어떻게 해야 하는지에 대한 내용을 다루어주어야 한다. 구체적으로 살펴보면 다음과 같다.

#### (1) 화재 및 화상의 종류 및 사고예방법

**① 불**

불이란 산소가 있는 상태에서 연료와 열이 화학적으로 반응하여 빛과 열이 발생하는 것이다. 불은 가연물, 열(점화원), 산소(공기) 등 세 가지 조건이 갖추어져야만 발생이 가능한 것으로, 이 세 가지를 '불의 3요소'라 한다.

불은 불꽃과 연기로 구성되어 있다. 불꽃은 산소의 양이 많을수록 커지지만 불꽃이 없다고 해도 약한 불이라고 생각해서는 안 된다.

연기는 연료가 타는 것에 의해 발생하는 기체로서, 일반적으로 불이 난 곳에서 생기는 것이지만 바람을 타고 멀리까지 날아간다. 화재에서의 손상은 열이나 불꽃에 직접 노출되어 생기는 것보다 연기에 의해 생기는 경우가 더 많다.

### ② 화재의 종류

화재가 일어나는 연료가 무엇이냐에 따라 불의 종류가 달라지고, 불을 끄는 방법과 직접적인 관계가 있으므로 꼭 알아두어야 한다(이기숙 외, 2002).

- A형: 종이, 나무, 옷 등이 타는 것으로, 재를 남기는 유형의 불을 지칭한다. 불을 끄고자 할 때는 온도를 낮추는 것이 좋으므로 대개 물을 사용한다.
- B형: 석유, 휘발유 등 친화성이 높은 액체 연료에 의해 발생하며, 불을 끄고자 할 때는 담요 등을 덮어서 산소를 차단시키는 것이 좋다.
- C형: 전기에 의해 발생하는 것으로, 전선이나 전기제품이 과열되거나 하나의 콘센트에 너무 많은 가전제품을 연결하여 쓸 때 발생한다. 전원을 차단하고 반드시 소화기를 이용하여 불을 꺼야 한다.

### ③ 화재의 원인

화재의 원인은 전기화재, 담뱃불 등 부주의 화재, 방화 등 다양하다. 각 화재 종류별 구체적인 원인 및 사고예방법은 〈표 9-1〉과 같다.

〈표 9-1〉 화재의 원인 및 사고예방법

| 종 류 | 원 인 | 화재사고 예방법 |
|---|---|---|
| 전기화재 | • 전선의 합선 또는 단란에 의한 발화<br>• 누전에 의한 발화<br>• 과전류(과부하)에 의한 발화<br>• 규격 미달의 전선 또는 전기기계기구 등의 과열<br>• 배선 및 전기기계기구 등의 절연불량 상태<br>• 정전기로부터의 불꽃 | • 전기기구를 사용하지 않을 때에는 스위치를 끄고 플러그를 뽑아 둔다.<br>• 한 개의 콘센트에서 여러 선을 끌어 쓰거나 문어발식 사용을 하지 않는다.<br>• 전선이 꼬이거나 묶어 사용하면 열이 발생하여 위험하므로 전선이 꼬이지 않게 한다.<br>• 콘센트에 플러그를 깊숙이 꽂지 않으면 열이 발생하므로 완전히 꽂아 사용한다. |

| 종 류 | 원 인 | 화재사고 예방법 |
|---|---|---|
| 담뱃불화재 | • 술에 취한 채 잠자리에서 흡연<br>• 어른들이 무심코 버린 담배꽁초가 발화<br>• 담배 불씨를 완전히 끄지 않은 채 휴지통에 버려서 발화<br>• 재떨이의 담배 불씨를 완전히 끄지 않은 채 재떨이를 쓰레기통에 비우고 퇴근하여 발화 | • 인화성이 강한 물질이 있는 장소나 실내에서는 금연을 한다.<br>• 잠자리에서는 담배를 피우지 않도록 한다.<br>• 담배를 피울 수 있는 장소는 편리하고 안전한 곳을 택하여 '흡연구역'으로 지정한다.<br>• 담배를 피우다가 용무로 잠깐 자리를 비울 경우 반드시 담뱃불을 끄고 나가야 한다.<br>• 불씨가 튀지 않도록 재떨이에 약간의 물을 부어 놓는다. |
| 불장난 | • 성냥, 라이터, 난롯불, 아궁이불, 전기다리미<br>• 촛불놀이, 폭죽놀이, 화약놀이 | • 성냥, 라이터 등은 어린이들의 손이 닿지 않는 곳에 보관한다.<br>• 성냥, 라이터, 폭죽놀이, 깡통놀이 등을 하지 않도록 단속한다.<br>• 어린이들이 불에 대한 올바른 인식을 갖도록 교육시킨다.<br>• 어린이들에게 석유난로 등을 켜거나 끄도록 심부름을 시키지 않는다.<br>• 외출 시 모든 화기의 안전점검을 하고 어린이들에게 불조심에 대한 주의를 시킨다.<br>• 어린이들에게 119 허위신고(장난전화)를 하지 못하도록 교육시킨다. |
| 가스화재 | 〈공급자〉<br>• 용기 밸브의 오조작<br>• 용기 교체 작업 중 누설화재<br>• 잔량 가스처리 및 취급 미숙<br>• 가스충전 작업 중 누설 폭발<br>• 고압가스 운반기준 미이행<br>• 배달원의 안전의식 결여 | • 가스는 라이터나 전기기구로부터 멀리 떨어진 안전한 장소에 저장해야 한다.<br>• 불꽃이 있거나 뜨거운 열기가 있는 주변에서는 가스를 사용하지 않아야 한다.<br>• 가스가 들어 있는 용기는 뚜껑을 단단히 닫은 다음 영유아들이 만지지 못하도록 안전한 곳에 두어야 한다. |

| 종 류 | 원 인 | 화재사고 예방법 |
|---|---|---|
| 가스화재 | 〈사용자〉<br>• 실내에 용기보관 가스 누설<br>• 점화 미확인으로 누설 폭발<br>• 환기 불량에 의한 질식사<br>• 가스 사용 중 장시간 자리 이탈<br>• 성냥불로 누설 확인 중 폭발<br>• 인화성물질(연탄 등) 동시 사용 | • 비눗물을 사용하여 가스가 새지 않는지 점검을 해야 한다(가스가 새는 곳은 호스 겉면에 비누거품이 일어난다)<br>• 가스가 새는 경우 먼저 환기를 시킨 다음(가스 기술자를 통해) 새 호스로 갈아야 한다.<br>• 가스레인지를 사용한 다음에는 항상 중간 밸브를 잠가두는 습관을 들여야 한다.<br>• 자동 점화식에서 점화를 몇 번 반복하면 가스가 체류하므로 일단 코크를 닫고 환기를 한다.<br>• 일정 기간에 반드시 안전점검을 하고 호스나 밸브 등을 미리 교환해야 한다. |
| 방화 | • 가정불화<br>• 부부 또는 친구 등과의 싸움<br>• 비관자살, 주벽, 정신이상 등으로 비정상적인 심리<br>• 보험과 관계된 방화 | • 차량 방화를 예방하기 위해서 주택가나 도로상에 주차하지 않는다.<br>• 빈집 또는 건물의 화재예방을 위해 시건장치 후 외출한다.<br>• 주변 정신질환자에 대한 행동을 예의주시하고 성냥, 라이터 보관에 유의한다. |
| 유류화재 | • 석유난로에 불을 끄지 않고 기름을 넣을 때<br>• 주유 중 새어나온 유류의 유증기가 공기와 적당히 혼합된 상태에서 불씨가 닿을 경우<br>• 유류기구를 사용 도중에 이동할 때<br>• 불을 켜놓고 장시간 자리를 비울 때<br>• 난로 가까이에 불에 타기 쉬운 물건을 놓았을 때<br>• 튀김요리 중 튀김기름이 가열되어 넘치는 경우 | • 유류는 다른 물질과 함께 저장하지 않도록 하고, 저장소는 환기가 잘 되게 한다.<br>• 급유 중 흘린 기름은 반드시 닦고 난로 주변에는 소화기나 모래 등을 준비해 둔다.<br>• 석유난로, 버너 등은 사용 도중 넘어지지 않도록 고정시켜 둔다.<br>• 석유난로 주변은 늘 깨끗이 하고 불이 붙은 상태로 이동하거나 주유해서는 안 된다.<br>• 기타 위험물취급 장소에서 절대 담배를 피우지 않고 불조심에 대한 교육을 한다. |

| 종 류 | 원 인 | 화재사고 예방법 |
|---|---|---|
| 불티화재 | • 용접 부주의로 불티가 가연물에 떨어져 화재 발생<br>• 용접 물체가 가열되어 주위의 가연물에 옮겨져 화재 발생<br>• 모닥불, 소각장 등의 불티가 바람에 날려 화재 발생<br>• 배관 용접/절단 시 보온 재료에 불티가 옮겨 붙어 화재 발생<br>• 용접작업장 인근에 방치되어 있는 위험물/가연물에 불티가 튀어 화재 발생 | • 용접작업이나 쓰레기를 소각할 때는 소화기나 소화수 등을 비치한 후 작업에 임한다.<br>• 용접작업장 부근의 연소 위험이 있는 위험/가연물을 제거한 후 작업한다.<br>• 불은 충분히 소화시키고 재연소 발화 위험을 없애기 위해서 땅속에 완전히 묻는다. |

### ④ 화상의 종류 및 원인

화상이란 뜨거운 열, 액체, 증기, 화학물질, 햇볕, 전기 등에 피부가 노출되어 손상 입는 것을 말한다. 구체적인 원인이나 손상의 정도에 따라 다음과 같이 분류된다.

**〈원인에 따른 화상의 분류〉**

- 열에 의한 화상: 뜨거운 물, 열, 증기, 햇볕 등에 의한 화상
- 화학약품에 의한 화상: 부식성 화학물질에 의한 화상
- 전기에 의한 화상: 과전류에 의한 화상

**〈정도에 따른 화상의 분류〉**

- 1도 화상: 피부가 빨갛게 붓고 화끈거린다.
- 2도 화상: 피부가 빨갛게 붓고 물집이 생긴다.
- 3도 화상: 피하조직과 신경까지 손상되어 피부가 말라 쪼그라든다.

### ⑤ 화상 예방법

열과 전기에 의한 화상 예방을 위한 교육내용은 다음과 같다(이기숙 외, 2002).

**〈열에 의한 화상 예방법〉**

- 영유아들이 있는 가정이나 유아교육기관에서는 가능한 한 식탁보를 사용하지

않는다. 식탁보를 사용해야 하는 경우라면 영유아들에게 식탁보를 절대 잡아 당기지 않아야 함을 가르친다.

- 뜨거운 그릇이나 음식은 영유아의 손에 닿지 않는 곳에 둔다.
- 싱크대나 가스레인지, 식탁 위에 있는 밥솥, 냄비나 프라이팬, 국그릇 등은 영유아들의 손에 닿지 않는 곳에 두고 이들의 손잡이는 반드시 안쪽으로 향하게 둔다. 또 영유아들에게는 이런 것에 함부로 손을 대지 않아야 함을 알려준다.
- 밥솥에는 가까이 가지 않으며 김이 나는 것을 만지거나 밥솥 뚜껑을 함부로 열지 않는다.
- 전자레인지에서 데운 음식은 그릇을 만져서 느끼는 것보다는 의외로 뜨겁다는 사실을 알게 하고 항상 조심하게 한다.
- 난로나 다리미 등 열을 발생하는 가전제품 가까이는 가지 않으며, 그 근처에서는 장난을 하지 않는다. 특히, 영유아교육기관에서 작업시간에 다리미를 사용할 경우 교사가 꼭 감독을 해야 한다.
- 성냥, 라이터, 촛불에 가까이 가지 않으며 특히 촛농을 가지고 장난하지 않는다.
- 햇빛에 의해서도 화상을 입을 수 있으므로 뜨거운 태양 아래서 너무 오래 놀지 않는다. 특히 여름에는 직사광선이 강한 12시부터 14시 사이에는 오래 나가 놀지 않는 것이 좋다.
- 여름철에는 스테인리스로 만들어진 미끄럼틀을 타다가 화상을 입을 수 있으므로 주의한다.
- 뜨거운 물이 나오는 수도꼭지는 절대로 만지지 않는다. 영유아교육기관이나 가정의 더운물 온도는 48.4도를 넘지 않도록 조정하는 것이 좋으나 여의치 않는 경우 성인이 물의 온도를 직접 조절해주는 것이 좋다.
- 목욕물은 43°가 넘으면 안 되며, 반드시 손가락을 넣어보아 얼마나 뜨거운지를 확인하고 들어간다.
- 욕실에 영유아를 절대로 혼자 두지 않는다.

**〈전기에 의한 화상 예방법〉**

- 벗겨진 전선은 손으로 만지지 않는다.
- 전원에 열쇠나 핀 등 쇠붙이를 꽂거나 젖은 손으로 전원을 만지지 않는다. 만

약을 대비하여 쓰지 않는 전원은 뚜껑을 덮어두는 것이 좋다.

- 젖은 손으로 가전제품, 전기용품, 전깃줄 등을 만지지 않는다.
- 전기용품을 사용하다가 물에 떨어뜨렸을 때에는 플러그를 먼저 뽑고 나서 나무집게 등의 절연체를 이용하여 건져낸다.

### (2) 화재 시 대처방법

잠시만 눈을 떼도 다치기 쉬운 영유아들에게 불이 났을 때 어떻게 대처하는지, 도움을 어떻게 청하는지 구체적인 지도방법은 다음과 같다(행정안전부, 2008 http://www.mopas.go.kr).

① 우선 침착하게 "불이야!"라고 큰소리로 외쳐서 다른 사람들에게 불이 났다는 사실을 알린다.

② 빨리 안전한 곳으로 대피한 다음 곧바로 119에 전화를 걸어 화재신고를 한다.

- 크고 침착한 목소리로 명확하게 재해 발생 장소, 주소, 주변의 큰 건물 등을 상세하게 설명하여야 한다.
- 신고 시 전화를 받는 사람에게 자신의 전화번호를 알려준다.
- 신고 후 가능하면 전화를 쓰지 않는다(소방대기 출동 후 다시 전화하여 관련 정보를 물을 수 있기 때문이다)

③ 화재를 피해 대피할 때는 엘리베이터는 타지 말고 계단을 이용한다.

④ 혹시 대피가 늦어 연기로 가득한 집이나 교실을 빠져 나올 때는 손으로는 코와 입을 막고 낮은 자세로 기어 나와야 한다.

⑤ 무섭다고 장롱이나 화장실, 책상 밑으로 숨거나 창문 밖으로 뛰어 내리면 안 된다.

⑥ 아래층으로 대피를 못할 경우에는 옥상으로 대피, 구조 요청을 한다.

⑦ 옷에 불이 붙었을 때는 바닥에 엎드려 두 손으로 눈과 입을 가리고 불이 꺼질 때까지 바닥에 뒹굴어야 한다.

발화 초기, 대피방법, 건물에 갇혔을 때 등 각 상황별 대처방법을 그림으로 살펴보면 다음과 같다(세이프코리아 http://www.safekids.or.kr).

"불이야!" 하고 큰소리로 주위 사람들에게 알린다.

경보기를 누른다.

침착하게 전화로 소방관서에 119로 화재 발생을 신고한다.

창문이나 출입문은 함부로 열지 말고 손을 대어 보았을 때 뜨겁거나 문틈에서 연기가 새어 들어오면 절대로 문을 열어서는 안 된다.

전기 개폐기를 내려서 전기의 흐름을 차단하고 원인을 알아 신속히 대처한다.

주위에 있는 소화기, 옥내 소화전 등을 이용하여 화재를 신속히 진화한다.

어린이를 구하거나 귀중품을 꺼내오기 위하여 함부로 재차 무리한 진입을 하여서는 안 된다.

건물 내에 갇혔을 때는 수건을 창문 밖으로 내어 흔들거나 고함을 질러 자기 소재를 알려야 한다.

[그림 9-1] 발화 초기 대처방법

만약의 경우를 대비하여 화재 시 피난 계획을 세워둔다.

고층건물 출입 시와 호텔, 여관 등에 숙박 시에는 사전에 피난계단, 피난기구 등을 확인하여 둔다.

화재 시 신속하고 침착한 행동으로 비상구, 피난시설을 이용하여 안전한 곳으로 대피한다.

자세는 낮게 하고 물에 적신 손수건 등으로 입과 코를 막고 숨을 짧게 쉰다.

승강기는 갇히거나 질식할 염려가 있으므로 사용하지 않는다.

비상구를 통하여 대피할 경우 반드시 문을 닫고 대피하여 화재와 연기의 확산을 지연시킨다.

피난 시설 및 기구 없이 대피할 때는 커튼, 천 등으로 만든 줄을 타고 내려갑니다. 아래층으로 대피가 불가능할 경우에는 옥상으로 대피한다.

바람을 등지고 구조를 기다리며, 당황하여 뛰어내리지 않는다.

[그림 9-2] 대피방법

화기가 없는 창 밖으로 소리를 지르거나 물건을 던지거나 흰 천을 흔들어 자기 위치를 알린다.

당황하지 말고 연기가 문틈 사이로 새어 들어오면 담요나 시트, 양말 등의 천으로 물을 적셔 틈을 막아야 한다.

연기가 새어 들어오면 담요나 시트, 양말 등을 물에 적셔 문틈을 막고 손과 무릎을 바닥에 대고 낮은 자세를 취하여 짧게 숨을 쉰다.

위급한 상태일지라도 구조를 기다려야 하며 창 밖으로 뛰어 내리거나 함부로 창문을 열어서는 안 된다.

얼굴이나 팔 등은 화상을 입기 쉬우므로 물에 적신 수건으로 입과 코를 막으며 젖은 모포 등을 뒤집어쓴다.

실내에 물이 있으면 불에 타기 쉬운 물건에 물을 뿌려주고 커튼 등을 제거한다.

[그림 9-3] 건물에 갇혔을 때의 대처방법

### (3) 소화기 사용방법

소화기는 평소 불조심을 일깨워주고 불이 났을 때 초기 화재에 결정적인 역할을 하기 때문에 소방차 못지않게 중요하다. 따라서 언제 소화기를 사용하고 사용하지 않아야 하는가를 아는 것은 화재 대비에 중요한 일이다. 소화기를 사용할 수 있는 경우는 다음과 같다(강혜원, 2003).

- 화재가 막 시작될 때 그 옆에 있거나 화재가 초기단계에서 발진했을 때
- 다른 직원이 영유아들을 모두 탈출시키고 소방서에 연락했을 때
- 화재가 작을 때(원래 탄 물건에 국한될 때: 쓰레기통, 쿠션, 작은 물품)
- 탈출구를 등지고 불과 싸울 수 있을 때
- 만약 소화기 사용이 실패했을 경우 빨리 벗어나올 수 있을 때

만약 화재가 확대되거나 탈출구를 막을 수 있다면 조금이라도 화재를 진압하느냐 마느냐로 고민하지 말고 탈출한 후 소방서에 신고한다.

한편, 소화기를 사용할 때는 화점으로부터 2m 뒤로 물러서서 사용한다. 소화기에 대해 알고 있어야 할 원칙들은 다음과 같다.

① 소화기를 사용해서 불을 끌 때는 전기, 가스, 석유 등에 의해 불이 났을 때라는 것을 알아야 한다.

② 소화기는 잘 보이는 곳, 꺼내기 쉬운 곳, 그늘진 곳, 습기가 없는 곳에 보관한다.

③ 소화기는 항상 있던 자리에 두며, 소화기로 장난하지 않도록 한다.

④ 소화기를 선택할 때에는 어떤 종류의 불을 끌 수 있는 다목적용을 고르는 것이 무난하다.

⑤ 소화기 사용법을 반드시 알고 있어야 한다. 소화기 사용법은 [그림 9-4]와 같다(세이프코리아 http://www.safekids.or.kr).

[그림 9-4] 소화기 사용법

### (4) 화재 대피훈련

유아교육기관에서 실시하는 화재가 발생할 경우 무엇보다도 영유아의 행동이 민첩하지 못하여 많은 인명피해 · 재산피해를 입을 수 있으므로 유사시 신속하고 안전하게 대피하는 데 익숙하도록 적어도 월 1회 이상 정기적인 화재 대피훈련을 실시하는 것이 바람직하다. 즉, 화재 발생 시의 적절한 대처방법에 대하여 평소에 안전교육을 실시하고 그 내용을 자주 되풀이하여 알려주며, 화재상황을 가상하여 배우고 익힌 대처방법을 실제로 반복하여 경험하게 함으로써 만약의 경우 손상을 최소화할 수 있도록 해야 한다.

화재 대피훈련을 할 때는 반드시 사전에 교사회의에서 훈련의 일정과 방법을 논의하고, 가정통신문을 통해 영유아의 가정에 화재 대피훈련이 있음을 알리도록 한다. 또한 비상구 표시나 비상 대피로, 소화기 등의 안전 여부를 확인하고, 교사들이 역할을 분담하여 질서 있게 실시함으로써 영유아들이 놀라거나 당황하는 일이 없도록 한다. 구체적인 교사별 역할 분담 내용은 〈표 9-2〉와 같다(강혜원, 2003).

〈표 9-2〉 화재 시(대피훈련) 교사별 역할분담

| 교사 구분 | 행동 요령 |
|---|---|
| 교사 1 | • 침착한 목소리로 화재가 발생했음을 알린다(화재경보기에 의해 화재 발생 사실을 알릴 수도 있다). |
| | • 영유아들이 당황하지 않고 줄을 서도록 한다. |
| | • 줄을 서는 동안 신속하게 대피로를 파악한다(평소 대피로는 두 곳 이상 확보되어야 하고 대피로에는 불필요한 물건들을 놓지 않는다). |
| | • 앞에 서서 영유아들을 인도한다. |
| 교사 2 | • 작은 불일 때는 물이나 소화기로 불을 끈다. |
| | • 대피하는 영유아들의 줄이 끊어지지 않도록 대열의 중간에서 지도한다. |
| 교사 3 | • 119에 즉시 신고한다. |
| | • 교사 3은 실내를 마지막으로 점검하고 뒤쳐지는 영유아가 없도록 맨 뒤에서 대피를 지도한다. 밖으로 나와서는 모두 다 나왔는지 확인한다. |

출처: 강혜원(2003)

훈련 후 화재 대피훈련에 대해 평가할 수 있도록 일지를 준비하여 훈련 내용과 과정을 상세히 기록해두도록 한다. 화재 대피훈련 일지의 예는 다음 〈표 9-3〉과 같다.

〈표 9-3〉 화재 대피훈련 일지

<table>
<tr><td>1. 실시한 시기</td><td colspan="2">년 월 일 시 분~ 시 분(소요시간 분)</td></tr>
<tr><td>2. 참가자</td><td colspan="2">교사( 명), 유아( 명), 총( 명)</td></tr>
<tr><td rowspan="7">3. 역할 담당</td><td>구 분</td><td></td></tr>
<tr><td>유아 대피</td><td></td></tr>
<tr><td>화재 신고</td><td></td></tr>
<tr><td>다친 유아 치료</td><td></td></tr>
<tr><td>실내 확인</td><td></td></tr>
<tr><td>소요 시간 측정</td><td></td></tr>
<tr><td>최종 인원 점검</td><td></td></tr>
<tr><td>4. 불이 난 위치<br>및 대피경로</td><td colspan="2"></td></tr>
<tr><td colspan="3">〈유아교육기관 평면도 그림〉</td></tr>
<tr><td>5. 화재 발생 신호</td><td colspan="2"></td></tr>
<tr><td>6. 중점 사항</td><td colspan="2"></td></tr>
<tr><td>7. 사용된 물품 및 용도</td><td colspan="2"></td></tr>
<tr><td>8. 평 가</td><td colspan="2"></td></tr>
</table>

화재 대피훈련 시 영유아들에게 알려주어야 할 내용과 대피훈련의 원칙은 다음과 같다(이기숙 외, 2002; 조경자, 이현숙, 1998; 최민수, 20010).

① 처음 대피훈련을 실시하기 전에 영유아들에게 대피훈련의 이유와 방법을 설명해준다.
② 영유아들이 공포를 느낄 수 있으므로 익숙해지기 전까지는 예고 하에 훈련을 실시하는 것이 바람직하다. 그리고 점차 예고 없이 영유아들과 함께한 성인의 수가 가장 적을 때 훈련을 한다. 영유아들에게도 예고 없이 훈련이 실시될 것임을 알린다.
③ 화재경보기 소리를 식별하도록 한다. 화재경보기가 울리면 놀던 것을 멈추거나 화장실에서 나와 교사에게로 간다. 만약 건물 밖에 있었다면 그대로 바깥에 있으면서 평소에 모이기로 약속해 둔 장소로 간다.
④ 교사의 지시대로 신속하게 움직인다. 자기 소지품이나 옷 등을 챙기려 하지 않는다.
⑤ 대피훈련을 할 때 장난을 치지 않는다.
⑥ 가까운 친구들이 함께 훈련에 참가하는지 확인한다.
⑦ 가능하면 2분 이내에 모두 대피하도록 훈련한다.
⑧ 처음부터 전체 영유아를 대상으로 훈련하기보다는 학급별 · 연령별로 실시한 뒤 단계적으로 전체 영유아를 포함시킬 수 있다.

## 3. 화재 및 화상안전교육 활동의 실제

### 1 불조심

**활동목표** ① 불의 위험성을 안다.
② 화재의 원인과 예방법을 익혀 화재를 예방할 수 있다.

**활동유형** 이야기 나누기, 노래 부르기

**활동자료** 그림 자료(가스레인지 켜는 모습, 불장난하는 모습, 불꽃놀이하는 모습), 가사판(불조심)

**활동방법** 1. 불이 어떻게 날 수 있는지 이야기를 나눈다.
- 불을 본 적 있니? 어디서 보았니?
- 불은 얼마나 뜨거울까?
- 불은 어떻게 날 수 있을까?

2. (성냥놀이하는 그림 자료를 제시하며) 불은 위험하므로 불이 나지 않도록 조심할 수 있는 방법에 대해 이야기를 나눈다.
- 이 그림은 무엇을 하는 것일까?
- 왜 위험할까?
- 불은 우리 생활을 편리하게 하기도 하지만 이렇게 위험하게 만들기도 한단다.
- 그럼, 어떻게 하면 불이 나지 않도록 조심할 수 있을까?

3. 〈불조심〉 노래를 배워본다.

불 조 심

김성균 작사 · 작곡

**확장활동**
- 불이 났을 때의 표정과 행동을 창의적 신체표현으로 해본다.
- 가정에서 지켜야 할 화재 예방 안전규칙을 편지지에 그림이나 글로 적어 어머니에게 보내도록 한다.

## 2 멈춰요! 엎드려요! 굴러요!

**활동목표** ① 화재가 났을 때 침착하게 대처하는 태도를 기른다.
② 몸에 불이 붙었을 때 적절하게 대처하는 방법을 익힌다.

**활동유형** 게임

**활동자료** 불꽃 모양(부직포), 투명테이프, 신호악기(뮤직벨)

**활동방법**
1. 몸에 불이 붙었을 때 대처하는 방법에 대해 이야기를 나눈다.
   - 만약에 불이 나서 우리 옷에 불이 붙으면 기분이 어떨까?
   - 만약 옷을 벗으면 어떻게 될까?
   - 어떻게 하면 옷에 붙은 불을 끌 수 있을까?
2. 신체부위에 따라 불 끄는 방법에 대해 이야기를 나눈다.
   - 등에 불이 붙으면 어떻게 몸을 굴려야 할까?
     배: 배를 땅에 대고 비벼서 끈다.
     머리: 옷을 머리 위로 올려 끄거나 옷을 벗어 친구의 머리를 감싸주거나 머리를 털어준다.
     등: 등을 땅에 대고 누워 비벼서 끈다.
     다리: 불이 붙은 다리를 땅에 대고 비벼서 끈다.
3. 게임방법에 대해 이야기를 나눈다.
   - 불꽃 모양을 투명테이프를 이용해서 몸에 붙인 후 출발신호에 따라 걸어 나간다.
   - 신호악기 소리가 들리면 몸에 붙은 불꽃을 여러 가지 방법으로 떨어지게 한다.
   - 불꽃 모양이 떨어지면 출발점으로 되돌아온다.
4. 두 팀으로 나누어 게임을 한다.

**확장활동** 동시 〈멈춰요! 엎드려요! 굴러요!〉를 외워보게 한다.

### 멈춰요! 엎드려요! 굴러요!

불이 나면 내 옷에
불이 붙을 수 있네
이럴 땐 어떻게?
멈춰요! 엎드려요! 굴러요!
내 옷에 붙는 불
끌 수가 있네.

불이 나면 내 몸에
불이 붙을 수 있네
이럴 땐 어떻게?
멈춰요! 엎드려요! 굴러요!
내 몸에 붙은 불
끌 수가 있네.

## 3 불이 나면 119

**활동목표** ① 불이 났을 때 119로 신고해야 함을 안다.
② 신고하는 요령에 따라 119에 전화할 수 있다.
③ 119에 장난전화하면 안 된다는 것을 안다.

**활동유형** 역할놀이

**활동자료** 전화기 두 대, 부직포로 만든 소방관 복장

**활동방법**
1. 불이 났을 때 도움을 받을 수 있는 방법에 대해 이야기를 나눈다.
   - 불이 났을 때 어디에 전화하면 도움을 받을 수 있을까?
   - 119를 이용해본 적 있니?
2. 신고하는 요령을 익힌다.
   - 119로 신고할 때 소방관 아저씨가 쉽게 찾아올 수 있도록 어떤 것들을 말해주어야 할까?
   - 모형전화기를 이용해 119를 눌러 신고를 해본다.
3. 역할놀이를 해본다.
   - 유치원에서 불이 났다고 생각하고 119에 신고해볼까?
   - 집에 불이 났다고 생각하고 119에 신고해볼까?
4. 119에 장난전화를 하면 어떻게 되는지 이야기를 나눈다.
   - 불이 나지 않았는데도 119에 전화를 하면 어떻게 될까?
   - 장난으로 건 전화에 소방차가 출동을 했는데 다른 곳에서 정말로 불이 났다면 어떻게 될까?

**확장활동** 역할놀이 영역에 있는 전화기 옆에 119에 신고하는 요령을 적어 붙여놓고 수시로 연습할 수 있도록 한다.

## 4 소화기 사용법

**활동목표** ① 소화기의 용도 및 사용법을 익힌다.
② 화재 예방에 대해 관심을 갖는다.

**활동유형** 이야기 나누기

**활동자료** 그림 자료(소화기 구조 및 사용법), 소화기

**활동방법**
1. 불이 나면 끌 수 있는 방법에 대해 알아본다.
2. 소화기 사용 시기에 대해 이야기를 나눈다.
   - 소화기를 본 적 있니? 유치원(어린이집) 어느 곳에 있을까?
   - 소화기는 언제 사용할까?(작은 불일 때, 화재가 막 시작할 때 등)
3. 소화기 구조 및 사용법에 대해 익힌다.
   - 불이 난 곳을 확인하고 불이 난 곳 가까이에 바람을 등지고 선다.
   - 안전핀을 뽑는다.
   - 호스를 불이 난 곳으로 향하게 한다.
   - 손잡이를 강하게 움켜쥔다.
   - 불의 구석에서 중간으로 쓸 듯이 뿌린다.

**확장활동**
- 지역의 소방서를 방문하여 소방관의 설명과 함께 직접 불을 끄는 체험을 해본다.
- 여러 가지 폐품으로 소화기를 만들어본다.

## 5 소화기 만들기

**활동목표** ① 소화기의 구조를 이해한다.
② 소화기의 사용법에 대해 알고 잘 사용할 수 있는 기술을 기른다.

**활동유형** 조형활동

**활동자료** 소화기, 여러 가지 재활용품(PET병, 호스 등), 붉은색 라카, 본드, 스카치테이프, 가위 등

**활동방법** 1. 소화기를 보여주며 이야기를 나눈다.
- 이게 무엇인지 알고 있니?
- 어디에 사용하는 것이지?
2. 폐품을 이용하여 소화기를 만들어보자고 한다.
- 다양한 재료를 이용하여 소화기를 만들어보고 꾸며보자.
3. 역할놀이 영역에서 소화기로 불을 끄는 놀이를 해본다.

**확장활동** 조작영역에 소화기 사용 그림카드를 만들어두고, 순서대로 놓아보게 한다.

## 6 화상을 입었어요

**활동목표** ① 뜨거운 물건은 만지면 화상을 입는다는 것을 알게 된다.
② 뜨거운 것에 데었을 때는 가장 먼저 찬물에 담가야 함을 알게 된다.

**활동유형** 이야기 나누기

**활동자료** 붉은색 물감, 붓, 얼음물이 담긴 대야, 수건

**활동방법**

1. 뜨거운 것을 만졌던 경험에 대해 이야기를 나눈다.
   - 뜨거운 것을 만져본 적 있니?
   - 무엇을 만져봤니?
2. 화상에 대해 이야기를 나눈다.
   - 뜨거운 것을 만졌더니 어떻게 되었니?
   - 화상은 뜨거운 물건에 데는 것이다.
   - 화상을 당하게 되면 어떻게 할까?(흐르는 찬물에 화상 부위를 대어 화기를 뺀다)
3. 붉은색 물감이 뜨거운 것이라고 가정하고 교사가 영유아의 손가락이나 팔 등에 묻혀준다.
4. 화상 예방법에 대해 이야기를 나눈다.
   - 화상을 당하지 않으려면 어떤 일들을 조심해야 할까?

**확장활동**

- 뜨거운 물과 차가운 물이 담긴 페트병을 제시하여 직접 온도 차이를 느껴보도록 한다.
- 주변에 뜨거운 것과 차가운 것을 찾아 목록을 작성해본다.

## 7 소방 대피훈련

**활동목표** 화재 시 대피방법을 익힐 수 있다.

**활동유형** 체험학습

**활동자료**
- 비상벨(화재경보기)
- 소방훈련 VTR(소방서 자료 요청)

**활동방법**
1. 소방훈련 VTR을 보고 나서 소방훈련에 대해 이야기를 나눈다.
2. 영유아와 함께 대피계획을 세운다.
   - 출구와 비상구를 알아둔다.
   - 신호를 약속한다.
   - 장소를 선정한다.
   - 신고하는 법을 안다.
   - 밖으로 나가서 이웃집 전화나 공중전화를 이용하여 소방서에 신고해야 한다는 것을 기억한다(119).
3. 실제 소방 대피훈련을 한다.
   - 비상벨이 울리면 놀이하던 것을 멈추고 빨리 미리 정한 비상문 앞으로 모인다.
   - 연기가 가득할 경우 연기 아래로 낮게 기어가야 한다.
   - 옷이나 수건으로 입을 막고 기어간다.

**확장활동**
- 『삐뽀삐뽀 꼬마불자동차』 동화를 듣고 불이 나면 어떻게 할지 여러 가지 해결책을 글로 적거나 그림으로 표현해본다.
- 역할놀이영역에서 119구조대 놀이를 해본다.

## 8 산에 불이 났어요

**활동목표** ① 산불의 위험과 피해에 대해 알 수 있다.
② 산불예방법을 알고 지킬 수 있다.

**활동유형** 이야기 나누기

**활동자료**
- 산불 장면이 있는 VTR
- 그림 자료(이야기 화보)를 OHP 자료로 재구성

**활동방법**
1. 나무가 우리에게 주는 고마움을 알아본다.
   - 공기를 맑게 해준다.
   - 홍수를 막아준다.
   - 생활에 필요한 목재를 공급해준다.
2. VTR 시청하기(산불이 나는 현장).
3. 산불에 대해 이야기를 나눈다.
4. 그림을 보고 어떤 상황인지 이야기를 나눈다.

5. 산에서 어떻게 조심해야 하는지 이야기를 나눈다.

## 9 사다리차 타고 불끄기

**활동목표** ① 불이 날 수 있는 상황을 이해할 수 있다.
② 불이 났을 때의 대처방법을 알 수 있다.

**활동유형** 게임

**활동자료** 게임판, 주사위, 말

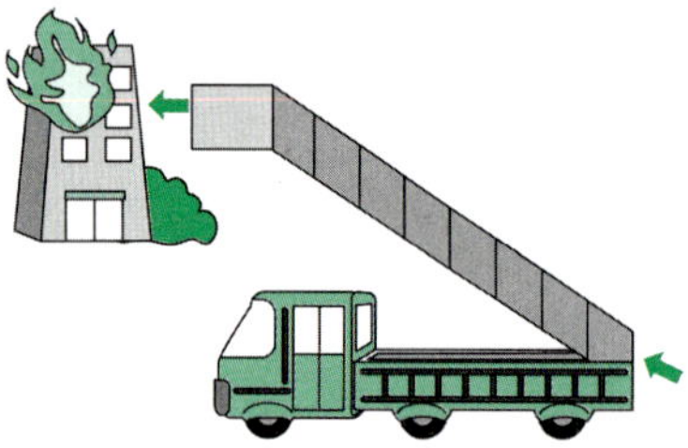

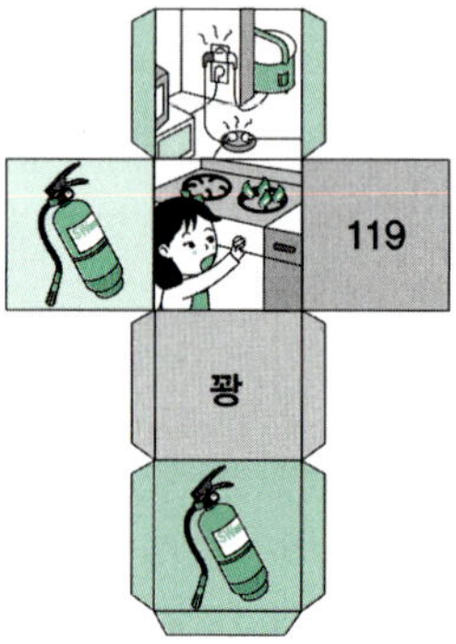


**활동방법** 1. 게임방법에 대해 설명한다.
- 주사위를 던져서 물, 소화기, 119 숫자가 나오면 사다리차 위를 한 칸, 불장난하는 그림이 나오면 사다리 아래로 한 칸 내려간다.
- 꽝이 나오면 다음 친구가 게임한다.

2. 두 팀으로 나누어 순서와 말을 정한다.
3. 불이 난 곳까지 오면 불을 끄고 다시 되돌아온다.

**확장활동** 소방서놀이를 할 수 있도록 역할영역에 소방대원의 의복(옷, 모자, 호스 등)을 비치해둔다.

## 10 위험, 불조심해요!

**활동목표** ① 성냥, 라이터 등의 위험성을 알고 꼭 필요할 때만 사용할 수 있다.
② 화재용품을 바르게 보관하고 사용할 수 있다.
③ 화재예방의 중요성을 인식한다.

**활동유형** 이야기 나누기

**활동자료** 막대인형(민아), 성냥과 라이터, 그림 자료(민아가 라이터를 가리키며 어른에게 이야기하는 모습, 불이 난 후의 모습)

**활동방법**
1. 성냥이나 라이터의 경험에 대해 이야기를 나눈다.
   - 어디에 쓰는 것일까? 사용해본 적 있니?
2. 막대인형을 움직여 민아가 집에서 놀이하다 성냥을 발견하는 상황을 제시해준다.
   - 민아는 성냥을 어떻게 했니?
   - (불이 난 후의 사진이나 그림을 보여주며) 어떤 일이 일어났니?
3. 성냥과 라이터의 올바른 사용법에 대해 이야기를 나눈다.
   - 우리가 사용하는 성냥이나 라이터는 편리하지만 위험하기도 하단다. 어떻게 사용하면 위험하지 않을까?
4. 민아 또는 성냥이나 라이터에게 해주고 싶은 말을 그림이나 글로 적어본다.
   - 민아에게 어떤 말을 해주고 싶니?
   - 성냥이나 라이터에게 어떤 말을 해주고 싶니?

**확장활동** 실외에서 불꽃놀이를 해보며 성냥과 라이터를 안전하게 사용할 수 있는 능력을 기르게 된다.

# 제10장 전기안전

다양한 전기제품이 개발되어 사용하게 되면서 전기로 인한 화재도 급증하였다. 이는 전기가 화재 위험이 높다기보다는 전기를 많이 사용하는 것에 비해 안전관리 방법을 잘 몰라 올바르게 사용하지 않기 때문이다. 현대사회에서는 전기를 사용하지 않고 생활할 수 없는 만큼 어린 시절부터 전기를 올바로 사용하여 전기로 인한 안전사고를 예방하는 교육이 필요하다. 이 장에서는 전기안전교육의 필요성, 전기안전교육의 내용 및 전기안전교육 활동의 실제에 관하여 살펴보고자 한다.

## 1. 전기안전교육의 필요성

전기로 인한 안전사고는 일단 발생하면 순식간에 발생하고, 사고를 알았을 때는 이미 늦는 경우가 많이 있으며, 화상 · 사망 등의 인명 피해와 막대한 재산피해가 발생할 가능성이 높다. 실제로 소방방재청(2007)의 화재 분석결과에 따르면, 화재의 원인은 부주의가 47.1%로 가장 높았고, 전기(22.1%)로 인한 화재가 그 다음으로 높았다. 전기 화재의 대부분은 전기 코드나 전선 등 전기용품에 대한 사전지식의 부족과 부주의한 사용에 의해 발생한다.

그러므로 우리 생활에서 없어서는 안 될 전기를 유익하게 사용하고 전기로 인한 안전사고를 예방하기 위해서는 가정이나 유아교육기관에서 전기와 전기제품의 관리를 철저히 하고, 영유아들에게 전기와 전기제품을 다룰 때의 안전을 지속적으로 교육함으로써 전기에 의한 사고를 예방해야 한다.

## 2. 전기안전교육의 목표 및 내용

### 1) 교육목표

영유아를 대상으로 한 전기안전교육은 영유아들이 우리 생활에서 전기의 유용성을 알고, 전기기구나 제품을 안전하게 관리하고 올바르게 사용하는 지식과 방법을 익히게 하는 데 있다.

### 2) 교육내용

영유아를 대상으로 한 전기안전교육에 포함되어야 할 내용은 다음과 같다.

- 전기가 우리생활에 주는 혜택
- 콘센트와 전기선 올바르게 사용하기
- 전기용품 올바르게 사용하기
- 전기의 위험성과 피해 사례 알기
- 전기로 인한 화재 대처법

그 밖에 가정이나 교육기관에서 전기로 인한 안전사고 예방을 위해 숙지하고 일상생활에서 실천해야 할 사항들은 다음과 같다.

- 전깃줄을 꼬거나 줄을 잡고 당기지 않도록 지도한다.
- 전기 콘센트에 젓가락이나 포크 등을 넣지 않도록 지도한다.
- 전기기구에 물이 닿지 않도록 하고 젖은 손으로 만지지 않도록 지도한다.
- 난로, 다리미 등 전열기구 근처에서 장난치지 않도록 지도한다.
- 플러그를 꽂거나 뺄 때는 전깃줄을 잡지 말고 반드시 플러그를 잡고 꽂거나 빼도록 지도한다.
- 하나의 콘센트에 여러 가전제품을 연결하지 않는다.
- 전기기구를 사용하지 않을 경우 반드시 전원을 끈다.

- 껍질이 벗겨진 전선이나 전원은 바로 교체한다.
- 물기가 많은 욕실에서는 헤어드라이기 등의 전기용품을 사용하지 않는다.
- 사용하지 않는 전원은 뚜껑을 덮어둔다.
- 전깃줄이나 전기용품은 정기적으로 점검한다.

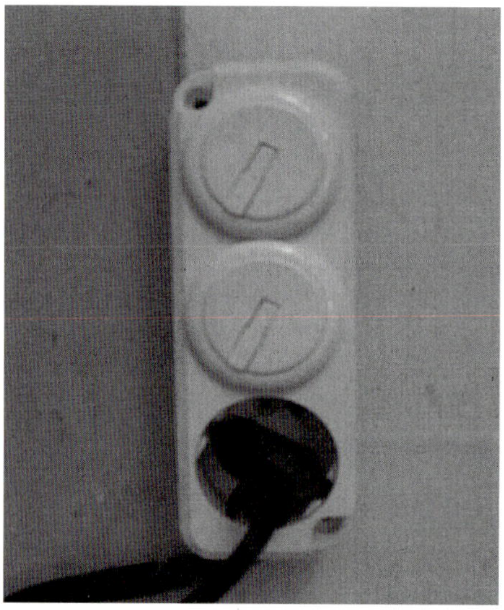
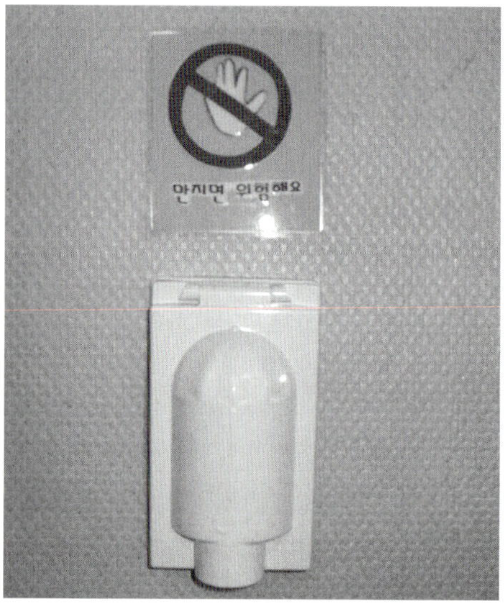


[그림 10-1] 전기 콘센트 뚜껑과 마개

## 3. 전기안전교육 활동의 실제

여기에서 소개하는 전기안전교육 활동들은 '안전한 보육환경 조성을 위한 안전교육 프로그램'(서울특별시, 2004), '보육시설에서 영유아의 안전생활습관 형성 지도 방안'(만리어린이집, 2004), '생활주제와 함께하는 안전교육'(한국산업안전공단, 2003)에 수록된 활동들을 참고하였다.

## 1 지지직! 불꽃이 번쩍

**활동목표** ① 콘센트 등의 구멍에 손이나 놀잇감을 넣으면 위험함을 안다.
② 바닥에 있는 전선을 가지고 놀이하지 않는다.

**활동유형** 이야기 나누기

**활동자료** 위험 상황 그림 자료(콘센트에 포크나 젓가락으로 장난하는 그림, 젖은 손으로 콘센트를 만지는 그림, 전선을 잡아당기는 그림)

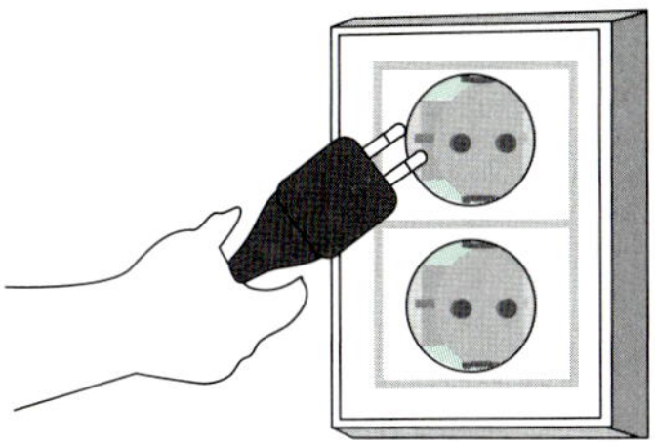

**활동방법** 1. 주변에서 볼 수 있는 전기를 이용한 물건을 보며 이야기한다.
- 교실을 밝게 해주는 것은 무엇일까?
- 음악소리를 들려줄게. (전기 코드를 뽑고) 왜 들리지 않을까?
(콘센트 연결 후) 다시 무슨 소리가 들리니?
- 음악소리를 어떻게 했더니 들렸니?

2. 전기의 고마움에 대해 이야기를 나눈다.
- 전기가 있어서 어떤 것을 할 수 있을까?

3. 잘못된 전기 사용의 위험성에 대해 이야기를 나눈다.
- 전기를 만져 위험했던 적이 있니?
- 전기를 함부로 만지면 어떻게 될까?

4. 콘센트에 꽂아 사용하는 기계와 콘센트는 절대로 만지지 않기로 약속을 한다.

**확장활동** 가정에서도 영아들에게 전기의 위험성에 대해 알려주실 것을 안내한다.

## 2 콘센트나 전선을 만지면 위험해요

**활동목표** ① 콘센트의 구멍에 손이나 놀잇감을 넣으면 위험함을 안다.
② 방이나 교실의 전선을 만지지 않아야 함을 안다.

**활동유형** 이야기 나누기

**활동자료** 위험한 상황 그림(콘센트에 포크나 젓가락으로 장난하는 그림, 젖은 손으로 콘센트를 만지는 그림, 전선을 잡아당기는 그림)

**활동방법**

1. 우리 주변에서 볼 수 있는 전자제품(형광등, 에어컨, 카세트 등)에 대해 이야기를 나눈다.
   - 카세트에서 무슨 소리가 나니?
   - 왜 노래 소리가 안 들리는 것일까?(전기 코드를 뽑는다)
   - 무엇이 우리 교실을 밝게 해주는 것일까?
2. 전기의 필요성에 대해 이야기를 나눈다.
   - 전기를 이용해 또 무엇을 할 수 있을까?
   - 전기가 없다면 어떨까?
3. 여러 위험 상황 그림 자료를 보며 이야기를 나눈다.
   - 이렇게 콘센트에 포크나 젓가락을 넣으면 어떻게 될까?
   - 전선을 잡아당기면 어떻게 될까?
   - 젖은 손으로 콘센트를 만지면 어떻게 될까?
4. 교실이나 가정에 설치한 안전 덮개에 대해 이야기를 나눈다.
   - 전기는 위험할 수 있어서 콘센트를 어떻게 해놓았니?
   - 콘센트나 전선을 보면 어떻게 해야 할까?
   - 절대로 만지거나 장난하지 않아야겠지.

**확장활동** 유아들과 전기 위험 표시판을 만들어 콘센트 주변에 부착해본다.

## 3 전기! 위험해요, 안전해요

**활동목표** 전기 사용에 대한 위험한 상황을 알고 안전한 생활을 한다.

**활동유형** 이야기 나누기

**활동자료** 이야기 나누기 자료, 언어 활동지, 필기도구

**활동방법** 1. 전기 안전에 관한 위험한 상황과 안전한 상황을 제시하고 이야기를 나눈다.
- 우리 생활에서 전기를 사용하는 것이 무엇이 있니?
- 우리가 사용하는 전기는 안전할까?

2. 전기의 안전한 사용법에 대하여 알아본다.
- 전기의 안전한 사용방법에는 어떤 것이 있을까?
  - 플러그를 뽑을 때 전선을 잡지 않아요.
  - 전기제품은 물기 없는 곳에서 사용해요.
  - 젖은 손으로 가전제품, 전기용품을 만지면 위험해요.
  - 콘센트에 안전 덮개를 끼워 사용해요.

3. 전기를 이용한 위험한 행동과 안전한 행동을 보고 자신들의 생각을 언어 활동지에 표현해본다.
- 왜 위험하다고 생각했니?
- 안전하게 사용하려면 어떻게 해야 할까?

**확장활동** 위험한 행동과 안전한 행동을 찾아보는 게임 활동을 해본다.

## 4 전기를 안전하게 사용해요

**활동목표** 전기를 사용 할 때의 여러 가지 주의점을 알고 안전하게 사용한다.

**활동유형** 이야기 나누기

**활동자료** 수수께끼판, 그림 자료, 표정 카드

**활동방법**
1. 전기를 사용할 때의 주의할 점에 대해 이야기를 나눈다.
   - 전기를 사용할 때 어떤 점을 주의해야 할까?
2. 수수께끼판을 이용한 그림 자료를 보며 안전한 전기 사용과 위험한 전기 사용의 차이점을 알아본다.
   - 두 장의 그림이 어떻게 다르니?
   - 한쪽에는 손에 물이 묻어 있고 다른 한쪽은 물기가 없는 손으로 전기 코드를 뽑고 있지. 어느 쪽이 더 안전할까?
   - 물이 묻은 손으로 전기 코드를 만지면 어떨까?
3. 같은 방법으로 그림 자료를 보며 이야기하고 위험한 행동에는 우는 표정 카드를, 안전한 행동에는 웃는 표정 카드를 붙여본다.
4. 어떤 행동들이 위험한지 다시 이야기해보고 전기를 함부로 만지지 않기로 약속한다.

**확장활동** 호기심에 전기를 가지고 장난하지 않도록 지속적으로 지도한다.

## 5 전기안전 포스터 만들기

**활동목표** 전기 사용에 대한 위험한 상황을 알고 안전한 생활을 한다.

**활동유형** 이야기 나누기, 미술활동

**활동자료** 이야기 나누기 자료, 언어 활동지, 필기도구

**활동방법**

1. 전기안전에 관한 포스터 만들기를 소개한다.
   - 안전한 전기 사용에 대해 알아보았는데 여러 사람들에게 전기안전에 대해 알리려면 어떤 방법이 있을까?
   - 여러 가지 방법이 있는데 우리가 할 수 있는 일은 무엇이 있을까?
2. 유아들의 생각을 모아 전기안전 포스터를 만든다.
   - 전기안전 포스터에 어떤 내용과 그림을 그려야 할까?
   - 여러 사람들이 보고 쉽게 알 수 있게 만들려면 어떻게 해야 할까?
3. 유아들이 만든 전기안전 포스터를 소개한다.
   - 완성한 전기안전 포스터를 보니 어떠니?
   - 여러 사람들이 이 포스터를 보고 어떤 생각을 할까?
4. 완성한 포스터를 어디에 붙여 알릴 것인지 논의한다.
   - 전기안전 포스터를 여러 사람이 보려면 어디에 붙이는 것이 좋을까?

**확장활동** 포스터를 게시한 후 어떤 점들이 달라졌는지 알아보는 활동을 해본다.

## 6 전기안전 양면 퍼즐

**활동목표** 전기를 바르게 사용하는 방법을 안다.

**활동유형** 조작활동

**활동자료** 양면퍼즐

**활동방법** 1. 일상생활 속에서 전기 사용에 대해 이야기를 나눈다.
- 전기는 어떤 일을 할 때 사용할까?
- 전기를 사용하지 못하면 우리에게 어떤 일이 일어날까?

2. 전기를 사용할 때의 편리함과 전기 안전사고에 대해 이야기를 나눈다.
- 전기 사용으로 어떤 편리함이 있니?
- 잘못된 전기 사용으로 어떤 일이 생길 수 있을까?

3. 전기의 바른 사용방법에 대해 이야기를 나눈다.
- 전기를 어떻게 사용해야 할까?

4. 양면퍼즐 게임판을 소개한다.
- 옳지 않은 그림 퍼즐로 되어 있는 판을 올바른 전기 사용 그림으로 뒤집어 퍼즐을 맞춘다.

5. 조작영역에서 게임판 놀이를 하며 전기 사용의 올바른 방법을 이야기한다.

**확장활동** 게임판 놀이 후 올바른 전기 사용법을 얼마나 알고 있는지 알아보는 활동을 한다.

## 7 이야기 꾸미기

**활동목표** ① 전기로 인한 위험성에 대해 인식하고 해결방법을 언어로 표현한다.
② 전기로 인한 화재 발생의 원인에 관심을 갖는다.

**활동유형** 이야기 나누기

**활동자료** 이야기 꾸미기 자료(상황 그림)

**활동방법**
1. 그림을 보고 상황에 대해 이야기를 나눈다.
   - 무슨 그림인 것 같니?
   - 어떤 일이 일어날까?
2. 네 장의 그림 자료를 보고 이야기의 순서를 생각하여 그림을 배열해본다.
   - 네 장의 그림을 보고 순서대로 놓아보자.
3. 배열한 순서에 따라 이야기를 꾸며본다.
   - 놓은 그림의 순서대로 이야기를 만들어볼까?
4. 전기로 인한 위험한 상황이 일어나지 않으려면 어떻게 해야 하는지 생각해본다.
   - 그림에서처럼 위험한 일이 생기지 않으려면 어떻게 해야 할까?

**확장활동** 마지막 장면의 상황 그림을 빈 공간의 종이로 제시해 유아들 스스로 상황을 예측하여 자유롭게 표현하도록 한다.

# 제11장 동식물 안전

도시화 · 핵가족화로 감성이 메말라가고 외로움과 고립감을 많이 느끼는 영유아들에게 동식물 키우기는 사랑을 주고받으며 감성을 풍부하게 하고, 자기주도적 감정을 긍정적으로 표현할 기회를 제공한다는 점에서 바람직하다. 그러나 애완동물에게 물리거나 피부병을 옮는 등의 안전사고도 빈발하고 있다.

이 장에서는 동식물 안전교육의 필요성과 교육의 목표 및 내용, 활동의 실제에 관하여 살펴보고자 한다.

## 1. 동식물 안전교육의 필요성

한국소비자보호원(http://www.kca.go.kr)에서는 2001년 이후 위해정보 수집 시스템(안전넷)에 접수된 애완동물에 의한 위해사고가 총 157건으로 '01년~'02년 104건, '03. 1~5월 말까지 53건으로 최근 들어 급증하고 있어 안전사고 예방에 각별히 유의할 것을 당부했다. 위해사고의 94.3%(148건)는 애완동물에게 물리는 외상사고였으며, 피부병에 걸리는 사고가 8건, 기생충성 질병 감염이 1건이며, 사고의 약 50%는 면역성이 약한 어린이와 노약자 사고로 나타나 외상사고 외에 광견병, 파상풍 등의 전염병에 노출될 위험성이 높은 것으로 나타났다.

식물의 경우에도 가정에서 흔히 볼 수 있는 아이비, 수선화, 백합, 아이리스, 수국 같은 것은 잎이나 꽃에 독성이 있어 영유아들이 만지거나 먹으면 흥분 상태에 이르거나 구토, 경련, 호흡 곤란 및 심하면 혼수상태에 빠져 죽음에 이를 수도 있다. 그 밖에 실외 식물 중에도 양귀비, 할미꽃, 옻나무 등은 독성이 매우 강하여 먹으면 생명을 잃을 수도 있다. 따라서 영유아들이 주변에서 흔히 접할 수 있는 동물이나 식물에 대한 안전교육을 통하여 위험으로부터 자신을 보호할 수 있도록 해야 한다.

## 2. 동식물 안전교육의 목표 및 내용

### 1) 교육목표

영유아들이 주변에서 흔히 볼 수 있는 동식물로부터 자신을 보호할 수 있도록 실시하는 안전교육의 목표는 다음과 같다.

① 주변의 동식물들이 위험할 수 있다는 것을 이해할 수 있다.
② 주변의 동식물들을 안전하게 다루는 방법과 기술을 익히고 실천할 수 있다.

### 2) 교육내용

#### (1) 동물에 대한 안전

**① 개나 고양이 안전사고 예방**

개나 고양이는 만화영화나 영유아 의복에 가장 많이 사용되는 캐릭터로, 영유아들은 이 동물들을 매우 친숙하게 생각하여 쉽게 다가가 만지기도 하고 꼬리를 잡기도 하다가 물리거나 할퀴을 당하는 경우가 많다. 이때 더욱 심각한 것은 개나 고양이가 가지고 있는 병균으로 인하여 광견병에 걸리거나 실명할 수도 있다는 것이다. 따라서 개나 고양이로부터 안전사고를 예방할 수 있도록 지켜야 할 수칙들은 다음과 같다.

- 개와 고양이 같은 애완동물은 야성적 본능에 의해 사람을 무는 성향을 지니고 있기 때문에 애완동물이 먹거나 자고 있을 때, 새끼를 돌보고 있을 때에는 영유아가 건드리지 않도록 주의시킨다. 애완동물의 공격적인 행동과 표시의 변화를 조심한다.
- 2개월에 한 번씩 구충제를 투약한다. 배설물에 있는 충란이 애완견 체내로 침입하지 못하도록 정기적으로 투약한다. 투약 간격이 벌어지더라도 6개월에 한 번은 꼭 먹이도록 한다. 광견병을 비롯한 전염병 예방주사를 정기적으로 접종하고, 정기 검진을 통해 기생충이 생겼을 경우 미리 조치를 취한다. 또한

다른 질병이 발생했을 경우에도 신속히 치료한다.

- 환절기에는 털이 날리지 않도록 자주 빗겨준다. 동물의 털은 저항력이 약한 영유아에게 피부염이나 호흡기질환을 일으킬 수 있기 때문이다.
- 애완동물에 입을 맞추는 행동은 하지 않도록 한다. 애완동물의 입을 통해 세균에 감염될 수 있으므로 직접적인 접촉을 피하는 것이 좋다.
- 주 1회 이상 목욕을 시키도록 한다. 피부보호제가 함유된 세제를 사용하며, 애완견에게 피부질환이 발생했을 때는 즉시 치료해서 사람에게 전염되는 것을 막고, 환절기에는 애완견의 털이 날리지 않도록 자주 빗겨준다.
- 애완동물의 배설물 처리 시 철저히 관리한다. 애완견이 일정한 장소에서 배변을 보도록 교육을 시킨다. 배설물을 처리할 때는 손에 직접 닿지 않도록 반드시 일회용 장갑을 낀 채 처리하고, 처리 후에는 1~2백 배 희석된 락스나 소독제를 이용해 바닥을 닦는다. 애완견 배설물 처리 후 배설장소에 끓는 물을 뿌려주면 기생충의 경우 열에 약하므로 모두 사멸한다. 배설물을 처리한 다음에는 항상 손을 비누로 깨끗이 씻고, 애완견과 함께 외출할 때는 배변 봉지를 챙겨서 애완견의 배설물을 처리한다.
- 애완동물을 만진 뒤에는 반드시 흐르는 물에 30초간 손을 씻는 습관을 기른다.
- 애완동물에게 물렸을 때에는 물린 상처부위를 깨끗이 씻고 소독약을 바른다. 광견병 예방주사를 맞았는지 확인하고 상처가 가벼워도 그날 안으로 병원치료를 받아야 한다.
- 잘 무는 경우 외출 시 목줄과 입마개를 착용한다.

**② 이구아나 안전사고 예방**

요즘에는 개나 고양이, 새, 햄스터, 다람쥐, 거북이 외에 파충류인 이구아나나 도마뱀 등 애완동물이 다양해지고 있다. 이구나아로부터 안전하기 위해 지켜야 할 사항은 다음과 같다.

- 이구아나를 만지고 있을 동안 음식물을 먹지 않는다.
- 이구아나를 만지고 난 다음 비누를 사용하여 손을 깨끗이 씻는다.
- 12세 이하 어린이는 부모님 앞에서만 만지도록 한다.

- 손에 상처가 있다면 파충류를 만지지 않는다.
- 주방에서는 사육우리를 청소하지 않는다.
- 욕조에서 목욕시킨 후에는 소독제를 사용하여 소독한다.

### ③ 야생곤충에 대한 안전사고 예방

벌이나 사마귀, 벌, 송충이, 거미 등 야생곤충은 생긴 것이 징그러워 영유아들이 달아나거나 쫓으려고 손이나 팔을 휘젓게 되는데 이는 매우 위험한 행동이다. 벌이 자신에 대한 공격으로 생각하고 벌침으로 공격하기 때문이다. 벌에 쏘이면 알레르기 반응이 발생해 가렵고, 심하면 쇼크까지 올 수 있다.

독성이 없는 곤충이라 하더라도 잘못 만지면 물릴 수 있으며, 독성이 있는 경우에는 독이 옮겨질 수 있으므로 아무 곤충이나 함부로 만지지 않도록 지도해야 한다. 야생곤충으로부터 안전하기 위해 지켜야 할 사항은 다음과 같다.

- 사마귀나 거미, 송충이 등 곤충을 손으로 직접 만지지 않는다.
- 벌이 가까이 날아오면 손이나 팔을 저어 쫓지 않는다. 가만히 있거나 몸을 서서히 조금씩 움직여 다른 곳으로 피해야 한다.
- 야외에서 벌이 좋아하는 단 음식(특히 사이다나 콜라와 같은 청량음료)은 가능한 한 먹지 않는다.
- 야외에 나갈 때는 가능하면 긴 소매의 옷을 입는다.
- 캠프에서는 실내에서 모기향을 피우는 것보다는 전자모기향을 사용한다.
- 여름이나 초가을에 야외활동을 하는 경우에는 모기가 왕성하게 활동하는 초저녁 무렵은 피하는 것이 좋다.
- 필요한 경우에는 모기가 접근할 수 없도록 몸에 약을 바르거나 가까운 곳에 모기향을 피워 둔다.
- 주변에 먹을 것을 두지 않는다.
- 벌에 쏘였을 때는 먼저 벌에 쏘인 자리를 잘 관찰하여 벌이 쏘고 간 독침을 뽑아낸다. 벌침의 독은 산성이므로 암모니아수를 발라 중화시킨다. 쏘이거나 물린 부위가 나중에 빨갛게 붓는다든지 물집이 생기는 경우에는 항히스타민제

성분이 들어 있는 연고를 발라주도록 한다.

### (2) 식물에 대한 안전

#### ① 독성이 있는 관상식물

관상식물은 가정이나 유아교육기관에서 보면서 즐기기 위하여 심고 가꾸는 나무나 풀을 말하는 것으로, 어떤 것은 예쁜 꽃이나 잎 또는 열매에 독성이 있어 영유아들이 먹거나 만졌을 때 치명적인 영향을 미칠 수 있다. 따라서 부모나 교사는 독성이 있는 식물의 종류를 알고 있어 영유아 가까이에 독성이 있는 식물은 두지 않도록 한다. 식물 안전교육의 내용은 다음과 같다.

- 독성이 있는 식물의 종류를 알려준다. 독성이 있는 식물이 인체에 미치는 영향을 실내와 야생 식물로 구분하여 살펴보면 〈표 11-1〉, 〈표 11-2〉와 같다.

〈표 11-1〉 독성이 있는 실내 식물의 종류와 인체에 미치는 영향

| 식물명 | 신체에 미치는 영향 | 생김새 |
|---|---|---|
| 디펜바키아 | 이 식물의 잎을 먹게 되면 혀와 입이 부풀고, 삼키고 말하는 데 어려움이 있다. 소화되었을 경우 점막손상을 가져올 수 있으며, 심한 경우 사망할 수도 있다. |  |
| 아이비 (Hedera helix) | 흥분 상태에 이르게 되며, 호흡이 곤란해지고 혼수상태에 빠지게 되는 경우도 있다. | 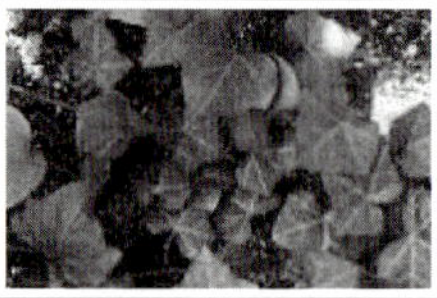 |
| 크로커스, 수선화 (Spring bulbs) | 구토, 경련, 발작, 심할 경우에는 죽음에 이를 수도 있다. |  |
| 크로톤(Croton) | 줄기로부터 배출되는 우윳빛 수액은 피부 경련 등을 일으키게 된다. |  |


214

〈표 11-2〉 독성이 있는 야생 식물의 종류와 인체에 미치는 영향

| 식물명 | 신체에 미치는 영향 | 생김새 |
|---|---|---|
| 양귀비 | 알칼로이드계의 독성이 강한 식물로 일반인이 열매 1~2개만 먹어도 경련을 일으키며, 호흡마비와 전신마비를 일으켜 죽을 수도 있다. |  |
| 독미나리 | 미나리보다 줄기에 흰색과 붉은색이 강하며, 알칼로이드계의 독성이 강하여 먹으면 경련과 더불어 호흡마비, 전신마비를 일으킨다. |  |
| 독말풀 | 외국에서 들어온 귀화식물로, 먹으면 정신착란을 일으키며 다량 복용 시는 죽을 수도 있다. |  |
| 할미꽃 | 먹으면 복통과 위장염을 일으키며, 다량 복용 시 심장마비로 인하여 죽을 수도 있다. 이 할미꽃 뿌리를 구더기나 모기 유충이 있는 곳에 넣으면 구더기나 모기 유충이 없어진다. |  |

• 식물의 잎이나 줄기, 열매 등을 빨거나 먹어서는 안 된다는 것을 알려준다.

들판이나 산에서는 우선 아무 열매를 따서 함부로 먹지 말아야 한다. 버섯 종류, 특히 색깔이 고운 것은 독이 있을 수 있으니 만지거나 입에 대지 않는다. 다음과 같은 점에 주의한다.

- 쓴맛이 나는 식물을 먹지 않는다.
- 자신이 없을 때에는 불에 익힌다. 대부분의 경우 독이 있어도 해독이 된다.
- 우유 같은 액이 나오는 식물은 먹지 말고 또 피부에 닿지 않도록 한다. 다만 야생 무화과, 파파이아, 선인장 등은 괜찮다.
- 곡식 낟알의 머리 부분이 검고 껍질 밖으로 튀어나왔으면 먹지 말아야 한다. 벼과에 들어 있는 식물이나 곡식이 걸리는 맥각병은 사람 몸에도 해롭기 때문이다.

• 식물에 의한 사고 발생 시 대처방법을 알려준다.

- 옻나무과나 쐐기풀이 피부가 닿아서 중독되었을 때는 환부에 나무 태운 재를

물에 축여 바르도록 한다.

- 독버섯을 먹고 중독되었을 때는 우선 목구멍에 손가락을 넣어 토하게 한 다음 빨리 의사의 진단과 치료를 받아야 한다. 식용버섯이라도 오래된 것이면 위장염 증세를 일으키는 일도 있으므로 오래된 것이나 조리 후 시간이 오래 지난 것은 먹지 않도록 한다.

## 3. 동식물 안전교육 활동의 실제

### 1 애완동물도 화나면 무서워요

**활동목표** ① 주변에서 볼 수 있는 애완동물에 대해 관심을 갖는다.
② 애완동물이 싫어하는 행동과 좋아하는 행동을 알고 실천할 수 있다.
③ 애완동물을 안전하게 다룰 수 있는 방법과 기술을 익히고 실천할 수 있다.

**활동유형** 동화 감상

**활동자료** 그림동화『뽀삐도 화나면 무서워요』(강병철 글, 염경진 그림)
사진 자료(고양이, 이구아나, 햄스터 등 애완동물)

**활동방법** 1. 그림동화를 들려준다.

『뽀삐도 화나면 무서워요』 강병철 글

나는 두 살 난 강아지 뽀삐예요. 내 친구 하늘이는 이제 여섯 살입니다. 나는 하늘이 옆에 기대고 앉아 그림책을 볼 때가 가장 행복하답니다. 그런데 화가 날 때도 있어요. 나는 누가 나를 쓰다듬어주면 아주 기분이 좋지만 뽀뽀를 하거나 잡아당기는 것은 아주 싫어하거든요.

그날도 하늘이가 뽀뽀를 하자고 귀를 잡아당겨서 나는 화가 났어요. "아, 아프단 말이야." 내가 아무리 도리질을 쳐도 하늘이는 내 귀를 잡고 이리저리 흔드는 거예요. "에잇!" 나는 홧김에 하늘이의 무릎을 꽉 물어버렸습니다. "앙~" 하늘이는 엉엉 울었습니다. 그 바람에 하늘이 엄마가 깜짝 놀라 쫓아오셨습니다. "뽀삐를 못살게 구니까 물지!" 하늘이 엄마가 말씀하셨습니다.

나는 하늘이가 엄마한테 야단맞는 걸 보니 미안한 마음이 들었습니다.

그때 은성이가 놀러왔습니다. 나는 너무 반가워서 은성이에게 꼬리를 치며 달려갔습니다. 그런데 은성이가 소리를 지르며 도망가버렸습니다. "은성아, 도망치지 마. 나는 너를 좋아해." 그런데 은성이는 얼굴이 하얗게 질려 더 허겁지겁 도망을 가버렸습니다. "으앙" 은성이가 그만 돌부리에 걸려 넘어지고 말았습니다.

"뽀삐야, 뛰지 마. 은성이가 놀랐잖아." 하늘이의 말에 나는 더욱 미안했습니다. "은성아, 네가 도망치면 뽀삐가 더 쫓아다닌단 말야. 그냥 쳐다보기만 하면 물지 않아." 하늘이는 은성이에게 말했습니다.

하늘이의 말을 들은 은성이는 나에게 미안했는지 과자를 주었습니다. "얘들아, 나는 뽀뽀하고 귀 잡는 것을 싫어해. 그리고 너희들이 뛰어가면 쫓아가고 싶어져. 그러니까 나를 만나면 그냥 쳐다보기만 해. 알았지?" 나는 하늘이와 은성이와 함께 놀이터에서 재미있게 놀았습니다.

2. 동화 내용에 대해 이야기를 나눈다.
   - 뽀삐는 왜 화가 났니?
   - 하늘이가 뽀삐의 귀를 잡아당겨서 어떤 일이 생겼니?
   - 만약 은성이가 뽀삐를 보고 뛰지 않았다면 어떻게 되었을까?
3. 여러 가지 애완동물의 종류와 특성을 알아본다.
4. 여러 가지 애완동물과 안전하게 지낼 수 있는 방법에 대해 이야기를 나눈다.

**확장활동** 여러 가지 애완동물을 신체를 이용해 창의적으로 표현해본다.

## 2 내가 키우고 싶은 애완동물 만들기

**활동목표** ① 여러 가지 애완동물이 사람들에게 주는 이로운 점과 해로운 점을 안다.
② 애완동물을 사랑하는 마음을 가지고 잘 돌봐줄 수 있다.

**활동유형** 조형활동

**활동자료** 상자, 화장품 병 등 재활용품, 그리기 도구, 색종이, 풀, 본드, 끈 등

**활동방법**

1. 영유아들이 집에서 키우고 싶은 애완동물을 생각해본다.
   - 키우고 싶은 애완동물은 어떤 것이니?
   - 애완동물을 키우려면 어떤 것을 준비해줘야 할까?
   - 조심해야 할 것은 무엇이 있을까?
2. 키우고 싶은 애완동물을 만들어본다.
3. 완성 후 자신이 만든 애완동물을 친구들에게 소개한다.
   - 어떤 동물을 만들었니?
   - 이름은 무엇이니?
   - 어떤 것을 좋아하니? 싫어하는 것은 무엇이니?

**확장활동** 쌓기 영역에 애완동물의 종류대로 동물의 집을 만들어 동물을 보살펴주는 역할놀이를 한다.

## 3 집에서 못 키우는 동물

**활동목표** ① 애완동물의 특성을 이해한다.
② 애완동물로 인해 일어나는 사고를 알아보고, 예방할 수 있다.

**활동유형** 노래 부르기

**활동자료** 노랫말, 동요(들짐승을 집에서 못 키우는 이유, 김진영) 종이와 필기도구

**활동방법** 1. 집에서 키울 수 없는 동물에 대해 알아본다.
- 집에서 키울 수 없는 동물은 어떤 것들이 있을까?
- 들짐승을 집에서 키울 수 없는 이유는 무엇일까?

2. 동요 〈들짐승을 집에서 못 키우는 이유〉를 배워본다.

들짐승을 집에서 못 키우는 이유

김진영 작사 · 작곡

3. 노랫말을 다양하게 바꾸어본다.

**확장활동** 동네에 있는 동물병원을 견학한다.

## 4 동물을 사랑해요

**활동목표** ① 동물의 위험신호와 대처법을 알 수 있다.
② 애완동물을 안전하게 기르는 방법을 알고 실천할 수 있다.

**활동유형** 이야기 나누기 및 동화 짓기

**활동자료** 다양한 필기도구, 그림 자료(벌을 손으로 만지는 모습, 강아지 꼬리를 잡고 괴롭히는 모습, 원숭이를 놀리는 모습 등)

**활동방법** 1. 애완동물에 대한 경험을 서로 이야기한다.
- 집에서 동물을 기르고 있는 친구들이 있니? 어떤 동물이니?
- 동물들은 언제 화를 낼까?
- 동물이 화난 것을 어떻게 알 수 있니?

2. 애완동물의 위험성에 대해 이야기를 나눈다.
- 동물 때문에 다치거나 위험했던 적 있니?

- 동물을 만진 손을 씻지 않고 눈을 비비는 것은 왜 위험할까?
- 동물의 똥이나 오줌을 자주 치워주지 않으면 어떻게 될까?

3. (그림 자료를 보여주며) 동물의 위험신호와 대처방법에 대해 이야기를 나눈다.
   - 어떤 일들이 일어날 것 같니?
   - 어떻게 해야 안전할까?
4. 동물을 괴롭히는 친구나 동물들에게 하고 싶은 말을 그림이나 글로 적어보게 한다.

## 5 응급처치

**활동목표** ① 위험한 상황을 알고 대처할 수 있다.
② 응급처치의 중요성과 절차에 대해 알고 실천할 수 있다.

**활동유형** 토의

**활동자료** 동영상 자료(응급처치), 그림 자료(벌에 쏘이는 모습, 귀나 눈에 벌레가 들어가는 모습, 독버섯을 먹었을 때 등), 종이와 필기도구, 그리기 도구

**활동방법**

1. '응급처치' 동영상 자료를 보고 난 뒤 응급처치의 중요성에 대해 이야기를 나눈다.
   - 갑자기 아프거나 다쳐본 적 있니?
   - 갑자기 아프거나 다치면 어떻게 해야 할까?
   - 응급처치를 늦게 하면 어떤 일이 생길까?
2. 동식물 안전사고와 관련된 응급처치 방법에 대해 이야기를 나눈다.
   - 갑자기 벌에 쏘였을 때는 어떻게 응급처치를 해야 할까?
   - 귀나 눈에 벌레가 들어갔을 때는 어떻게 응급처치를 해야 할까?
   - 독버섯을 먹었을 때는 어떻게 응급처치를 해야 할까?
3. 모둠별로 여러 가지 해결책을 글로 적거나 그림으로 표현해본다.
   - 응급처치에 대한 여러 가지 해결방법을 검토해보고 다른 친구들의 의견과 비교해본다.

**확장활동** 동네 가까이에 있는 병원의 응급실을 방문하여 구급차, 의사, 간호사가 어떻게 응급처치를 하는지 관찰하게 한다.

## 6 쑥 캐러 가자

**활동목표** ① 먹을 수 있는 식물과 먹을 수 없는 식물이 있다는 것을 안다.
② 식물 안전수칙을 알고 지킬 수 있게 된다.

**활동유형** 현장학습

**활동자료** 유아용 호미, 꽃삽, 비닐봉지, 쑥 관련 책이나 자료

**활동방법**
1. 과학영역에 미리 쑥을 놓아두고 관찰하게 한다.
2. 쑥에 대해 알아본다.
   - 이게 무엇일까? 어디서 본 적 있니?
   - 쑥은 어떻게 생겼니?
   - 쑥은 어떤 냄새가 날까?
   - 쑥은 먹을 수 있는 걸까? 먹을 수 없는 걸까?
   - 쑥과 풀을 어떻게 구별할 수 있니?
3. 쑥을 캐는 방법과 주의사항에 대해 이야기를 나눈다.
   - 쑥을 캐본 친구 있니? 쑥을 캘 때 어떤 것들이 필요할까?
   - 쑥을 어떻게 캐니?
   - 뿌리가 잘리지 않도록 잘 캐려면 어떻게 해야 할까?
4. 조심스럽게 쑥을 캐어 바구니 또는 비닐봉지에 담아온다.

**확장활동** 유아들이 캔 쑥으로 쑥떡, 쑥범벅 등을 해서 간식으로 먹는다.

## 7 풀씨름

**활동목표** ① 다양한 풀의 종류와 특징을 안다.
② 식물 안전수칙을 알고 실천할 수 있다.

**활동유형** 전통놀이(게임)

**활동자료** 풀, 질경이, 진달래꽃 수염

**활동방법**
1. 유아교육기관 주변에 있는 풀을 뜯어 온다.
2. 다양한 풀의 이름과 특성에 대해 이야기를 나눈다.
   - 이 풀의 이름이 무엇인지 아니?
   - 어떻게 생겼니?
   - 어떤 냄새가 날까?
   - 이 풀은 독이 있을까? 없을까?
   - 어떻게 알 수 있니?
3. 전통놀이인 '풀씨름'을 소개한다.
   - 옛날에 풀로 '풀씨름'이라는 놀이를 했었는데, 어떤 놀이일 것 같니?
   - 풀로 씨름한다는 것은 어떻게 하는 것일까?
4. 질경이와 진달래꽃 수염으로 '풀씨름'을 한다.
5. 놀이를 한 후 느낌에 대해 이야기를 나눈다.
   - 누가 이겼니? 어떤 풀이 더 억센 것 같으니?
   - 옛날에 했던 놀이를 해보니 느낌이 어땠니?

**확장활동** 도서영역에 준비해 둔 식물도감을 보고 여러 가지 풀 이름을 찾아 적어본다.

# 제12장 약물오남용 안전

약물이란 질병의 예방과 치료 등 신체적인 기능의 변화를 유도하는 물질로, 광의의 개념으로 의사합법 약물을 비롯하여 환각이나 각성 등 비정상적인 목적인 목적을 위해 사용하는 모든 약물을 포괄하는 것을 의미한다. 약물오남용이란 의학적·사회적 통념에 맞지 않게 약물을 지속적 또는 산발적으로 과용하는 것과 약물을 정상적으로 사용하지 않는 것을 말하는 것이다.

약물은 인간의 건강에 필요하고 중요한 것이지만 약물오남용은 개인의 건강, 특히 영유아의 건강에 치명적인 손상을 가져오게 된다. 이 장에서는 약물오남용 안전교육의 필요성과 교육목표 및 내용, 활동의 실제에 관하여 살펴보고자 한다.

## 1. 약물오남용 안전교육의 필요성

외국과 달리 우리나라에서는 환자의 요구에 의해 감기약, 항생제, 비타민 등 의약품을 손쉽게 구입할 수 있어 의약품 오남용의 소지가 많았었다. 이에 정부에서는 국민보건의 증진이라는 측면에서 2000년 8월부터 의약분업을 본격적으로 시행하였다. 이는 환자에 대한 진찰·처방·조제를 의사·약사 간에 직능별로 분담·전문화하여 불필요한 투약을 방지하여 국민보건 향상에 기여토록 하는 제도이다.

한편, 아동복지법(일부 개정 2005. 7. 13 법률 7591호) 제9조 3항에는 아동의 건강 및 안전을 위하여 약물오남용 예방 안전교육을 실시하여야 함을 명시해놓고 있다. 또한 2009년 1월 1일 보건복지가족부에서는 어린이들이 의약품을 잘못 복용하여 발생할 수 있는 안전사고를 예방하기 위하여 의약품 안전용기와 포장 대상 품목을 확대하고, 한약재에 대한 품목신고 절차를 간소화하는 등 규제 합리화를 위한 약사법시행규칙개정령(안)을 마련, 입법예고(http://www.mw.go.kr)하는 등 약물안전에 만전을 기하고 있다. 경기도 마약퇴치운동본부(www.ggdrugfree.or.kr)에서는 약물문제전문기관의 전문 강사가 유아교육기관을 직접 방문하여 전문적이고 체계적인 약물오남용 교육을 무료로 실시해주고 있다. 따라서 유아교육기관에서는 영유아가 면역력이나 소화기능이 약하여 소량의 의약품에도 치명적인 영향을 받을 수 있으므로 약물오남용 교육을 통하여 약물에 대한 올바른 사용과 목적을 잘 알도록 지도해야 한다.

## 2. 약물오남용 안전교육의 목표 및 내용

### 1) 교육목표

호기심이 많고 무엇이든지 입으로 가져가서 탐색하려는 특징이 있는 영유아기는 색색가지로 되어 있는 약물이 유해한 것인지 아닌지 판단하지 못하고 그냥 삼키는 경우가 많다. 또한 영유아용 의약품은 먹기 좋도록 달콤하게 만들어져 있기 때문에 과잉 복용함으로써 일으키는 사고도 많이 일어난다.

이에 약물오남용 안전교육에서는 생활주변에 산재한 의약품들을 인식하고, 의약품을 오용 · 남용했을 때의 위험성을 알려주어 의약품에 대한 통제력을 갖게 해주어야 한다. 구체적인 목표는 다음과 같다.

① 의약품의 고마움과 해로움을 인식한다.
② 함부로 의약품을 먹거나 마시지 않아야 함을 알고 실천하는 태도를 기른다.
③ 의약품의 올바른 사용과 복용법을 알고 실천하는 태도를 기른다.

### 2) 교육내용

일반적으로 약물오남용 교육내용으로 다루어져야 할 것들은 다음과 같다.

#### (1) 약물의 오남용이 인체에 미치는 영향

**① 의존성**

약물의 계속적인 오 · 남용은 심리적 · 신체적으로 약물에 의지하게 되어 일상의 활동이 점차 약물 중심으로 바뀌는 현상이다.

### ② 내성

약물을 반복해서 사용할수록 같은 효과를 내기 위해 사용량이 늘어나게 되는 현상이다.

### ③ 금단현상

약물을 사용하다 중단하는 경우에 구토, 설사, 눈물, 콧물, 불안, 경련과 발작, 혼수상태 등 특정한 증세를 유발하는 것을 말한다.

〈표 12-1〉은 영유아가 의약품 흡입 시 발생되는 독성 및 부작용이다(한국소비자보호원, 2003).

〈표 12-1〉 의약품의 독성 및 부작용

| 구 분 | 성 분 | 독성 및 부작용 |
|---|---|---|
| 해열진통제 | Aspirin | 이명, 발열, 의식장애, 시력장애, 경련, 두드러기나 천식 등의 알레르기 |
| 지사제 | Lopermide | 현기증, 구토, 복부 팽창 · 장애, 호흡 곤란, 혼수 상태, 사망 |
| 국소마취제 | Lidocaine | 경련, 혼수상태, 호흡 곤란 등 |
| 소염진통제 | Naproxen | 설사, 복부 통증 등 위장의 합병증, 현기증, 두통, 이명 등 |
| 발모촉진제 | Minoxidile | 혼수상태, 심장손상, 부종, 협심증 악화 등 |

## (2) 올바른 의약품 사용법

영유아 약물사고를 예방하기 위해 미국 소비제품안전위원회(CPSC)가 제시한 올바른 의약품 사용법은 다음과 같다(임미혜 외, 2005).

① 영유아에게 의약품을 사용할 때는 별도로 '어린이용' 의약품이 있는지 확인한다.
② 어른 복용량을 짐작으로 용량을 줄여 영유아에게 사용하지 않는다.
③ 영유아 혼자서 약을 복용하게 내버려두지 않는다.
④ 사용설명서는 의약품을 사용할 때마다 주의 깊게 읽고 이해하며 반드시 지시사항을 준수한다.
⑤ 의사 또는 약사와 상의 없이 1주일 이상 자가 치료하지 않는다. 증상이 1주일

이상 계속되면 반드시 의사의 진료를 받는다.

⑥ 계량스푼, 계량컵은 약품에 동봉된 것을 사용하고, 주의 깊게 눈금을 확인하고 정확히 복용시킨다.

⑦ 영유아가 이미 복용하고 있는 약이 있다면 의사나 약사와 상의 없이 다른 의약품을 함께 주지 않는다.

⑧ 수두, 독감에 걸렸거나 회복 중인 영유아에게 아스피린을 먹이는 경우 드물게 레이증후군이라는 치명적인 부작용을 일으킬 수 있으므로 함부로 아스피린을 주지 않는다.

⑨ 의약품은 원래의 용기나 포장에 사용설명서와 함께 보관하고, 잘못 섞이지 않게 주의한다.

⑩ 영유아 중독사고 방지를 위해 모든 약은 별도의 함에 넣어 영유아의 손에 닿지 않는 곳에 보관한다.

⑪ 되도록이면 영유아 보호 용기 · 포장이 되어 있는 의약품을 선택하고, 영유아 보호 용기 · 포장이라고 해서 못 여는 것이 아니라 개봉에 시간이 좀 걸릴 뿐이라는 점을 명심한다.

### (3) 약물 · 독물 중독 및 과용 시 대처법

영유아들은 페인트, 휘발유, 술, 농약, 약물, 양잿물, 식초, 샴푸, 세탁제, 화장품 등 보이는 대로 입으로 가져간다. 이러한 위험물질들이 영유아의 손에 닿지 않도록 하는 것이 가장 중요하다.

보통 약물이나 독물 등은 대체로 네 가지 방법으로 체내에 들어간다. 즉 내복(입을 통해서 마시거나 먹는 것), 흡입(가스 등 코를 통해서), 흡수(농약 살포 등 피부를 통해서, 찔려서(액체의 주사 등 신체 조직 혹은 혈액 속에서) 등이다. 약물 · 독물 중독 및 과용 시 대처법은 다음과 같다(http://www.medcity.com, 경기도보육정보센터, 2007)).

#### ① 내복했을 때

곧바로 토하게 한다. 이때 손가락으로 목구멍을 자극하면 토하기 쉽다. 토하게 할 때는 될 수 있는 대로 머리를 낮추어 토한 것을 폐로 들이마시지 않도록 주의해야 한다. 또 물로 약물을 희석시켜서 토하게 하는 것도 효과가 있다. 병원에 갈 때는 토한 것과 약제의 용기 등을 가지고 가는 것이 좋다. 그러나 다음의 경우에는 토하지 않도록 한다.

- 강산 또는 강력한 알칼리를 마셨을 때(토하게 하면 목이나 식도에 더욱 장애를 준다)
- 의식이 없을 때(토한 것을 잘못 폐로 들이마실 수 있다)
- 경련을 일으키고 있을 때
- 석유세제를 마셨을 때(폐로 들이마시면 위독한 폐렴을 일으킬 수 있다)

**② 흡입했을 때**

독성이 있는 환경에서 신선한 공기 속으로 옮긴다. 호흡을 하고 있으면 신선한 공기를 마시게 하고, 호흡이 멈춰 있으면 숨통을 확보해서 인공호흡을 실시한다.

**③ 흡수했을 때**

의류, 시계, 신발 등 몸에 걸치고 있는 것을 벗겨준다. 적어도 15분 정도 독물로 오염된 부분을 물로 잘 씻을 필요가 있다. 눈에 독물이 들어갔을 때는 물로 잘 씻어내준다.

**④ 찔려서 들어갔을 때**

찔린 부위보다 위를 묶어 정맥의 흐름을 제지하고 호흡, 순환상태를 관찰하면서 병원으로 데리고 간다. 어떤 경우든 호흡 순환 상태에 유의하면서 빨리 병원으로 데려가야 한다.

## 3. 약물오남용 안전교육 활동의 실제

### 1 약의 이용

**활동목표** 약은 의사의 처방에 따라 먹어야 함을 안다.

**활동유형** 이야기 나누기

**활동자료** 약물에 의한 피해 사진이나 홍보물, 그림 자료 3장

**활동방법** 1. 약국이나 병원에 가본 경험에 대해 이야기를 나눈다.
2. 약을 복용해야 하는 때를 알아본다.
   - 언제, 어떻게 약을 먹어야 하니?
3. 그림을 보고 이야기를 꾸며본다.

4. 약을 어른의 지시 없이 먹었을 때 일어날 수 있는 일들을 알아본다.

**확장활동** 약국을 방문하여 약사로부터 약의 올바른 복용방법을 알아본다.

## 2 배가 아파요

**활동목표** ① 약물에 대한 사용과 목적을 잘 알고 사용하는 태도를 기른다.
② 약을 함부로 복용하면 위험함을 안다.

**활동유형** 이야기 꾸미기

**활동자료** 다양한 필기구와 종이, 그림 자료

**활동방법**

1. 몸이 아파 약을 복용해본 경험을 이야기해본다.
   - 너희들은 아프면 어떻게 하니?
   - 집에 아무도 없을 때 동생이 아프다고 약 달라고 하면 어떻게 해야 하니?
2. 약을 함부로 복용하면 어떤 위험이 있는지 알아보자.
   - 함부로 약을 먹으면 어떻게 될까?
3. (그림 자료를 보여주며) 초등학생 형이 TV 위에 있는 할아버지 약이 맛있을 것 같아서 먹었대. 어떻게 되었을까?
   - 너희들이 여기 친구들에게 해주고 싶은 말을 그림이나 글로 적어보자.
4. 동화 이야기를 만들어 오면 모두 읽어주고 책으로 묶어 언어영역에 놓아준다.

**확장활동** 약을 잘못 먹어 응급실로 실려 온 환자를 치료하는 병원놀이를 할 수 있다.

## 3 정해진 양만큼만 먹어요

**활동목표** ① 약은 의사나 약사의 소견에 따라서만 사용해야 함을 이해한다.
② 약을 사용할 때 설명서를 잘 읽고, 정해진 양만큼만 먹어야 한다는 것을 안다.

**활동유형** 이야기 나누기

**활동자료** 그림 자료(정량의 약과 부족한 양의 약, 과량의 약)

**활동방법** 1. 약을 복용해본 경험을 이야기해본다.
- 친구들은 약을 언제 먹어봤니?
- 왜 먹었었니?
- 약을 먹고 나니 어땠었니?

2. 약의 올바른 복용법에 대해 알아본다.
- 약을 먹기 전에 무엇을 해야 할까?
- 약은 얼마만큼 먹어야 할까?

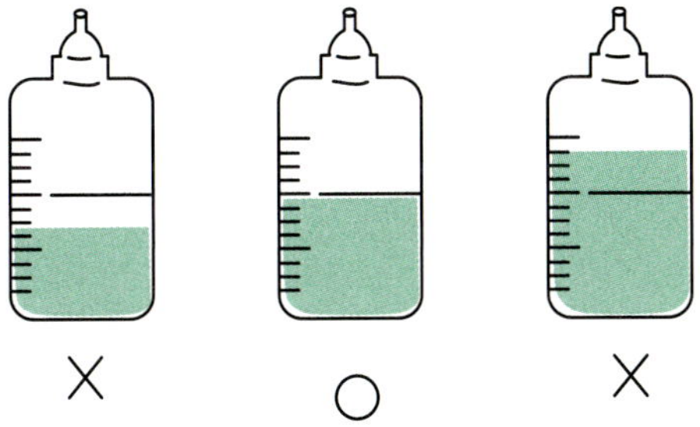


- (그림 자료를 보여주며) 의사나 약사가 먹으라고 하는 것보다 너무 써서 적게 먹으면 어떻게 될까?
- 그럼, 달콤하고 맛있다고 많이 먹으면 어떻게 될까?

3. 약 복용 시 주의사항에 대해 이야기를 나눈다.
   - 약을 먹을 때 어떤 것들을 주의해야 할까?
   - 사용설명서나 처방전을 보지 않고 약을 먹으면 어떻게 될까?

**확장활동** 약을 먹기 싫을 때는 어떻게 할지 토의해본다.

## 4 아무 약이나 먹지 않아요

**활동목표** ① 함부로 약을 먹으면 위험하다는 것을 안다.
② 약을 사용할 때 꼭 사용설명서를 읽는 태도를 익힌다.

**활동유형** 노래 부르기

**활동자료** 동요판 〈먹으면 안 돼요〉(〈건너가는 길〉 곡조에 가사만 바꿔 부른다)

**활동방법**
1. 유독성 약품의 해로움에 대해 알아본다.
   - 이것은 무엇일까? 언제 사용하는 걸까?
   - 어떤 냄새가 날까?
   - 이런 약품들을 함부로 만지거나 먹으면 어떻게 될까?
2. 유독성 약품을 대할 때 지켜야 할 점을 이야기해본다.
3. 〈먹으면 안 돼요〉 노래를 배운다.

먹으면 안 돼요

무엇이든지 먹기 전에 눈으로 보아요 먹으면 안 돼요
우리 몸에 해롭죠 유독성 약품일 때에는
만지면 안 돼요. 냄새도 안 돼요. 어른들께 말해요.

**확장활동** 락스 냄새를 맡아보게 한 후 얼마나 독성이 강한지, 유독성 물질을 함부로 먹지 않게 한다.

## 5 위험한 약물은 먹지 않아요

**활동목표** ① 약은 정해진 규칙에 따라서 먹어야 함을 알고 실천할 수 있다.
② 위험한 약물을 함부로 먹지 않아야 한다는 것을 안다.

**활동유형** 이야기 나누기

**활동자료** 그림 자료(엄마 몰래 약을 먹는 여아), 약 봉투, 약병, 위험한 약물(파리약, 살충제, 좀약 등)

**활동방법**
1. (그림 자료를 보며) 약을 함부로 먹는 경우에 대해 알아본다.
   - 이 친구는 지금 무엇을 하고 있니?
   - 어떻게 될까?
   - 너희들이 친구나 엄마 약을 함부로 먹으면 어떻게 될까?
2. 약을 먹을 때 주의사항을 알아본다.
   - 약을 먹기 전에 어떻게 해야 할까?
   - 약 봉투에는 어떤 내용이 적혀 있는지 다함께 읽어보자.
   - 약 봉투에 적힌 복용방법대로 먹지 않으면 어떻게 될까?
3. 위험한 약품에 대해 알아본다.
   - (살충제, 좀약을 보여주며) 이것은 무엇일까?
   - 약은 병을 낫게 하기 위해 먹지만 어떤 약은 사람을 해칠 수도 있단다.
   - 위험한 약품은 어떻게 해야 할까?
   - 위험한 약을 먹거나 만지지 않도록 약속을 정한다.

**확장활동** 잡지나 신문에서 다양한 유독성 약품을 찾아내어 우리 몸에 이로운 약과 해로운 약을 분류해본다.

# 제13장 환경 및 공해안전

산업화에 따라 경제성장을 추구하면서 인간의 생활이 풍요로워진 반면 환경오염과 공해는 점점 심각해지면서 인간의 생활 터전을 파괴하고 삶의 질 역시 악화시키고 있는 실정이다. 이러한 환경오염 및 공해 문제를 그대로 방치하면 영유아들이 성인이 됐을 때 이로 인한 피해가 이들의 삶에 어떠한 부정적 영향을 미칠지를 심각하게 고려하고 대처방법을 모색해야 한다. 이 장에서는 환경 및 공해안전교육의 필요성과 내용 및 안전교육활동의 실제에 관하여 살펴보고자 한다.

## 1. 환경 및 공해안전교육의 필요성

1960년대 이후 추진해 온 경제개발 정책으로 인해 우리나라는 국민의 경제적 삶의 수준은 높아진 반면, 자연자원의 훼손, 수질, 대기, 토양오염 등으로 인해 그 피해가 점점 확산되고 있다. 자라나는 영유아들이 성인이 되어 이미 오염이 된 수질, 대기, 토양 등의 위험으로부터 그 피해를 최소화하고 자신을 안전하게 지키고, 자신의 삶의 터전을 안전한 곳으로 가꾸게 하기 위해서는 환경 및 공해에 대한 안전교육이 필요하다.

이러한 필요성에 비추어볼 때, 영유아를 대상으로 한 환경 및 공해안전교육은 다음과 같은 두 가지 방향으로 실시할 수 있다(한국산업안전공단, 1996).

첫째, 환경 및 공해의 위험으로부터 자신의 몸을 보호할 수 있는 보다 즉각적이고 방어적인 교육방법이다. 우선 스스로를 위험으로부터 지킬 수 있는 위험요소에 대한 올바른 이해와 상황에 따른 대처능력을 길러준다.

둘째, 영유아기는 기본생활습관을 형성하는 중요한 시기로 보다 장기적이고 포괄적인 환경교육을 실시해야 한다. 영유아들이 자신이 살아갈 환경에 대한 애정과 관심을 갖게 하는 데 궁극적인 목적을 두고 방어적이고 수동적인 자세가 아니라 환경에 대해 보다 적극적이고 긍정적인 인식과 태도를 길러주어야 한다.

## 2. 환경 및 공해안전교육의 목표 및 내용

### 1) 교육목표

영유아를 대상으로 한 환경 및 공해에 대한 안전교육은 근본적으로 환경오염의 원인과 문제점, 환경오염과 공해가 인간에게 미치는 영향을 알게 하고, 이러한 지식을 토대로 환경오염과 공해를 예방하기 위해 지켜야 할 것들에 관한 지식과 자세를 갖도록 하는 데 그 목표가 있다.

### 2) 교육내용

환경 및 공해안전교육에 포함될 주요 내용은 다음과 같다.

- 자연환경의 중요성 알기
- 자연환경 보존의 필요성 인식하기
- 수질오염의 원인과 피해
- 대기오염의 원인과 피해
- 토양오염의 원인과 피해
- 여러 가지 오염물질을 알고 피해 인식하기
- 환경오염을 줄이기 위해 해야 할 일 알기
- 생활 속에서 환경오염을 줄이기 위한 방안 실천하기
- 미디어(TV, 컴퓨터 등)의 올바른 사용법 알기

영유아들을 대상으로 환경 및 공해안전교육을 하기 위해서 교사가 알아야 할 수질오염, 대기오염, 토양오염의 원인과 안전교육 내용을 소개하면 다음과 같다.

#### (1) 수질오염의 원인과 안전교육

인구의 증가와 산업화로 인해 수질오염의 정도는 더욱 심각해지고 있다. 폐하수의 발생량 중 생활하수의 비중이 가장 높은 만큼 각 가정에서 세제의 사용과 물 사용을 줄이는 것만으로도 단기적으로는 수질오염을 줄이는 방법이 될 수 있다. 우리가 마시는 물을 공급해주는 상수원으로 사용되는 강이나 저수지도 수질오염이 심각해지고 있다. 따라서 수질오염을 줄이려면 음식을 적당량만 덜어 먹는 습관을 기르고, 유기물질이 많이 들어 있는 음식물과 식용폐유 등은 하수구에 버리지 말고 재활용하며, 합성세제의 사용을 줄이고 물을 아껴 써서 하수량을 줄이는 노력을 기울여야 한다.

수질오염과 관련된 안전교육 시 주로 다음과 같은 내용을 포함할 수 있다.

- 마실 수 있는 물과 마실 수 없는 물을 구별할 수 있게 한다. 눈으로 보기에는 깨끗해 보여도 함부로 마셔서는 안 된다는 것을 알게 한다.
- 가정이나 유아교육기관에서는 마실 수 있는 물을 일정 장소에 고정시켜 유아들이 물을 마시고 싶은 경우 그곳에 와서 물을 마실 수 있도록 한다. 특히 수인성 전염병이 유행할 때는 반드시 물을 끓여 먹도록 지도한다.
- 고인 물웅덩이에 들어가 놀지 않게 교육한다. 물과의 접촉을 통한 세균성 피부염, 결막염 등의 감염을 줄이기 위해 물놀이 후에는 반드시 깨끗이 씻도록 한다.
- 가정에서 물 사용량을 줄일 수 있는 방법을 알려주고 실천할 수 있도록 지도한다.
- 음식물 찌꺼기는 수질을 크게 오염시키므로 우유, 음료수, 음식을 먹을 수 있는 만큼만 따르거나 덜어서 마시게 한다.
- 비누, 샴푸, 합성세제 등을 최소한으로 사용하도록 지도한다.
- 산이나 강가에서 취사하거나 비누나 세제를 사용하여 씻는 것이 수질을 심각하게 오염시키는 행위임을 알게 한다.

### (2) 대기오염의 원인과 안전교육

인구증가와 산업화에 따른 오염물질의 양이 증가하면서 대기오염 역시 심각해지고 있다. 대기오염의 발생원인은 다양하고 확산 역시 용이하다는 특성 때문에 인간의 건강에 직·간접적으로 영향을 미친다. 뿐만 아니라 동식물이나 자연, 건물, 재산 등에도 피해를 준다. 오염된 공기로 인해 산성비, 오존층의 파괴, 지구온난화현상이 나타나 많은 피해를 주고 있다. 산성비는 흙과 물을 산성화시켜 식물의 성장에 피해를 주며, 호수나 하천을 산성화시켜 기형 물고기가 생기는 원인이 되는 등 자연생태계를 파괴한다. 또 산성비는 백혈병을 증가시키거나 중추신경계의 이상을 유발하는 등 인간의 신체에도 막대한 피해를 줄 수 있다. 20세기에 석유나 석탄 사용량이 증가하면서 이산화탄소의 발생량이 많아져 대기온도의 균형이 깨지면서 지구온난화현상이 발생하고 있다. 지구온난화로 열대지방에서는 가뭄현상이 심해지고 토양 중의 수분이 소실되어 사막화가 가속화되어 식량난으로 인한 기아가 심각한 상태에 이르렀다. 또한 빙하가 녹게 되면서 해수면이 상승하여 육지가 침수되고 열대성 저기압의 세력이 강해져 홍수에 의한 피해가 더욱 심각해진다. 또한 오존층 파괴로 인한 자외선 증가로 인체에 피해를 주고 농작물 수확량이 감소되는 등 생태계에 미치는 피해가 크다.

이러한 대기오염의 원인과 그 피해를 잘 알고 대처할 수 있도록 교육을 실시할 필요가 있는데 주된 교육내용은 다음과 같다.

- 오존주의보, 경보, 중대 경보령에 따라 적절한 행동요령을 알고 대처할 수 있도록 교육한다.
- 오존층의 파괴를 막기 위해 에어컨, 냉장고 등 프레온 가스를 사용하는 기구의 사용을 줄이고 에어졸, 헤어스프레이, 무스 등을 사용하지 않도록 지도한다.
- 나무를 많이 심어 공기를 깨끗이 하는 것의 중요성을 알게 한다.
- 에너지를 아껴 써야 하는 이유와 아껴 쓰는 방법에 대해 이야기하고 실천할 수 있도록 지도한다. 가까운 곳은 걸어가거나 대중교통을 이용하는 것이 배출가스를 줄이는 데 유용함을 알게 한다.

### (3) 토양오염의 원인과 안전교육

토양오염의 주된 원인은 농약과 비료로 인한 오염과 중금속으로 인한 오염을 들 수 있다. 농약은 병해충과 잡초를 죽이는 효과도 있지만 독성을 지니고 있어 토양을 오염시키고, 농약이 잔류한 농산물을 섭취하여 건강상 심각한 위협을 받고 있다. 산업화로 인해 중금속이 함유된 폐기물이 증가하여 토양오염에 심각한 피해를 주고 먹이사슬을 통해 오랜 기간 동안 인간의 장기나 세포조직에 축적되어 만성중독 증상으로 인한 피해가 염려되고 있는 실정이다.

이러한 토양오염의 피해를 줄이기 위한 안전교육에 포함될 수 있는 내용은 다음과 같다.

- 각 가정에서 쓰레기의 양을 줄이고 비닐백이나 플라스틱의 사용을 최소화할 수 있는 방법을 이야기하고 실천해본다.
- 빈병이나 재활용할 수 있는 것들을 수집하고 분리한다.
- 농약을 사용하지 않고 농작물을 재배하는 무공해 농업현장에 관한 자료를 보거나 견학해본다.
- 코팅 사용을 최소화하여 이로 인한 오염을 줄인다.
- 바구니를 들고 다니며 비닐백 사용을 줄인다.
- 중금속 오염의 원인이 되는 건전지 사용을 줄이고 재충전이 가능한 건전지를 사용한다.
- 비료나 소독약 사용을 줄이고 이런 것들을 영유아가 접근할 수 없는 곳에 안전하게 보관한다.

## 3. 환경 및 공해안전교육 활동의 실제

이 부분에서 소개하는 환경 및 공해안전교육 활동들은 '안전한 보육환경 조성을 위한 안전교육 프로그램'(서울특별시, 2004), '유치원지도서: 건강과 안전'(교육과학기술부, 2009), '보육시설에서의 안전교육'(경기도보육정보센터, 2007)에 수록된 활동들을 참고하였다.

### 1 아야~ 배가 아파요

**활동목표** 중독 사고를 유발할 수 있는 가정용품을 만지지 않는다.

**활동유형** 이야기 나누기

**활동자료** 가정용품(세제, 화장수, 향수, 물감, 락스, 가그린 등), 식품

**활동방법**
1. 가정에서 사용하는 세제, 화장품, 향수, 물감 등을 보여주며 사용방법에 대해 이야기를 나눈다.
   - 이것은 무엇일까?
   - 언제 어떻게 사용하는 것일까?
2. 가정용품과 식품을 보여주고 먹을 수 있는 것과 없는 것을 구분해본다.
   - 먹을 수 있는 것은 어떤 것일까?
   - 먹을 수 없는 것은 어떤 것일까?
3. 먹으면 안 되는 것에 위험 표시를 놓고, 왜 먹을 수 없는지 이야기를 나눈다.
   - 여기 있는 것은 왜 먹으면 안 될까?
   - 먹으면 어떻게 될까?
4. 가정용품의 올바른 사용법을 알아보고 안전하게 생활해야 함을 이야기한다.
   - 이 세제는 무엇을 할 때 사용하는 것일까?
   - 누가 사용할까? 너희들이 만지면 어떻게 될까?

**확장활동** 먹지 말아야 할 가정용품들을 먹었을 경우의 대처방법에 대해 알아보는 활동을 한다.

## 2 PVC 장난감은 위험해요

**활동목표** 건강에 해로운 플라스틱에 대해 알고 장난감을 함부로 입에 넣지 않는다.

**활동유형** 이야기 나누기

**활동자료** PVC로 만들어진 장난감, PVC 장난감을 입에 넣은 사진 자료

**활동방법**
1. PVC로 만든 장난감을 보여주며 가지고 논 다양한 경험에 대해 이야기를 나눈다.
   - 이런 장난감을 가지고 놀아본 적 있니?
2. PVC로 만든 장난감을 입에 넣는 그림 자료를 보며 이야기를 나눈다.
   - 장난감을 어떻게 하고 있니?
   - 장난감을 입에 넣어본 적 있니? 어땠니?
   - 장난감을 입에 넣으면 우리 몸이 어떻게 될까?
3. PVC 장난감에 위험한 물질이 들어 있음을 이야기한다.
   (납이나 카드뮴 같은 중금속, 프탈레이트 같은 가소제)
   - PVC 장난감에는 환경호르몬이라는 우리 몸에 안 좋은 물질이 들어 있단다.
   - 이런 장난감을 입에 넣으면 우리 몸이 어떻게 될까?
4. 장난감을 입에 넣지 않기로 약속을 한다.

**확장활동** 가정통신문을 통해 영아들의 놀잇감 선택 시 고려하여 주실 것을 안내하고 놀이 할 때 입에 넣는지 주의 깊게 살펴본다.

## 3 색이 비슷해요

**활동목표** 색이 비슷한 약물의 종류를 알아보고 올바른 약물 사용방법을 이해한다.

**활동유형** 탐구활동

**활동자료** 섬유유연제(분홍색), 화장수(분홍색), 딸기우유, 분홍색 식용색소 등

**활동방법** 1. 우리 주변에서 볼 수 있는 분홍색 물건이나 음식에 대해 알아본다.
- 분홍색인 것이 무엇이 있을까?

2. 분홍색인 여러 가지 액체를 소개한다.
- 이것은 무엇일까?
- 여기 용기에 담긴 것 중 먹을 수 없는 것은 어떤 것일까?

3. 여러 가지 액체의 올바른 사용방법을 알아본다.
- 이것은 어디에 사용하는 것일까?
- 빨래할 때 사용하는 것을 먹으면 어떻게 될까?

4. 약물을 먹어보거나 만지지 않아야 함을 이야기한다.

**확장활동** 그 밖의 색이 비슷한 것 중 먹을 수 있는 것과 먹을 수 없는 것에 대해 알아보는 활동을 한다.

## 4 유독성 약물에 손대지 않아요

**활동목표** 유독성 약물에 함부로 손대지 않아야 함을 알고 실천한다.

**활동유형** 이야기 나누기

**활동자료** 광택제, 차량오일, 부동액 등

**활동방법** 1. 유독성 약물의 표면에 대해서 알아본다.
- 여기에 어떤 표시들이 있니?
- 왜 이런 표시를 해 놓았을까?
- 이 표시들은 어떤 의미일까?

2. 유독성 물질의 종류와 해로움을 알아본다.
- 유독성 물질에는 어떤 것들이 있을까?
- 유독성 물질은 어떤 해로움이 있을까?
  • 유독성 물질을 하수구에 버릴 경우 수질오염을 일으킨다.
  • 유독성 물질은 쓰레기 매립장에 버려도 땅에 스며들어 지하수와 강물을 오염시킨다.
  • 유독성 물질은 태워도 공기를 오염시킨다.

3. 유독성 물질이 우리 몸에 닿으면 어떻게 될지 이야기를 나눈다.
- 유독성 물질이 우리 몸에 닿으면 어떻게 될까?

4. 유아들이 생각한 상황을 노래로 개사해 불러본다.
(원곡: 김성균 작곡의 〈건너가는 길〉)
- 예: 무엇이든지 만지기 전에 눈으로 보아요, 만지면 안 돼요.
우리 몸에 해롭죠. 유독성약품일 때에는
만지면 안 돼요, 냄새도 안 돼요, 어른들께 말해요.

5. 유독성 물질을 함부로 만지지 않아야 함을 다시 이야기한다.

**확장활동** 유아들과 개사한 노래를 음률영역에 제시해주어 자연스럽게 활동에 참여하도록 한다.

## 5 먹을 수 있는 것과 먹을 수 없는 것

**활동목표** 먹을 수 있는 것과 먹을 수 없는 것에 대해 알고 주의한다.

**활동유형** 이야기 나누기

**활동자료** 먹을 수 있는 것(과자, 과일 등), 먹을 수 없는 것(연필, 종이, 구슬, 블록, 동전 등), 그림 자료(입을 벌리고 있는 유아, 입을 다물고 있는 유아)

**활동방법** 1. 입을 벌리고 있는 유아와 입을 다물고 있는 유아를 보여주며 이야기를 나눈다.
- 여기 아이들이 어떻게 하고 있니?
- 왜 입을 벌리고, 다물고 있을까?

2. 먹을 수 있는 것과 먹을 수 없는 것을 소개한다.
- 여기에 어떤 것들이 있니?

3. 먹을 수 있는 것과 없는 것의 자료를 분류해본다.
- 이 물건들을 어떻게 분류할 수 있을까?
- 먹을 수 있는 것과 없는 것으로 분류해볼까?

4. 먹을 수 없는 것을 삼키면 어떤 일이 생길지 이야기를 나눈다.
   - 먹을 수 없는 것은 무엇이었니?
   - 먹을 수 없는 것을 삼켜본 적이 있니?
   - 먹을 수 없는 것을 삼켰을 때 어땠니?

**확장활동**
- 유아들과 쉽게 삼킬 수 있는 위험한 물건들을 조사하는 활동을 해본다.
- 먹을 수 있는 것과 없는 것 분류하기 게임 활동으로도 진행할 수 있다.

## 6 쓰레기들이 모이면

**활동목표** ① 쓰레기가 우리에게 주는 해로움을 알고 줄이는 방법을 알아본다.
② 생활 쓰레기의 분리수거 방법을 알고 실천한다.

**활동유형** 이야기 나누기

**활동자료** 쓰레기 처리장 그림 자료

**활동방법**
1. 그림 자료를 보면서 이야기를 나눈다.
   - 그림을 보니 기분이 어떠니?
   - 왜 저렇게 되었을까?
   - 우리가 살고 있는 곳이 저렇다면 우리는 어떻게 될까?
2. 쓰레기의 종류에 대해 이야기를 나눈다.
   - 쓰레기에는 어떤 것들이 있을까?
     • 음식 쓰레기: 먹다 남은 쓰레기, 시장에서 남은 쓰레기
     • 생활 쓰레기: 종이, 플라스틱, 캔, 유리 등
3. 쓰레기를 줄일 수 있는 방법에 대해 이야기를 나눈다.
   - 쓰레기를 어떻게 하면 줄일 수 있을까?
     • 음식 쓰레기: 먹을 만큼만 요리해 먹고 음식을 남기지 않는다.
     • 생활 쓰레기: 재활용하여 사용한다.
4. 분리수거에 대해 이야기를 나눈다.
   - 다시 쓸 수 있는 쓰레기를 어떻게 분류할까?
   - 분리수거함을 만들어볼까?
5. 유아들이 만든 분리수거함에 넣어본다.
   - 먹고 난 우유팩, 요구르트 병 등을 어떻게 하면 좋을까?
   - 너희들이 만든 분리수거함에 넣어보자.

**확장활동**
• 활동실에서도 유아들이 먹고 난 요구르트 병, 우유팩 등을 분리수거해 씻은 후 재활용품을 이용한 구성놀이를 해본다.
• 가정통신문을 통해 유아들과 함께 분리수거를 해보고 재활용품을 모아 보내주실 것을 안내한다.

## 7 환경 호르몬 찾기

**활동목표** 우리 생활에 숨어 있는 환경 호르몬을 찾아본다.

**활동유형** 이야기 나누기

**활동자료** 환경 호르몬에 대한 이야기 자료

**활동방법** 1. 환경 호르몬이 무엇인지 알아본다.
- 환경 호르몬이 무엇일까?
- 환경 호르몬이란 우리 몸에 나쁜 영향을 주는 것이지?

2. 환경 호르몬이 숨어 있는 곳을 찾아본다.
- 환경 호르몬은 어디에 있는 것일까?
  - 플라스틱 책상과 의자세트 소재인 연성 폴리에틸렌은 상온에서 환경 호르몬 발생률이 높다.
  - 장난감(플라스틱, 수입원목): 입에 넣고 빨면 안 된다.
    특히 알록달록한 색깔을 내는 데 사용하는 원료는 해롭다.
  - 책장, 책상, 옷장: 염화비닐 기체를 발생시켜 피부 알레르기, 호흡 곤란, 소화불량, 코와 입 점막의 건조, 무감각, 경련 등의 증상을 일으킨다.
  - 합성세제, 주방용 세정제: 놀라운 세척력은 기름기를 끊어내는 성질이 강하므로 세모를 끊는 힘도 강해 몸에 해롭다.
  - 화장지: 표백제, 성형제 등의 화학물질이 사용된다.
    무늬나 향기 나는 화장지는 향과 물감의 문제까지 더해진다.

3. 집안의 구조도를 보면서 환경 호르몬이 있는 곳을 찾아 표시해본다.

**확장활동**
- 인터넷 사이트(http://ecoi.eco.or.kr)를 참고하여 그림으로 유아에게 환경 호르몬을 직접 찾아보는 활동을 해본다.
- 환경 호르몬을 줄일 수 있는 방법을 알아보는 활동을 한다.

## 8 텔레비전 속의 숫자를 찾아요

**활동목표** ① 방송 가능 시청 연령이 구분되어 있음을 안다.
② 나이에 맞는 적절한 방송 프로그램을 알고 시청할 수 있다.

**활동유형** 이야기 나누기

**활동자료** 텔레비전 프로그램이 나와 있는 신문, 방송 시청 가능 연령이 나와 있는 프로그램 화면 캡처영상, 활동지, 연필, 풀, 가위

**활동방법**
1. 유아들과 방송 시청 가능 연령이 나와 있는 프로그램 캡처 자료를 보며 이야기를 나눈다.
   - 여기에서 숫자를 찾아보자. 이런 숫자를 본 적 있니?
   - 동그라미 안에 왜 숫자가 있을까?
2. 화면 상단의 동그라미 속 숫자를 살펴보고 차이점을 이야기해본다.
   - 동그라미 속 숫자가 어떻게 다르니?
   - 왜 숫자가 다를까?
3. ⑦, ⑫ ,⑮, ⑲ 동그라미 속 숫자의 의미에 대하여 이야기를 나눈다.
   - 왜 프로그램에 숫자를 써 놓았을까?
4. 유아들이 볼 수 있는 숫자는 어떤 것인지 알아본다.
   - 너희들이 볼 수 있는 것은 어떤 숫자일까?
5. 텔레비전 프로그램 편성표를 가지고 시청 가능한 프로그램을 직접 쓰거나 오려본다.
   - 너희들이 볼 수 있는 프로그램들을 찾아보자.
6. 시청 가능한 프로그램 목록을 만들어 게시하고 선정한 프로그램 시청을 한다.

**확장활동** 유아들이 시청 가능한 프로그램에 관한 안내 책자를 만들어 가정에 보내 유아들에게 적절한 프로그램 시청을 지도하도록 안내한다.

## 9 웃는 컴퓨터, 우는 컴퓨터

**활동목표** ① 컴퓨터와 인터넷의 장점과 올바른 사용방법을 안다.
② 인터넷 사이트 중 좋지 않은 것을 구분하고 필요한 것만 사용한다.

**활동유형** 이야기 나누기

**활동자료** 인터넷이 실행되는 컴퓨터, 유아용 인터넷 사이트 메인화면 사진 자료, 안전 표시와 위험 표시

**활동방법** 1. 컴퓨터 인터넷의 좋은 점과 좋지 않은 점에 대해 이야기를 나눈다.
- 컴퓨터는 우리에게 어떤 도움을 줄까?
- 사용해본 사이트에는 어떤 것이 있니?
- 이런 사이트는 어떻게 알게 되었니?
- 컴퓨터 인터넷은 모두 좋은 걸까?
- 어떤 점이 좋지 않다고 생각하니?

2. 인터넷 사이트 중에는 좋지 않은 것도 있음을 알려주고 어떤 것이 좋지 않은 것인지 이야기를 나눈다.
- 어떤 것이 나오면 좋지 않은 것일까?
- 죽이거나 심하게 싸우는 것, 옷을 벗고 몸을 보여주는 것, 이상한 느낌이 드는 것은 좋지 않겠지?

- 컴퓨터를 하다가 이런 것들이 저절로 나온 적은 없니? 그럴 때는 어떻게 했니?

3. 유아들이 알고 있는 사이트에 안전표시를 붙여 유익한 사이트와 아닌 것을 알아본다.
   - 우리가 알고 있는 사이트가 모두 좋은 것일까?
   - 좋지 않은 것이 있다면 표시해볼까?

확장활동

- 인터넷뿐만 아니라 유아들에게 적절한 책과 텔레비전의 프로그램에 대해서도 알아본다.
- 가정에서도 인터넷 사용규칙을 정해서 지킬 수 있도록 안내문을 발송한다.

## 10 나의 컴퓨터 게임 계획표

**활동목표** ① 게임 중독의 위험성을 알고 스스로 조절하여 바르게 사용한다.
② 스스로 계획을 세우고 실천한다.

**활동유형** 이야기 나누기

**활동자료** 나의 컴퓨터 게임 계획표, 여러 가지 필기도구

**활동방법**

1. 게임 중독의 위험성과 증상, 예방법에 대하여 이야기를 나눈다.
   - 게임을 오래 하게 되면 어떤 일이 생길까?
   - 게임에 중독되지 않으려면 어떻게 해야 할까?
2. 유아들과 자신들이 할 수 있는 게임의 종류에 대하여 조사한 후 게임 목록을 만들어 게시한다.
   - 너희들이 할 수 있는 게임은 어떤 것들이 있을까?
   - 게임의 종류를 조사해 무얼 만들면 좋을까?
3. 유아들에게 나의 컴퓨터 계획표에 대해 소개한다.
   - 어떤 것들이 들어 있니?
   - 무엇을 위한 계획을 세울 수 있을까?
4. 계획표를 살펴본 후 내가 하고 싶은 게임을 1~2가지 정도 정해본다.
   - 너희들이 할 수 있는 게임에는 어떤 것들이 있었니?
5. 하루 일과 중 컴퓨터 게임을 언제, 어느 정도의 시간을 할 것인지 생각하고 이야기를 나눈다.
   - 어느 요일에 게임을 하고 싶니?
   - 시간은 어느 정도 계획하는 것이 좋을까?
6. 유아들이 직접 컴퓨터 게임 계획표를 세워본다.
7. 스스로 세운 계획표에 따라 지킬 것을 약속하고 가정에서 활용한다.

**확장활동**

- 1~2주 정도 진행 후 계획표에 따른 실천 정도를 알아보는 활동을 한다.
- 텔레비전 시청 계획표를 만들어 실천해본다.

# 제14장 신변안전

현대사회에서 영유아들은 성폭력, 유괴, 미아 등과 같이 신변의 안전에 위협을 받는 다양한 위험에 처해 있다. 이러한 신변에 위협을 주는 사건들은 영유아의 일생에서 회복 불가능한 치명적인 정신적 · 육체적 후유증을 남길 수 있다. 그러므로 영유아들의 신변안전을 위협하는 성폭력, 유괴, 미아 등과 같은 사건은 무엇보다도 사전에 예방하는 것이 중요하며, 이를 위해서는 가정과 유아교육기관에서 지속적이고 체계적인 교육이 이루어져야 한다. 이 장에서는 영유아의 신변안전을 도모하기 위한 교육의 필요성, 내용 및 활동의 실제에 관하여 살펴보고자 한다.

## 1. 신변안전교육의 필요성

신변안전이란 영유아의 생활 주변에서 발생할 수 있는 실종, 유괴, 성폭력 등으로부터 영유아를 안전하게 보호하는 것을 의미한다. 영유아의 신변안전을 위협하는 사건 등 중 특히 성폭력은 성폭력 피해를 입은 당사자와 그 가정을 정서적으로 피폐하게 만드는 가장 심각하고 비열한 범죄이다. 2008년 한국성폭력상담소에 신고된 7세 이하 유아와 13세 이하 어린이의 성폭력 피해 비율은 17.5%로 나타났다(www.sisters.or.kr).

특히 7세 이하 유아 성폭력은 다음과 같은 두 가지 형태로 확산되고 있다. 첫째는 물질향락 우선주의가 지배하는 현실에서 소외감을 느끼는 사람들이 약자에 대한 성폭력을 자신의 분노와 무력감을 해소하는 수단으로 이용하는 것이다. 이 경우에는 주로 가족, 친척, 교사 등 아는 사람에 의한 지속적인 성폭행이 나타난다. 또 다른 형태는 급속한 산업화에 따른 가치관의 혼란과 음란물을 통해 성적 자극을 받은 10대 청소년들이 호기심으로 반항하지 못하는 유아를 대상으로 성폭행하는 것으로 대부분 일시적인 것이다. 성폭행을 당한 유아의 정신적 · 신체적 후유증은 심각하여 이에 따른 적절한 조치가 필요하다(한국산업안전공단, 1996).

한편, 부모의 실수로 인한 미아 발생과 유괴범에 의해 유아를 잃어버리는 사고가 발생한다. 유괴는 최악의 경우 유괴당한 영유아가 살해되는 사례도 있음을 볼 때 결코 있어서는 안 되는 일이라고 하겠다. 우리나라에서는 한국어린이재단과 같은 단체에서 미아 발생 사고를 줄이기 위해 노력하고 있으나, 미아 발생을 줄이기 위해서는 부모와 교사가 아이들을 안전하게 보호하고 유사시 행동방법을 아이들에게 미리 가르치는 것이 중요하다.

따라서 영유아의 신변의 안전을 위협하는 성폭행, 유괴 및 미아 발생 사고를 예방하기 위해서는 영유아를 대상으로 자신의 신변의 안전을 위협하는 사건들에 대해 인식하고 이에 적절하게 대처할 수 있는 지속적인 안전교육이 필수적이다. 즉, 우리 사회에는 신뢰할 수 있는 사람이 있는 반면 의심해 보아야 할 사람도 있음을 알려주고 구별할 수 있도록 지도하여 자신의 신변안전은 자신이 적극적으로 책임질 수 있는 교육이 필요하다고 하겠다.

## 2. 신변안전교육의 목표 및 내용

### 1) 교육목표

부모나 유아교사의 부주의로 인해 일어나는 미아 사고나 실종, 나쁜 성인들에 의해 계획적으로 일어나는 유괴나 성폭력은 영유아의 안전을 위협하는 사고의 하나로 빈번하게 발생하고 있다. 신변안전교육의 목표는 영유아의 신변안전을 위협하는 사고 예방을 위해 성인들이 보다 세심한 주의를 기울이는 한편, 영유아들에게 유괴, 미아사고, 성폭력의 가능성을 알려주고, 사고를 예방할 수 있는 방법과 사고에 대처하는 방법을 알려주어 영유아 스스로 자신의 신변안전을 지킬 수 있도록 하는 데 있다.

### 2) 교육내용

유아교육기관에서의 신변안전교육 내용은 유치원과 어린이집 만 3~5세 유아들의 경우 누리과정의 신체운동 · 건강 영역의 하위 내용범주인 안전하게 생활하기에 제시된 내용 중 하나인 비상시 적절히 대처하기에 제시되어 있는데 구체적인 신변안전교육의 내용을 살펴보면 다음과 같다.

| 내용 범주 | 내용 | 3~5세 연령별 누리과정 | | |
|---|---|---|---|---|
| | | 3세 | 4세 | 5세 |
| 안전하게 생활하기 | 비상시 적절히 대처하기 | 학대, 성폭력, 실종, 유괴상황을 알고 도움을 요청한다. | 학대, 성폭력, 실종, 유괴상황을 알고 도움을 요청하는 방법을 알고 행동한다. | |

유아를 대상으로 하는 신변안전교육의 주요 내용은 다음과 같다.

- 내 몸의 소중함
- 내 몸의 정확한 명칭
- 좋은 느낌과 싫은 느낌
- 성폭력의 예방법과 대처법
- 미아예방법: 외출 시 주의할 점
- 길을 잃었을 때의 대처방법
- 길을 잃었을 때 도움을 요청하는 방법
- 낯선 사람의 개념
- 유인행동 알아차리기
- 낯선 사람을 만났을 때 대처하는 방법
- 위험한 상황 대처법
- 집에 혼자 있을 때 위험상황 인식과 대처방법

참고로 부모나 교사가 알고 있어야 할 신변안전사고 예방 수칙을 소개하면 다음과 같다.

### (1) 성폭력 예방

- 속옷으로 가린 신체의 부분을 다른 사람이 함부로 보거나 만지는 것, 보여주거나 만지게 하는 것이 성폭력임을 알게 한다.

- 좋은 접촉과 나쁜 접촉을 구별할 수 있게 가르친다. 어른들에게도 거절의 의사를 표현할 수 있도록 지도한다. 가족이나 친지 또는 아는 사람이라도 이상한 행동을 요구할 때는 단호하게 거절하도록 한다. 성폭력 상황이 일어났을 때 "안 돼요, 싫어요"라고 분명하게 말하고 그 자리를 피하게 한다.
- 남자는 힘의 상징이고 여자는 힘에 순종한다는 왜곡된 성역할을 제시하지 않는다.
- 성폭력에 대해 직접적으로 이야기하기보다는 비디오나 동화, 인형극을 통해 이야기를 시작한다.
- 평소에 유아의 행동을 잘 관찰하고 자녀와 대화를 많이 하며, 성폭력과 같은 일을 겪었을 때는 부모나 교사에게 이야기하여 도움을 받을 수 있게 한다.

### (2) 유괴 예방

- 낯선 사람이 아는 사람임을 가장하여 접근할 수 있으므로 이름이 새겨진 옷을 입거나 가방을 휴대하지 않도록 한다.
- 낯선 사람을 따라가거나 낯선 사람의 차를 절대로 타지 않도록 지도한다.
- 영유아에게 나쁜 사람들도 옷을 잘 차려입고 친절하게 접근할 수 있음을 설명해준다. 이런 사람들이 남자일 수도 있으나 여자일 수도 있으며, 전혀 모르는 사람일 수도 있지만 아는 사람일 수도 있음을 알려준다. 부모나 교사의 허락 없이 다른 사람을 따라가지 않도록 지도한다.
- 유아에게 자신의 이름과 집 주소, 집 전화번호와 지역번호를 분명하게 외우게 한다. 가능하다면 부모의 이름과 직장, 휴대전화번호도 외우게 한다.
- 낯선 사람에게 강제로 납치되었을 때 도움을 청하는 방법을 가르쳐준다.
- 유아에게 공중전화를 걸 수 있는 방법과 비상시에 신고나 도움을 요청하기 위한 전화번호 119를 알고 있는지 확인한다.
- 부모나 교사는 만약의 경우에 대비하여 6개월 이내에 찍은 유아의 사진을 가지고 있고, 구체적인 신상명세서(나이, 키, 몸무게, 혈액형, 점, 상처 등)를 기록해 둔다.
- 견학이나 소풍 등으로 사람이 많이 모이는 곳에 갈 경우 이름표를 달아주고 만약의 경우 비상시에 서로 만날 장소를 미리 정해 둔다. 다른 유아들과 떨어

져 혼자 다니지 않도록 또래끼리 짝을 정해주고 함께 다니도록 한다.

#### (3) 미아 예방

- 외출할 때는 항상 유아의 손을 잡고 다닌다.
- 보호자의 연락처를 미리 알려준다.
- 유아에게 길을 잃었을 때의 대처방법을 미리 가르친다.
  - 길을 잃었을 때 그 자리에서 보호자가 찾으러 올 때까지 기다린다.
  - 미아보호소에 가서 도움을 청하도록 한다.
  - 믿을만한 어른(상점 점원, 공공장소의 안내원, 경찰 등)을 찾아 도움을 요청한다.

## 3. 신변안전교육 활동의 실제

이 부분에서 소개하는 신변안전교육 활동들은 '안전한 보육환경 조성을 위한 안전교육 프로그램'(서울특별시, 2004), '우리는 안전어린이'(소방방재청, http://www.nema.go.kr), '유치원지도서: 건강과 안전'(교육과학기술부, 2009), '유아를 위한 안전교육 활동자료집'(한국어린이육영회, 2002)에 수록된 활동들을 참고하였다.

## 1 엄마를 찾아주세요

**활동목표** 사람이 많은 곳에서는 부모님의 손을 놓지 않아야 함을 안다.

**활동유형** 동작활동

**활동자료** 동화 『백화점에서』

**활동방법** 1. 『백화점에서』 동화를 들려준다.
- 엄마와 백화점에 가본 적이 있니?
- 동화 속 친구가 백화점에 가서 무슨 일이 있었는지 들어보자.

2. 동화를 회상하며, 엄마를 잃어버렸을 때의 대처방법을 알아본다.
- 엄마를 잃어버리면 어떻게 해야 할까?
- 나 혼자 엄마를 찾으려고 여기저기 돌아다니면, 엄마가 너희들을 찾을 수 있을까?
- 그럼 어떻게 해야 할까?
  - 멈추기: 이리저리 돌아다니지 않고 그 자리에 서서 기다리기
  - 생각하기: 침착하게 부모님 이름, 자기 이름, 전화번호 생각하기
  - 행동하기: 부모님이 오시지 않으면 경찰, 가까운 가게에 도움 청하기

3. 영아들과 자기 이름 말하기 게임을 한다.
- 주위 사람들에게 도움을 청할 때 누구 이름을 말해야 할까?

**확장활동** 엄마, 아빠 이름 말하기 활동을 해본다.

## 2 길을 잃은 멍멍이

**활동목표** 길을 잃었을 때의 대처방법을 안다.

**활동유형** 언어활동(이야기 나누기, 동화)

**활동자료** 『길을 잃은 멍멍이』(글: 홍미연, 유아를 위한 안전교육 활동자료집. 한국어린이육영회)

**활동방법**
1. 길을 잃어본 유아의 경험에 대해 이야기를 들어본다.
   - 엄마, 아빠와 함께 다니다 길을 잃어본 적 있니?
   - 길을 잃었을 때 기분이 어땠니??
2. 『길을 잃은 멍멍이』 동화를 듣는다.
   - 멍멍이가 엄마랑에 어디에 갔니?
   - 전시회에 가서 무슨 일이 있었니?
3. 길을 잃었을 때의 상황 및 대처방법에 대해 이야기를 나눈다.
   - 멍멍이가 엄마를 잃고 어떻게 했니?
   - 멍멍이처럼 길을 잃으면 어떻게 해야 할까?

**확장활동**
- 미아예방의 안전수칙에 대해 알아본다.
  - 어른의 손을 잡고 다닌다.
  - 소풍, 견학 시 혼자서 행동하지 않는다.
- 자기 이름, 부모 이름, 전화번호, 주소 등을 알아보고 기억하는 활동을 지속적으로 해본다.

## 3 전화번호부 만들기

**활동목표** ① 길을 잃지 않도록 주의해야 함을 안다.
② 긴급 상황 시 대처방법으로 연락할 곳을 알고 실천한다.

**활동유형** 언어활동

**활동자료** 전화번호부 표지, 속지, 스테플러, 필기도구, 순서도

**활동방법**

1. 미아 관련 동화나 이야기를 들려준다.
2. 길을 잃지 않으려면, 또 만약 길을 잃었다면 어떻게 해야 할지 이야기를 나눈다.
   - 그 자리에서 가만히 있으면서 기다리기
   - 경찰을 찾아 도움 청하기
   - 주위 사람이나 직원에게 도와달라고 말하기
   - 자기 이름, 부모님 이름, 집주소와 전화번호 외우기
3. 유아들의 가족 이름, 전화번호, 주소 등을 말해본다.
   - 너희들의 가족 이름, 전화번호, 집주소를 알고 있니?
4. 언어영역에서 순서도에 따라 전화번호부를 만들어본다.
   - 전화번호부 만들기 순서도
     - 표지를 꾸민다.
     - 표지와 속지를 붙인다.
     - 전화번호를 적는다.

**확장활동**

- 유아들의 전화번호부를 모아 한 권의 학급 전화번호부 책을 만들어본다.
- 모형 전화기로 긴급 상황 시 연락하는 역할놀이를 해본다.

## 4 좋은 느낌! 싫은 느낌!

**활동목표** ① 내 몸에 닿는 좋은 느낌과 싫은 느낌을 알아본다.
② 사람들이 내 몸을 함부로 만지지 않게 하여 성에 대한 위기상황 시 대처한다.

**활동유형** 언어활동(동화, 이야기 나누기)

**활동자료** 동화 『소중한 나의 몸』

**활동방법**
1. 『소중한 나의 몸』 동화를 들려준다.
2. 내 몸의 소중한 부분을 알아보고 좋은 느낌과 싫은 느낌에 대해 이야기를 나눈다.
   - 내 몸의 소중한 부분은 어디일까?
   - 엄마, 아빠가 내 몸을 만질 때와 다른 사람들이 내 몸을 만질 때 기분이 어떻게 다르니?
3. 다른 사람이 내 몸을 만지면 어떻게 해야 하는지 이야기를 나눈다.
   - 싫은 느낌이 드는데 내 몸을 만지면 어떻게 해야 할까?
   - 만져서는 안 되는 소중한 내 몸을 만지려고 하면 어떻게 해야 할까?

**확장활동** 〈안돼요, 하지 마세요!〉(김성균 곡) 새노래 활동을 해본다.

## 5 이럴 땐 이렇게 해요

**활동목표** ① 상황극을 통해 위험한 상황에서 도움을 청하는 방법을 알아본다.
② 위험한 상황에서 자신을 보호하는 방법을 알고 실천한다.

**활동유형** 언어활동(이야기 나누기)

**활동자료** 그림 자료(낯선 사람이나 잘 아는 사람이 차를 태워주려는 장면, 집에 혼자 있을 때 누군가 찾아온 장면, 낯선 사람이나 잘 아는 사람이 내 몸을 만지려는 장면)

**활동방법**

1. 유아들과 그림 자료(낯선 사람이 차를 태우려는 장면)를 보며, 유아들의 경험을 이야기한다.
   - 너희들도 이렇게 낯선 사람이 차를 태워주겠다고 한 적이 있니?
   - 이렇게 누가 나에게 차를 태워주겠다고 한다면 어떻게 할 거니?
2. 직접 상황극을 통해 상황에 대처해본다.
   - ○○는 아저씨가 차를 태워준다고 했을 때 무엇이라고 말했니?
   - 어떻게 행동했니?
3. 동일한 상황극으로 두세 번 해보며 유아들의 대처방법을 살펴본다.
4. 유아들의 대처방법에 대해 논의해본다.
   - 친구들이 어떻게 했는지 이야기해보자.
   - 어떤 부분이 올바른 행동이었니? 왜 그렇게 생각하니?
5. 그림과 같은 상황에서 유아들이 대처할 수 있는 올바른 방법에 대해 이야기를 나눈다.
   - "안돼요! 싫어요! 하지 마세요!"라고 큰소리로 외치기
   - 주변의 다른 어른들에게 도움 청하기
   - 그 상황에서 빨리 도망쳐 나오기
6. 얼굴을 아는 주변 이웃이라도 부모와 약속된 상황이 아니면 따라가지 않음을 이야기한다.
7. 다른 그림 자료도 같은 방법으로 대처방법을 알아본다.

**확장활동** 여러 다양한 위험 상황을 역할극으로 해보며 대처방법을 알아본다.

## 6 난 혼자라도 무섭지 않아요

**활동목표** ① 집에 혼자 있을 때 적절하게 대처하는 방법을 안다.
② 이야기를 듣고 자신의 생각과 느낌을 말할 수 있다.

**활동유형** 언어활동(이야기 나누기, 동화)

**활동자료** 그림동화 『난 혼자라도 무섭지 않아』

**활동방법** 1. 『난 혼자라도 무섭지 않아』 동화를 듣고 이야기를 나눈다.
- 집에 혼자 있어본 적 있니?
- 집에 혼자 있을 때 누가 찾아온 적이 있니?

『난 혼자라도 무섭지 않아』 최형숙 글

"엄마! 유치원(어린이집)에 다녀왔습니다." "그래, 우리 별이 유치원(어린이집)에 잘 다녀왔니?"

"네, 엄마."

"그런데 별아! 미안한데 엄마가 급한 약속이 생겨서 외출을 해야 하는데 혼자 집에 있을 수 있겠니?" "네, 엄마, 걱정하지 마시고 다녀오세요."

"별아! 그래 그럼 엄마 마음 놓고 다녀올게." "엄마가 열쇠는 가져가니까 모르는 사람이 오면 절대로 문을 열어주면 안 된다. 알았지?" 엄마는 별이에게 당부를 하고 나가셨어요.

별이는 손을 씻고 소파에 앉아 책을 보고 있는데 "딩동딩동" 벨소리가 났어요.

약간 겁이 났지만 "누구세요?" 하고 물어보았어요. "택배인데 문 좀 열어주렴" 하는 것이었어요.

별이는 현관문을 열어주려다 모르는 사람에게 문을 열어주지 말라던 엄마의 말씀이 생각났어요. 이런 생각을 하고 문을 열어주지 않자 아저씨는 "엄마 계시니?" 하고 물어봤어요. 망설이다가 엄마는 빨래하시는 중이라고 대답했어요.

그런데 문을 열어줄 수 없다고 하는데도 가지 않고 계속 벨을 눌렀어요. 갑자기 별이는 무서워졌어요. 어떻게 할까 생각하다 유치원(어린이집)에서 며칠 전에 만든 비상연락 메모판이 생각났어요.

별이는 메모판의 전화번호를 보고 옆집에 전화를 걸었어요. "아줌마, 저 별인데요. 지금 저희 집에 좀 와주세요. 잘 모르는 사람이 자꾸 문을 열라고 벨을 눌러서 너무 무서워요." "그래 별아! 문 열어주지 말고 그대로 있어라."

옆집 아주머니가 별이네 집에 오셨어요. 낯선 아저씨는 아주머니를 보자 급히 도망치듯이 달아났어요.

"별아! 무서웠지? 하지만 참 잘했어. 우리 별이 참 똑똑하기도 하지." 아줌마는 별이를 꼭 안아주셨어요.

이젠 별이는 혼자 있어도 무섭지가 않답니다. 언제든 연락할 수 있는 비상전화 번호도 있고 곁에 도와주시는 분들이 많이 계시니 이제는 혼자 있어도 하나도 무섭지 않았답니다.

출처: 교육과학기술부(2009)

2. 집에 혼자 있을 때 이런 상황이라면 어떻게 해야 할지 경험을 생각하고 이야기를 나눈다.
   - 낯선 사람이 계속 벨을 누르면 어떻게 해야 할까?
   - 부모님이 멀리 계실 때에는 어떻게 해야 할까?
   - 도움을 청하려는데 전화번호를 모를 때에는 어떻게 해야 할까?

**확장활동** 가정과의 연계활동으로 비상 연락 메모판을 유아들과 만들어보도록 한다.

## 7 지켜야 할 비밀과 말해야 할 비밀

**활동목표** ① 지켜야 할 비밀과 어른께 알려야 할 이야기를 구분한다.
② 위험 상황을 인식하고 대처한다.

**활동자료** 지켜야 할 비밀과 말해야 할 비밀 상황 그림 자료, 모양 종이, 그리기 도구(색연필, 사인펜)

**활동유형** 언어활동(이야기 나누기)

**활동방법** 1. 각각의 그림을 보여주며 그림이 나타내는 이야기를 들려준다.

- 지금부터 들려줄 이야기에 꼭 지켜야 할 비밀과 말해야 할 비밀이 있단다. 이야기를 들어보고 생각해보자.
  - 내일은 할머니 생신이야. 할머니께서 즐거워하실 수 있게 생신 축하 준비를 하는데 내일 할머니가 우리 집에 오실 때까지 할머니께는 비밀로 하자. 내일 우리 집에 오시면 아마 깜짝 놀라실 거야.
  - 유치원(어린이집)에서 마당놀이시간에 화장실에서 선생님께서 철수의 옷을 갈아입히시는 걸 보았어. 아마 철수가 너무 재미있게 놀이하다가 그만 옷에다 실수를 한 것 같아. 선생님께서 다른 친구들에게는 비밀이라고 하셨어.
  - 어제 놀이터에서 나 혼자 놀고 있을 때 어떤 형이 와서 나를 놀이터 뒤로 데려갔어. 그리고 아무도 없을 때 나를 때리고 고추를 만지기도 했어. 그리고 엄마한테 말하면 내일 더 혼내준다고 했어. 절대로 말하지 말라고 비밀이라고 했어.
  - 엄마, 아빠가 안 계실 때 옆집 아저씨가 놀러오셨어.
    아저씨는 우리 집에 자주 놀러 오시는 분이라서 문을 열어드렸는데, 나를 예쁘다고 안아주고 내 몸을 쓰다듬었어. 그런데 아저씨가 그렇게 할 때 나는 기분이 좋지 않아서 싫다고 했는데 그 아저씨가 그건 아저씨하고 나만 아는 비밀이니까 아무한테도 말하지 말라고 했어. 비밀은 꼭 지켜야 착한 아이라고 했어.

2. 그림 자료를 모두 보여주고 지켜야 할 비밀과 말해야 할 이야기가 무엇인지 이야기를 나눈다.
   - 어떤 이야기가 지켜야 할 비밀일까? 왜 그렇게 생각하니?
   - 말해야 할 비밀은 무엇일까? 왜 말을 해야 한다고 생각했니?
3. 누군가 비밀이라고 했지만 말해야 할 일이 있음을 이야기한다.

**확장활동**

- 지켜야 할 비밀 이야기에 대해 그리기 활동을 해본다.
- 좋은 비밀과 나쁜 비밀을 알아보고 기분 표정판에 붙이기 조작활동을 해본다.

## 8 친구의 몸을 함부로 만지거나 보면 안 돼요

**활동목표** ① 사람마다 생각이 다를 수 있다는 것을 이해한다.
② 다른 사람의 생각을 인정하고 수용하는 태도를 갖는다.

**활동유형** 언어활동(동화)

**활동자료** OHP 동화 『왜 그러지?』(신지숙 · 차지숙 지음)

**활동방법**
1. 동화 『왜 그러지?』를 듣고 동화의 내용에 대해 이야기를 나눈다.
   - 친구들은 민이가 어떻게 할 때 싫어했니?
   - 왜 싫었을까?
   - 너희들이 동화 속 친구들과 민이라면 어떻게 할 수 있겠니?
2. 친구가 아닌 어른들이 안아주거나 뽀뽀를 하면 기분이 어땠는지 이야기를 나눈다.
   - 엄마, 아빠가 아닌 다른 어른들이 안아주거나 뽀뽀를 해준 적이 있니?
   - 엄마, 아빠가 안아줄 때와 어떻게 기분이 다르니?
   - 기분이 좋지 않고 싫을 때는 어떻게 해야 할까?
3. 친구나 어른들이 내 몸을 만져 기분이 좋지 않을 때의 대처방법에 대해 이야기를 나눈다.

**확장활동**
- 교실의 조용한 영역에서 유아가 교사에게 개별적으로 속상한 이야기나 비밀 이야기를 할 수 있도록 분위기를 조성한다.
- 가정통신문을 통해 일상생활 속에서 자연스레 이루어지는 어른들의 지나친 신체접촉의 애정표현을 자제할 것을 당부 드린다.

## 9 로봇 끼오

**활동목표** ① 애니메이션을 보고 실종/유괴에 대해 이해한다.
② 위험 상황에 대한 대처 능력을 기른다.

**활동유형** 언어활동

**활동자료** 〈로봇 끼오〉 애니메이션

**활동방법** 1. 어린이 실종 예방 〈로봇 끼오〉 애니메이션을 보고 이야기를 나눈다.
- 로봇 끼오에게 무슨 일이 있었니?
- 길을 잃고 낯선 사람이 왔을 때 로봇 끼오가 어떻게 했니?

2. 로봇 끼오가 대처한 상황을 알아보고 유아들과 이야기를 나눈다.
- 로봇 끼오처럼 길을 잃거나 낯선 사람이 와서 말을 건다면 어떻게 할까?
- 로봇 끼오가 외친 것처럼 우리도 해볼까?

3. 여러 가지 위험 상황에 대해 이야기를 나눈다.
- 어떻게 하다 길을 잃을 수 있을까?
  • 길을 가다 엄마 손을 놓칠 때
  • 내가 갖고 싶은 놀잇감을 보다가
  • 부모님께 말을 하지 않고 혼자 가다가
- 부모님을 잃어버리지 않으려면 어떻게 해야 할까?

**확장활동** 〈로봇 끼오〉에 나오는 '꼭꼭이송' 음률 활동을 해본다.

## 10 일곱 마리 아기 염소

**활동목표** ① 혼자 집에 있을 때의 위험 상황에 대해 안다.
② 위험한 상황에 처했을 때의 올바른 대처방법을 안다.

**활동유형** 동극

**활동자료** 『일곱 마리 아기염소』 동화 · 동극자료, 동극 소품

**활동방법** 1. 『일곱 마리 아기염소』 동화를 들려준다.
- 일곱 마리 아기 염소들한테 무슨 일이 생겼니?
- 왜 이런 일이 생겼을까?

2. 『일곱 마리 아기염소』 동극을 해본다.
- 일곱 마리 아기 염소 동극을 하려면 무엇을 준비해야 할까?
- 무대와 배역은 어떻게 정할까?

3. 동극 활동 후 평가를 한다.
- 동극을 해보니 어땠니?
- 어떤 때가 무서웠니? 왜 무서웠니?
- 아기 염소를 맞았던 너희들은 어땠니?
- 이럴 때는 어떻게 해야 할까?

**확장활동** • 유아들과 동극 대본을 각색한 후 다시 동극으로 해본다.
- 유아들 스스로 대처방법을 생각해보고 각색하도록 유도한다.

## 11 아동 안전 지킴이

**활동목표** ① 아동 안전 지킴이의 의미를 안다.
② 단독 귀가 중 위험 상황이 발생하면 대처할 수 있다.

**활동유형** 이야기 나누기

**활동자료** 아동 안전 지킴이 스티커 그림 자료, 아동 안전 지킴이집 사진 자료

**활동방법**
1. 아동 안전 지킴이집을 본 경험이 있는지 이야기를 나눈다.
   - 노란 곰돌이 인형이 서 있는 가게를 본 적이 있니?
2. 아동 안전 지킴이에 대해 이야기를 나눈다.
   - 아동 안전 지킴이란 무엇일까?
   - 혼자 길을 가다 낯선 사람이나 위험한 일이 생기면 어떻게 할까?
   - 아동 안전 지킴이집이란 곳으로 가서 도움을 청하면 된단다.
3. 아동 안전 지킴이집 견학을 가본다.
   - 우리 어린이집 주변에서 안전 지킴이집을 본 적이 있니?
   - 어디에 있는지 찾아가보자.
4. 아동 안전 지킴이집에서 하는 일을 직접 들어본다.
   - 아동 안전 지킴이집을 다녀와 보니 어떠니?

**확장활동** 유아들이 사는 동네와 유아가 다닐 초등학교 주변의 아동 안전 지킴이집이 어디 있는지 부모님과 함께 찾아본다.

## 참고문헌

강문희 · 윤애희 · 이경희 · 정정옥(2006). 유치원 · 보육시설 운영관리. 서울: 학지사.

강문희 · 정정옥 · 김승경(2006). 영유아 발달의 이해. 서울: 신정.

강혜원(2003). 소방교육 프로그램이 유아의 화재안전 의식에 미치는 영향. 광주대학교 산업대학원 석사학위 청구논문.

경기도보육정보센터(2007). 보육시설에서의 안전교육. 수원: 경기도보육정보센터.

곽은복(2008). 교사를 위한 아동안전교육. 서울: 창지사.

_____(2006). 아동안전관리. 서울: 학지사.

_____(2003). 영유아를 위한 안전교육프로그램. 서울: 창지사.

_____(2000). 유아 안전교육 프로그램 구성 및 효과에 관한 연구. 중앙대학교 대학원 박사학위 청구논문.

교육과학기술부(2009). 유치원 지도서 6: 건강과 안전. 서울: 교육과학기술부.

__________(2008). 개정유치원교육과정. 교육인적자원부.

__________(2005). 유치원생을 위한 안전교육. 서울: 교육인적자원부.

__________(2003). 유아를 위한 안전교육자료. 서울: 교육인적자원부.

교육과학기술부 · 보건복지부 · 육아정책연구소(2012). 3~5세 연령별 누리과정 지원을 위한 시 · 도(교육)청 강사요원 중앙연수 자료집. 서울: 교육과학기술부 · 보건복지부 · 육아정책연구소.

교육과학기술부 · 보건복지부 · 육아정책연구소(2011). 5세 누리과정 지도를 위한 유치원 · 어린이집 교사 연수 자료. 서울: 교육과학기술부 · 보건복지부 · 육아정책연구소.

교육부(2000). 유아를 위한 안전교육 지도 자료. 서울: 교육부.

김경문(2003). 보육시설의 안전 보육환경 평가척도 개발. 숙명여자대학교 박사학위 청구논문.

김경애(2009). 동화를 활용한 토의활동이 유아의 안전지식 및 안전문제 해결사고에 미치는 영향. 전남대학교 교육대학원 석사학위 청구논문.

김동은(2005). 유아안전교육 활동의 계획과 실행에 관한 연구. 이화여자대학교 교육대학원 석사학위 청구논문.

김명화(2007). 유아 통합적 안전교육 프로그램의 효과에 대한 연구. 영남대학교 교육대학원 석사학위 청구논문.

김성희(2000). 유아안전교육. 서울: 창지사.

김수미(2002). 공립유치원의 화재안전에 대한 교사의 인식 및 환경관리 실태조사. 전남대학교 교육대학원 석사학위 청구논문.

김승현(2005). 유아교사의 안전지식 정도 및 안전연수에 관한 인식과 요구 조사. 이화여자대학교 교육대학원 석사학위 청구논문.

김은숙(2009). 보육교사의 안전에 대한 지식과 실천에 관한 인식 연구: 서울, 경기, 인천지역을 중심으로. 중앙대학교 대학원 석사학위 청구논문.

김일옥 · 이정은(2005). 아동안전관리. 서울: 양서원.

김탁희(2000). 초등학교 안전교육 내용 분석연구 – 학생의 안전교육 요구도와의 비교를 중심으로 – 이화여자대학교 대학원 석사학위 청구논문.

김혜금(2002). 보육시설에서의 유아 안전교육 프로그램 개발을 위한 기초 연구. 동남보건대학논문집, 제20권 제2호.

도로교통안전협회(1996). 유아의 교통안전 지도서 – 유치원 교사용. 서울: 도로교통안전협의회

류상제(1992). 학교 안전교육의 방향. 한국안전생활교육회지, 1993년 겨울호.

만리어린이집(2004). 보육시설에서 영유아의 안전생활 습관형성 지도방안. 서울: 만리어린이집.

민중서림(1992). 에센스국어사전. 서울: 민중서림.

박성옥 · 이영환 · 한유미 · 곽혜경 · 양연숙 · 이진숙 · 정혜자 · 안은숙 · 이민경 · 김연주(2007). 유아의 건강과 안전. 서울: 창지사.

박순자(2005). 시청각 자료를 이용한 안전교육활동이 유아의 안전문제 해결사고 능력 및 안전지식에 미치는 효과. 대구가톨릭대학교 교육대학원 석사학위 청구논문.

박희준(2002). 극놀이를 통한 교통안전교육이 유아의 교통안전문제 해결사고와 교통안전 지식에 미치는 영향. 중앙대학교 교육대학원 석사학위 청구논문.

방경숙(2005). 영유아 안전관리 부모교육의 효과. 아동간호학회지, 11(2), 221~228.

보건복지부(2013). 보육사업안내. 서울: 보건복지부.

보건복지가족부(2009). 보육사업안내. 서울: 보건복지가족부.

보건복지부(1998). 영유아안전 보육프로그램. 서울: 보건복지부.

보건복지부 · 교육과학기술부(2013). 3~5세 연령별 누리과정 해설서. 서울: 보건복지부 · 교육과학기술부.

보건복지부 · 중앙보육정보센터(2013). 어린이집 표준보육과정 및 0~2세 영아보육프로그램의 이해. 서울: 중앙보육정보센터.

서울특별시(2005). 영유아의 건강 및 안전보호. 서울: 서울특별시.

______(2004). 안전한 보육환경조성을 위한 안전교육 프로그램. 서울: 서울특별시.

서울특별시 교육연구원(1982). 학생안전의 예방과 지도. 서울: 서울시 교육연구원.

서유미(2008). 현장학습을 통한 유아의 교통안전교육이 교통안전 지식 및 문제해결사고에 미치는 영향. 숭실대학교 교육대학원 석사학위 청구논문.

소방방재청 · 한국생활안전연합(2008). 어린이 안전교육 프로그램 개발 연구. 서울: 소방방재청 · 한국생활안전연합

소방방재청(2007). 전국 화재발생 현황 분석 결과. 서울: 소방방재청.

손진희(2006). 극놀이와 그리기를 통한 교통안전교육프로그램의 효과 비교. 경남대학교 교육대학원 석사학위 청구논문.

송희정(2005). 유아교육기관의 유아 안전교육 활동의 효과에 관한 연구. 충남대학교 교육대학원 석사학위 청구논문.

심성경 · 이선경 · 김경의 · 이효숙 · 김나림 · 허은주(2003). 유아문학의 이론과 실제. 서울: 학지사.

아이코리아 부속 새세대유치원(2009). 유치원 연간 안전교육 계획안.

여성가족부(2008). 보육사업안내. 서울: 여성가족부.

______(2005). 표준보육과정 해설. 서울: 여성가족부.

______(2006). 보육사업 관련 법령집. 서울: 여성가족부.

오완숙(2005). 유아안전교육의 방향. 교사를 위한 안전교육연수. 서울특별시교육청 특수 분야 직무연수 자료집, pp. 7~21.

오정옥(2007). 유아교육기관에서의 화재안전교육에 관한 연구. 덕성여자대학교 대학원 석사학위 청구논문.

이경애(2009). 동화를 활용한 토의활동이 유아의 안전지식 및 안전문제해결사고에 미치는 영향. 전남대학교 교육대학원 석사학위 청구논문.

이기숙 · 장영희 · 정미라 · 배소연 · 박희숙(2002). 영유아를 위한 안전교육과 응급 처치. 서울: 양서원.

이인숙(2004). 동화짓기 활동을 통한 안전교육이 유아의 안전문제 해결사고와 안전지식에 미치는 효과. 대구가톨릭대학교 교육대학원 석사학위 청구논문.

이행숙(2001). 보육시설의 소방안전 평가에 관한 연구: 성남시 보육시설을 중심으로. 한국여성교양학회지, 제 8집, 137~164.

이행숙 · 김정신 · 박형주(2002). 보육시설에 안전시설 설치 및 안전교육교사의 경쟁력 제고 방안에 관한 연구. 한국여성교양학회지, 제 10집, 117~142.

임미혜 · 조숙경 · 지명숙 · 채혜선(2006). 영유아 건강 및 안전교육. 서울: 양서원.

임변희(2002). 유아안전교육에 대한 교사의 인식조사. 호서대학교 행정대학원 석사학위 청구논문.

유선미(2004). 이야기 꾸미기를 통한 교통안전교육이 유아의 교통안전 지식 및 사고에 미치는 영향. 경기대학교 교육대학원 석사학위 청구논문.

유선희(2003). 통합적 활동을 통한 유치원 교통안전교육이 유아의 교통안전 지식에 미치는 영향. 이화여자대학교 교육대학원 석사학위 청구논문.

유혜경(2000). 유아교육기관의 안전교육 실태조사 및 개선방안에 관한 연구. 경기대학교 교육대학원 석사학위 청구논문.

윤선화(2000). 유아교사의 아동 안전지식, 지각 및 실천에 대한 연구. 숙명여자대학교 대학원 석사학위 청구논문.

정선아(2009). 극놀이를 통한 교통안전교육 프로그램이 유아의 교통안전지식 및 교통안전 행동에 미치는 영향. 전남대학교 교육대학원 석사학위 청구논문.

정재순(1997). 기본생활습관 교육을 위한 교수전략이 유아의 기본생활습관의 형성에 미치는 효과. 교원대학교 대학원 석사학위 청구논문.

조경자 · 이현숙(1998). 유아건강교육. 서울: 학지사.

조태길 · 이원용 · 이상의 · 강혜원 · 손안선 · 최장기(2000). 취학전 아동의 소방안전교육. 광주: 광주 소방안전본부.

중앙보육정보센터(2013). 2013년 어린이집 운영 서식 및 문서자료집. 서울: 중앙보육정보센터.

중앙보육정보센터(2008). 평가인증조력프로그램 건강과 영양, 안전. 서울: 중앙보육정보센터.

______________(2008). 보육시설 안전관리 매뉴얼. 서울: 중앙보육정보센터.

최민수(2001). 부모와 교사를 위한 영유아 건강과 안전. 서울: 학지사.

최인수(2007). 유아교육기관의 실외놀이 시설물 안전에 관한 연구. 동국대학교 대학원 박사학위 청구논문.

충청남도교육청(2002). 유치원교육실무. 충청남도: 충청남도교육청.

충청남도 천안교육청(2009). 2009 유아교육 운영계획. 천안: 충청남도 천안교육청.

충청남도 천안교육청(2008). 어린이 놀이시설에 대한 안전관리 추진계획. 천안: 충청남도 천안교육청.

한국국공립유치원교원연합회(1999). 유아를 위한 안전한 교통생활. 서울: 한국국공립유치원교원연합회.

한국산업안전공단(2004). 얘들아! 안전하게 놀자. 인천: 한국산업안전관리공단.

______________(2003). 생활 주제와 함께 하는 안전교육(유아용). 인천: 한국산업안전관리공단.

______________(1996). 유아교사용 안전교육지도서. 인천: 한국산업안전관리공단.

한국생활안전연합(2008). 보육시설안전관리 매뉴얼. 서울: 한국생활안전연합.

______________(2004). 재난대비교육프로그램. 서울: 한국생활안전연합.

한국소비자보호원(2003). 영유아보육시설 안전관리 실태 조사. 서울: 한국소비자보호원.

______________(2003). 가정 내 어린이 중독사고 실태조사. 서울: 한국소비자보호원.

______________(2002). 어린이 완구류 안전의식 실태 조사. 서울: 한국소비자보호원.

한국어린이육영회(2004). 유아를 위한 안전교육 활동 자료집. 서울:한국어린이육영회.

행정안전부(2008). 2008학년도 어린이 안전사고예방을 위한 가이드 북(교사용). 서울: 행정안전부

Morrison, G. S.(1998). *Early childhood education today*(7th ed.). NJ: Prentice-Hall Inc.

Robertson, C.(1998). *Safety, nutrition and health in early education*. Albany: Delmar Publishers.

세이프코리아 http://www.safekids.or.kr

행정안전부 http://www.mopas.go.kr

# 부록

# 부록 1. 2009년도 유치원 안전점검 체크리스트(유치원용)

유치원

※ 해당란에 ○표, 계에는 ○표 수를 기입
'아니다' 에 표시한 유치원은 점검사항별 조치 내용 기록

## 1. 건물 및 주변 환경

| 영 역 | 항 목 | 점검사항 | 그렇다 | 아니다 | 해당 없음 |
|---|---|---|---|---|---|
| ⑴ 유치원의 입지 여건 | | 유치원은 지상으로 직접 나갈 수 있는 지상층(피난층 포함)에 설치되어 있거나 지상층(피난층 포함)을 포함하여 2개층 이하로 설치되어 있다. | | | |
| | | 유치원이 입주해 있는 건물 또는 바로 인접한 건물에 공장, 음식점, 페인트 판매점, 가스충전소 등 화재 발생 위험시설이 없다. | | | |
| | | 인접 건물과 최소한 2m 이상 이격되어 화재의 확대 또는 연기 유입의 위험이 없다. | | | |
| | | 유치원의 지상층에는 도로, 인도 등 외부공간과 직면하는 형태로 설치된 창문이 없다(창문이 설치된 경우 유해물 투척 및 침입을 효과적으로 차단할 수 있는 방지시설이 되어 있음). | | | |
| | | 유치원 내에서 주출입구 등으로 나올 때 출입구 전면에 도로와의 완충공간(일정 간격 이격)이 확보되어 있다. | | | |
| | 계 | | | | |

◎조치 내용:

| 영 역 | 항 목 | 점검사항 | 그렇다 | 아니다 | 해당 없음 |
|---|---|---|---|---|---|
| ⑵ 소방차 접근 등 활동 여건 | | 유치원 건물의 최소한 1면 이상은 소방차의 원활한 진입이 가능하도록 4.0m 이상의 폭을 갖는 도로와 접해 있거나 이러한 도로와 10m 이하로 이격되어 있다. | | | |
| | | 건물 주변 도로면이 급경사(10% 이상)로 되어 있지 않다. | | | |
| | 계 | | | | |

◎조치 내용:

| 영 역 | 항 목 | 점검사항 | 그렇다 | 아니다 | 해당없음 |
|---|---|---|---|---|---|
| (3) 기타 환경 | | 건물 주변 및 유치원 내에 설치된 가로등, 전봇대 등은 감전 등에 대한 안전조치가 되어 있다. | | | |
| | | 유치원이 위치한 건물 위 또는 건물 입구 부근을 지나가는 고압전선이 없다. | | | |
| | | 유치원 건물 또는 주변 지역은 침수된 경험이 없는 등 침수 위험지역에 위치해 있지 않다. | | | |
| | 계 | | | | |

◎조치 내용:

| 영 역 | 항 목 | 점검사항 | 그렇다 | 아니다 | 해당없음 |
|---|---|---|---|---|---|
| (4) 교통 환경 | 통학버스 안전관리 시스템 | 어린이 통학버스로 등록된 차량이며, 차량 앞유리에는 어린이 통학버스 신고필증이 부착되어 있다. | | | |
| | | 차내 모든 좌석에 3~5세를 위한 안전벨트와 안전시트가 설치되어 있으며, 유아들 신체에 맞게 조절이 가능하다. | | | |
| | | 비상사태를 대비하여 차량 내에 구급상자가 비치되어 있다. | | | |
| | | 차량 내에 안전수칙이 부착되어 있다. | | | |
| | | 차량 내에 날카로운 곳이나 불필요한 물건이 없다. | | | |
| | | 차 맨 앞좌석에는 차량용 소화기가 고정되어 있다. | | | |
| | | 어린이 통학버스 운행 시 반드시 보조교사가 탑승한다. | | | |
| | | 긴급 시 연락할 수 있는 휴대용 전화가 있다. | | | |
| | | 응급 시 예비차량을 즉시 대치할 수 있다. | | | |
| | | 정기적으로 차량 안전점검을 실시하고 있다. | | | |
| | | 통학버스 안전담당자를 지정하고 있다. | | | |
| | | 통학버스 운행노선도와 운행시간 계획을 가지고 있다. | | | |
| | | 통학버스 운행시간은 운전자가 무리하지 않을 만큼 여유 있게 짜여 있다. | | | |
| | | 통학버스의 안전한 승하차 지점과 대기 장소가 명시되어 있다. | | | |
| | | 승하차 시 교통 혼잡이 없는 곳을 버스 승하차 장소로 설정하고 있다. | | | |
| | | 비상시 연락망을 유치원 내 및 통학버스에 게시하고 있다. | | | |
| | | 유치원 주변의 교통 문제를 최소화할 수 있도록 원아들의 통학로를 설정하고, 이를 관리할 수 있는 통학로 지도를 마련하고 있다. | | | |
| | 계 | | | | |

| | | | | |
|---|---|---|---|---|
| ※ 이 부분은 참고자료로만 활용할 것임 | 통학버스 안전운영위원회를 구성하고 있다. | | | |
| | 통학버스 안전운영위원회는 유아, 부모, 지역사회 인사 및 경찰관계자를 포함하고 있다. | | | |

◎조치 내용:

| 영 역 | 항 목 | 점검사항 | 그렇다 | 아니다 | 해당 없음 |
|---|---|---|---|---|---|
| | 운전자 및 통학버스 안전담당자 | 운전자는 최근 3년 이내 법규위반이나 사고경력이 없는 사람이다. | | | |
| | | 운전자는 적합한 자격을 가진 사람이다(15인승 이상 버스운전자는 대형 운전면허를 소지하고 있다). | | | |
| | | 통학버스 운전자는 통학버스 운행을 위한 교통안전교육을 받은 적이 있는 사람이다. | | | |
| | | 운전자 및 통학버스 담당자들은 유사시에 대비한 위기관리 실행(응급처치) 방법에 대해 훈련이 되어 있다. | | | |
| | | 운전자 및 통학버스 담당자들은 운행 일일 안전점검표를 기록하고 있다. | | | |
| | 계 | | | | |

◎조치 내용:

| 영 역 | 항 목 | 점검사항 | 그렇다 | 아니다 | 해당 없음 |
|---|---|---|---|---|---|
| | 주변 교통 환경 | 통학로의 횡단보도에는 보행자 신호등이 설치되어 있다. | | | |
| | | 통학로에는 교통안전시설물이 적정하게 설치되어 있다. | | | |
| | | 교통안전표지판은 노후되거나 파손되어 있지 않다. | | | |
| | | 운전자들이 식별할 수 있도록 가로수 정비가 잘 되어 있다. | | | |
| | | 유치원 주변 300m 이내에 불법주정차 표시가 되어 있다. | | | |
| | | 어린이보호구역이 표시되어 있다. | | | |
| | | 어린이보호구역 표지판은 운전자들이 볼 수 있는 위치에 있다. | | | |
| | | 통학버스 이용 어린이를 위한 지정된 승하차 장소가 있다. | | | |

| | | | | | |
|---|---|---|---|---|---|
| | | 지정된 승하차 장소는 유아의 활동 장소와 충분히 떨어져 있다. | | | |
| | | 승하차 장소를 알아볼 수 있게 노면 표시와 안전표지 등을 설치하였다. | | | |
| | | 원아들의 버스 승하차 장소 접근은 유치원 도착 및 출발 시에만 제한되어 있다. | | | |
| | | 유치원 버스 승하차 시에는 유치원의 담당자가 지도감독을 한다. | | | |
| | | 방문자나 유치원 관계자의 주차 장소는 따로 설정되어 있다. | | | |
| | | 방문자가 유치원 관계자의 주차 장소는 통학로와 겹쳐져 있지 않다. | | | |
| | | 유치원 주차장을 사무실에서 감시할 수 있는 시설이 설치되어 있다. | | | |
| | 계 | | | | |

◎조치 내용:

## 2. 실내환경

| 영 역 | 항 목 | 점검사항 | 그렇다 | 아니다 | 해당 없음 |
|---|---|---|---|---|---|
| (1) 교실 | 교실 공간 | 교실은 1층에 배치되어 있다. | | | |
| | | 교실 내에 세면대가 설치되어 있어 수시로 사용할 수 있다. | | | |
| | | 적정온도의 온수가 나오고 있다. | | | |
| | | 교실에 환기를 위한 시설(기계 환기설비)이 있다. | | | |
| | | 교실에 환기를 위한 창문의 크기가 적정하다. | | | |
| | | 난방은 복사 난방을 하고 있다. | | | |
| | | 실내온도는 18도 이상 28도 이하를 유지하고 있다. | | | |
| | | 실내 조명시설이 잘 갖추어져 있다. 단, 인공조명에 의한 눈부심이 발생되지 않는다. | | | |
| | | 교실은 햇빛이 잘 들어온다. 단, 교실 바깥의 반사물로부터 눈부심이 발생되지 않는다. | | | |
| | | 창문 주변에는 딛고 올라설 만한 물건이 비치되어 있지 않다. | | | |
| | | 2층 이상에 위치한 교실 창문에는 추락사고 예방을 위한 보호 안전망을 갖추고 있다. | | | |
| | | 교실은 교사의 시선이 미치지 않는 구석이 없다. | | | |
| | 계 | | | | |

◎조치 내용:

| 영 역 | 항 목 | 점검사항 | 그렇다 | 아니다 | 해당 없음 |
|---|---|---|---|---|---|
| | 비품 | 날카로운 물건(칼, 송곳, 가위 등)은 잠금 장치가 있는 곳에 보관하고 있다. | | | |
| | | 미술도구는 안전성이 검증된 것을 사용하고 있다. | | | |
| | | 모든 카펫이나 커튼은 방염 처리된 것을 사용하고 있다. | | | |
| | | 교구장, 수납장 등에는 아래 부분에 무거운 비품을 보관하고 있다. | | | |
| | 계 | | | | |

◎조치 내용:

| 영 역 | 항 목 | 점검사항 | 그렇다 | 아니다 | 해당 없음 |
|---|---|---|---|---|---|
| | 놀잇감 | 모든 놀잇감에는 날카로운 부분이나 모서리, 가시, 갈라진 곳, 삼킬 우려가 있는 작은 부속품이 없다. | | | |
| | | 장난감 상자에는 상자 안에 유아가 갇힐 우려가 있는 빗장 등의 잠금장치가 없다. | | | |
| | | 놀잇감은 유아가 꺼내고 수납하기 알맞은 높이에 있으며, 크거나 무거운 놀잇감은 교구장 아래에 위치해 있다. | | | |
| | | 놀잇감을 구입할 때 안전성이 검증된 것인지 확인한 후 구입하고 있다. | | | |
| | 계 | | | | |

◎조치 내용:

| 영 역 | 항 목 | 점검사항 | 그렇다 | 아니다 | 해당 없음 |
|---|---|---|---|---|---|
| | 가구 | 의자와 책상의 높이는 유아의 신체 발달에 맞는 크기이다(의자: 33㎝, 책상: 48㎝). | | | |
| | | 책상, 정리장 등 가구들은 바닥과 벽에 안전하게 배치되어 있다. | | | |
| | | 가구의 볼트, 너트, 못 등이 튼튼하게 고정되어 있다. | | | |
| | | 책상, 의자 및 교구장 등 모든 가구에는 돌출된 부분이 없고 모서리가 둥글고 표면이 매끄럽게 처리되어 있다. | | | |
| | 계 | | | | |

◎조치 내용:

| 영 역 | 항 목 | 점검사항 | 그렇다 | 아니다 | 해당 없음 |
|---|---|---|---|---|---|
| (2) 복도 및 문 | | 복도 바닥에서 1.3m 높이까지는 벽체 파손 시에도 위험하지 않은 재료로 되어 있다. | | | |
| | | 복도에 노출되는 벽 모서리나 기둥 모서리는 코너가드 등을 사용하거나 모따기하여 둥글게 되어 있다. | | | |
| | | 복도에는 충분한 조명 또는 창문이 설치되어 어둡지 않다. | | | |
| | | 교실과 복도 사이에 설치된 문 등 유치원 내 설치되어 있는 문에는 문턱이 없다. | | | |

| | | | | | |
|---|---|---|---|---|---|
| | | 교실의 문이 복도 방향으로 열리는 여닫이문인 경우 개방 시 복도 유효 폭의 1/2 이상을 넘어서지 않는다. | | | |
| | | 유치원 내 모든 여닫이문 상부에는 문이 자동으로 서서히 닫히게 하는 도어클로저(door-closer) 등 안전장치가 설치되어 있다. | | | |
| | 계 | | | | |

◎조치 내용:

| 영 역 | 항 목 | 점검사항 | 그렇다 | 아니다 | 해당 없음 |
|---|---|---|---|---|---|
| (3) 계단 | | 계단의 단 높이는 16cm 이하이며, 단 높이가 일정하게 구성되어 있다. | | | |
| | | 계단의 단 너비는 26cm 이상이며, 단 너비가 일정하게 구성되어 있다. | | | |
| | | 계단의 경사도는 너무 급하지 않고 완만하게 구성되어 있다. | | | |
| | | 계단에는 미끄럼 방지처리가 되어 있으며, 견고하게 부착되어 있다. | | | |
| | | 계단에는 충분한 조명 또는 창문이 설치되어 어둡지 않다. | | | |
| | | 바닥재는 충격을 흡수할 수 있는 재료를 사용하고 있으며, 계단의 끝선을 명확히 구분할 수 있도록 다른 색으로 채색되어 있다. | | | |
| | 계 | | | | |

◎조치 내용:

| 영 역 | 항 목 | 점검사항 | 그렇다 | 아니다 | 해당 없음 |
|---|---|---|---|---|---|
| (4) 난간 | | 난간 손잡이의 높이(약 80cm 내외)와 직경(지름 3.5cm 내외)은 유아들의 신체 치수에 맞게 설치되어 있다. | | | |
| | | 난간살의 간격은 10cm 이하로 되어 있다. | | | |
| | 계 | | | | |

◎조치 내용:

| 영 역 | 항 목 | 점검사항 | 그렇다 | 아니다 | 해당 없음 |
|---|---|---|---|---|---|
| (5) 화장실 | | 화장실의 바닥 표면은 물에 젖어도 미끄러지지 않도록 안전 조치가 되어 있다. | | | |
| | | 화장실은 배수가 잘되는 구조로 되어 있으며 바닥이 항상 건조한 상태로 유지되어 있다. | | | |
| | | 세면대는 유아의 신체에 맞도록 설치되어 있다. | | | |
| | | 유아용 변기를 갖추고 있어 유아가 사용하기에 적절하다. | | | |
| | | 냉·온수가 공급되고, 더운물의 온도는 40℃ 이하를 유지할 수 있도록 온도조절장치나 온수밸브잠금장치, 온도계가 비치되어 있다. | | | |
| | | 락스, 세제 및 변기를 청소하는 솔 등은 유아의 손이 닿지 않는 곳에 뚜껑을 달아 따로 관리하고 있다. | | | |
| | | 화장실 문에는 잠금 장치가 설치되어 있지 않다. | | | |
| | 계 | | | | |

◎조치 내용:

| 영 역 | 항 목 | 점검사항 | 그렇다 | 아니다 | 해당 없음 |
|---|---|---|---|---|---|
| (6) 현관 | | 현관 또는 출입구에는 보안을 위한 잠금장치와 인터폰 등이 설치되어 있다. | | | |
| | | 방문한 사람의 신원을 확인한 후 유치원에 출입시키고 있다. | | | |
| | | 현관문에는 도어 클로저 등 손 끼임 방지장치가 설치되어 있다. | | | |
| | 계 | | | | |

◎조치 내용:

## 3. 실외환경

| 영 역 | 항 목 | 점검사항 | | 그렇다 | 아니다 | 해당 없음 |
|---|---|---|---|---|---|---|
| (1) 놀이시설 | | 실외 놀이시설물은 바닥에 안전하게 고정되어 있다. | | | | |
| | | 실외 놀이시설물은 안전검사를 필한 제품을 사용하고 있다. | | | | |
| | | 놀이시설물은 날카로운 부분, 모서리, 뾰족한 부분이 없다. | | | | |
| | | 놀이시설물의 돌출부분인 볼트와 너트는 위로 튀어나와 있지 않다. | | | | |
| | | 고정 시설물들 사이의 간격은 최소 1.5m 이상(미끄럼틀은 전방으로 2m, 측면으로 1m)이다. | | | | |
| | | 놀이기구의 높이는 2.5m 이하이다. | | | | |
| | | 유아의 몸이 빠지거나 낄만한 틈이 있는 기구가 없다.<br>실외 놀이시설이 옥상에 설치되어 있는 경우에 추락방지를 위한 견고한 안전망이 설치되어 있다. | | | | |
| | | 교사의 시선이 미치지 못하는 구석진 장소가 없다. | | | | |
| | | 목재 구조물 | 땅에 세워진 구조물은 부패나 손상이 없다. | | | |
| | | | 목재 구조물은 갈라진 틈이 없다. | | | |
| | | 금속 구조물 | 강철은 도금이 되어 있거나 파우더로 입혀져 있다. | | | |
| | | | 놀이기구는 철의 녹, 알루미늄의 부식이나 페인트칠의 벗겨짐이 없다. | | | |
| | | 플라스틱 구조물 | 부서진 부분이 없다. | | | |
| | | | 접하거나 연결된 부분이 안전하게 조여져 있다. | | | |
| | | 사슬(굵은 밧줄) | 줄의 상태는 연결 상태가 튼튼하고 유아가 다칠 우려가 있는 손상된 부분이 없다. | | | |
| | | 실외 환경과 놀이시설에 대한 일일 안전점검을 실시하고 기록 · 관리한다. | | | | |
| | | 놀이 시설물은 정기적으로 정밀 검사를 받고 있다. | | | | |
| | 계 | | | | | |

◎조치 내용:

| 영 역 | 항 목 | 점검사항 | 그렇다 | 아니다 | 해당 없음 |
|---|---|---|---|---|---|
| (2) 바닥 | | 유아가 추락할 가능성이 있는 놀이시설물 아래와 주변의 공간(안전지대)은 충격을 흡수할 수 있도록 되어 있다(30㎝ 이상의 모래, 나무껍질, 나뭇조각). | | | |
| | | 유아가 걸려 넘어지거나 부딪칠 수 있는 방해물이 없다. | | | |
| | | 모래에는 못, 나사, 유리조각 같은 이물질이 없다. | | | |
| | | 유실된 모래는 주기적으로 채워 넣어주고, 청결하게 관리한다. | | | |
| | | 고무바닥재의 경우 안전검사를 받은 제품('검' 자 확인)인지를 확인한다. | | | |
| | 계 | | | | |

◎조치 내용:

| 영 역 | 항 목 | 점검사항 | 그렇다 | 아니다 | 해당 없음 |
|---|---|---|---|---|---|
| (3) 울타리 · 담 | | 바깥과의 경계를 짓는 담은 유아가 넘지 못하는 구조로 되어 있다. | | | |
| | 계 | | | | |

◎조치 내용:

## 4. 비상 대응 및 관리 · 감독

| 영 역 | 항 목 | 점검사항 | 그렇다 | 아니다 | 해당 없음 |
|---|---|---|---|---|---|
| (1) 화재예방 및 화재 대피훈련 | 발화 방지 | 주방의 가스레인지 등 화기시설이 설치된 주변의 벽과 천장은 불에 타지 않는 재질로 구성되어 있다. | | | |
| | | 가스레인지 중간 밸브와 가스 누설 자동차단장치가 설치되어 있다. | | | |
| | | 건물 내 접근하기 용이한 장소에 누전차단기가 설치되어 있다. | | | |
| | | 히터 등 난방기와 난로 등의 사용 시 화상 예방을 위한 안전장치가 되어 있다. | | | |
| | | 사용하지 않는 전기 콘센트에는 안전덮개가 설치되어 있다. | | | |
| | 계 | | | | |

◎조치 내용:

| 영 역 | 항 목 | 점검사항 | 그렇다 | 아니다 | 해당 없음 |
|---|---|---|---|---|---|
| | 감지 · 경보 및 소화 | 교실, 복도, 계단 등에는 파손(부서짐, 페인트 도색 등)되지 않은 감지기가 설치되어 있다. | | | |
| | | 감지기가 설치된 경우 수신받은 사람이 항시 상주하는 교무실 등 관리가 용이한 장소에 설치되어 있으며, 사용법을 알고 있다. | | | |
| | | 화재 경보벨은 잘 보이는 곳에 설치되어 있으며, 설치 높이는 바닥으로부터 0.8m 이상 1.5m 이하이다. | | | |
| | | 주방의 가스레인지 상부에 자동 확산소화기가 설치되어 있다. | | | |
| | | 주방 출입구에는 화재 시 자동으로 작동하여 화재의 확산을 유효하게 방지할 수 있는 방화 설비(방화문 또는 상해위험이 없는 셔터 등)가 설치되어 있다. | | | |
| | | 교실, 복도, 계단 등에는 스프링클러가 설치되어 있다. | | | |
| | | 소화기는 각 층마다 최소한 2개 이상이 설치되어 있으며, 소화기의 게이지는 유효범위 초록색 내에 있다. | | | |
| | | 각 교실에는 교무실, 다른 교실과 상호 연결되는 통신시설(인터폰 등) 또는 방송시설이 설치되어 있다. | | | |
| | 계 | | | | |

◎조치 내용:

| 영 역 | 항 목 | 점검사항 | 그렇다 | 아니다 | 해당 없음 |
|---|---|---|---|---|---|
| | 피난 안전성 | 피난출구는 매 층마다 두 군데 이상 확보되어 있다. 화재 등의 비상시 건물 내 어떠한 장소에서도 2방향 피난이 가능하도록 되어 있다. | | | |
| | | 피난출구 등 안전한 장소로 가는 통로와 모든 피난출구 상부에는 피난유도등이나 유도표지가 부착되어 있다. | | | |
| | | 피난 출구로의 방향을 정확히 표시하고 있다. | | | |
| | | 각 교실과 복도에는 화재 시 이용 가능한 모든 대피경로와 가장 짧은 대피경로가 각각 제시되어 있다. | | | |
| | | 비상구, 계단 등 주요한 대피경로 주변에 주방이 설치되어 있지 않다. | | | |
| | | 피난출구에 설치된 문에는 내부로부터의 신속한 탈출을 방해하는 자물쇠나 잠금장치가 없다. | | | |
| | | 피난통로에는 피난에 방해가 되는 시설물이나 적치물이 없다. | | | |
| | | 옥상이 있는 2층 이상에 설치된 유치원의 경우 옥상으로 안전하게 피난할 수 있는 구조가 확보되어 있다. | | | |
| | 계 | | | | |

◎조치 내용:

| 영 역 | 항 목 | 점검사항 | 그렇다 | 아니다 | 해당 없음 |
|---|---|---|---|---|---|
| | 화재대피 훈련·교육 | 화재 대피훈련은 월 1회 이상 실시한다. | | | |
| | | 화재 대피훈련 후에는 반드시 대피훈련 일지를 기록하고 결과를 점검한다. | | | |
| | | 대피훈련 계획을 사전에 문서로 작성하여 준비한다. | | | |
| | 계 | | | | |

◎조치 내용:

| 영 역 | 항 목 | 점검사항 | 그렇다 | 아니다 | 해당없음 |
|---|---|---|---|---|---|
| (2) 비상 대응계획 | | 응급상황 발생 시 대응체계 및 각자의 역할에 대한 비상대응 계획이 문서로 작성되어 있다. | | | |
| | | 비상연락망이 작성되어 눈에 잘 띄는 곳에 부착되어 있다. | | | |
| | | 응급상황에 대비해 구급상자가 유아의 손이 닿지 않는 곳에 비치되어 있다. | | | |
| | | 유치원 내 응급처치를 할 수 있는 교사가 1명 이상 배치되어 있다. | | | |
| | | 구급약은 수시로 점검하여 보충하고 있다. | | | |
| | | 구급약의 종류, 보관방법 및 보관처, 사용법 및 부작용 등에 대해 서면화되어 있고 교사 누구나 잘 알고 사용할 수 있다. | | | |
| | 계 | | | | |

◎조치 내용:

| 영 역 | 항 목 | 점검사항 | 그렇다 | 아니다 | 해당없음 |
|---|---|---|---|---|---|
| (3) 관리 · 감독 | 안전교육 | 유아 대상 연간 안전교육 계획이 수립되어 있으며, 이를 실시한다. | | | |
| | | 유치원의 모든 교직원을 대상으로 연간 자체 안전교육 계획이 수립되어 있으며, 이를 실시한다. | | | |
| | | 신규 교직원, 자원봉사자, 임시교사는 안전교육에 대한 오리엔테이션을 받는다. | | | |
| | | 유치원은 부모 대상 연간 안전교육 계획이 수립되어 있으며, 이를 실시한다. | | | |
| | | 부모들에게 안전교육에 대한 정보를 정기적으로 제공한다(가정통신문, 게시판, 부모 강연 등). | | | |
| | 계 | | | | |

◎조치 내용:

| 영역 | 항목 | 점검사항 | 그렇다 | 아니다 | 해당없음 |
|---|---|---|---|---|---|
| | 안전감독 | 유아와 관련된 모든 장소와 상황에는 교직원이 감독하고 있다. | | | |
| | | 실외 놀이터 이용, 현장학습 등 안전사고가 우려되는 활동 시 반드시 교직원이 감독한다. | | | |
| | | 실외 놀이터 안전관리 담당 교사가 지정되어 있다. | | | |
| | 계 | | | | |

◎조치 내용:

| 영 역 | 항 목 | 점검사항 | 그렇다 | 아니다 | 해당없음 |
|---|---|---|---|---|---|
| | 안전사고 일지기록 | 사고에 대비하여 유아에 대한 응급처치 동의서를 받아 비치하고 있다. | | | |
| | | 안전사고 발생 시 사고일지에 기록하고 있다. | | | |
| | | 안전사고 발생 시 일어난 사고에 대해 부모에게 알리고 있다. | | | |
| | | 안전사고 처리절차 및 재발방지대책이 수립되어 있다. | | | |
| | | 사고일지 기록을 분석하여 향후 년도의 안전관리 대책 수립 시 반영한다. | | | |
| | 계 | | | | |

◎조치 내용:

# 부록 2. 안전사고 보고서 서식

| 담 당 | 시설장 |
|---|---|
| | |

년 월 일 기록자 :

| 기 관 명 | | 전화번호 | | | |
|---|---|---|---|---|---|
| 기관 주소 | | | | | |
| 상해 영유아명 | | 성 별 | 남, 여 | 생년월일 | |
| 사고일자 | 년 월 일 | | | 사고시간 | 오전/오후 |
| 목격자명 | | 부모에게 연락한 사항 | | | |
| 연락시간 | 오전/오후 | 119 신고 여부 | ☐ 안 함 ☐ 신고함 (오전/오후) | | |
| 사고 발생 장소 | ☐ 등 · 하원길 ☐ 견학 중 ☐ 실외 놀이터 ☐ 실내놀이실<br>☐ 화장실 ☐ 복도 ☐ 주방 ☐ 대근육활동실<br>☐ 교사실 ☐ 식당 ☐ 계단 ☐ 기타 ( ) | | | | |
| 사고 당시 활동 내용 | ☐ 목욕 및 배변시간 ☐ 교실활동 ☐ 계단 오르내리기<br>☐ 실내자유놀이 ☐ 점심/간식시간 ☐ 대근육활동실<br>☐ 계획된 실외놀이 ☐ 물놀이 ☐ 기타 ( ) | | | | |
| 상해를 입은 시설 설비 | ☐ 오르기시설 ☐ 평균대 ☐ 크롤(기어나가는 시설)<br>☐ 장애설비 ☐ 담/문 ☐ 실외고정물<br>☐ 회전대 ☐ 놀이집 ☐ 시소<br>☐ 미끄럼틀 ☐ 그네 ☐ 바퀴 달린 탈것<br>☐ 바퀴 달린 장난감 ☐ 잘 모르겠음 ☐ 기타 ( ) | | | | |
| 상해의 유형 | ☐ 화상 ☐ 쇼크/질식 ☐ 추락/강타 ☐ 물체에 끼임<br>☐ 찢어짐 ☐ 뼈가 부러지거나 탈구 ☐ 압박, 눌림<br>☐ 베임 ☐ 찰과상(벗겨짐) ☐ 삠 ☐ 중독<br>☐ 호흡곤란 ☐ 기타 ( ) | | | | |

| 상해를 입은 다른 아동이 있는가? | □ 예 □ 아니오 |
|---|---|
| 사고 원인 | □ 바닥으로 떨어짐: 떨어진 높이 약 m<br>바닥의 형태:<br>□ 뛰거나 발을 헛디뎌 넘어짐 □ 다른 유아에게 물림<br>□ 다른 유아에게 맞거나 밀림 □ 바퀴 달린 탈것 (인라인 스케이트 등)<br>□ 물체에 의해 다침 □ 음식물에 의한 질식<br>□ 곤충에 물리거나 쏘임 □ 동물에게 물림<br>□ 열, 추위에 노출 □ 기타 ( ) |
| 다친 부위<br>(좌, 우 표시) | □ 머리 □ 눈(L, R) □ 귀(L, R) □ 코 □ 입<br>□ 목 □ 가슴 □ 등 □ 엉덩이(L, R)<br>□ 생식기 □ 팔(L, R) □ 손<br>□ 다리(L, R) □ 발(L, R) |
| ※ 보육기관에서 행해진 응급처치<br>(상술 예: 압박붕대, 세척, 붕대, 위로 등) | |
| 응급처치자 | | 
| 의료기관 진료 여부 | □ 안 함 □ 함 |
| 의료기관<br>진료를 한 경우 | □ 외래 진료를 받음(예: 진료실, 응급실)<br>□ 입원(밤새 혹은 시간) |
| 아동의 보호(치료)를 위한 추후 계획 | |
| 재발 방지에 필요한 교정활동 | |
| 직원 서명 | (인) 날짜: . . . am/pm |
| 부모 서명 | (인) 날짜: . . . am/pm |

## 저자 소개


**정정옥**

서울여자대학교 교육심리학과 졸업

서울여자대학교 대학원 교육학과 졸업(교육학석사)

서울여자대학교 대학원 아동학과 졸업(문학박사)

현, 호서대학교 보육교사교육원 주임교수

저서: 보육시설운영관리

영유아놀이지도(공저)

보육학개론(공저) 외 다수

**임미혜**

덕성여자대학교 유아교육학과 졸업

이화여자대학교 교육대학원 교육학과 졸업(교육학석사)

서울여자대학교 대학원 아동학과 졸업(문학박사)

전, 경북전문대학교 유아교육과 교수

저서: 영유아교육과정(공저)

유치원 및 어린이집 운영관리(공저)

유아교육개론(공저) 외 다수

증보
유아교육기관에서의 안전교육

초판 1쇄 발행 2010년 2월 3일
초판 3쇄 발행 2012년 2월 24일
증보 1쇄 발행 2013년 9월 9일

지 은 이 | 정정옥 · 임미혜
펴 낸 이 | 김기섭
책임편집 | 최창숙
펴 낸 곳 | 창지사 www.changjisa.com
153-802 서울시 금천구 가산동 345-13 파트너스타워1차 9층
전화 (02) 719-2211~3
팩스 (02) 701-9386
등 록 | 1977년 4월 28일 · 제1-421호



ISBN 978-89-426-0740-2 (93370)

값 16,000원 KOMCA 승인필